幼儿园课件制作教程

主 编 谢宏兰 张 萌
副主编 姜 静

合肥工业大学出版社

| 前　言 |

实践教学是幼儿园教师职前专业成长的重要途径，掌握教学相关的课件制作知识与能力是学前教育专业学生的必备素养。2017年教育部开始全面启动、实施师范专业认证工作，对"合作与实践"环节提出了较高的要求，重点考核"协同育人、实践基地、实践教学、导师队伍、管理评价"五个方面。同时在学前教育专业相关的各种技能竞赛中，课件制作也占有一定的比例。

编者在深入了解江西省高等职业院校学前教育专业实践教学体系实施现状的基础上，分析了课件制作课程不足的情况，结合了学前教育专业相关的技能比赛要求，研究了合理的改善路径，编制了本教材，以期满足学生将来在幼儿园保教活动中熟练制作课件并有效应用数字化教学手段开展教育活动的要求。同时，本教材还适当延伸到制作幼儿活动相册，拍摄、剪辑视频，剪辑艺术活动的音乐、制作活动宣传画等方面的线上线下相结合的教学。本教材基于幼儿园实际工作场景，结合技能比赛评分要求，以幼儿园教学工作任务为制作目标进行编写，每个任务的最终产出与幼儿园保教活动深度融合，无缝对接，并通过举一反三作业巩固所学；共提供13个课内案例、13个作业案例，涵盖范围较为全面。

高职学前专业学生在学习课件制作课程时，已经学习了学前心理学、学前教育学、学前卫生学等专业基础理论课程，也开始学习了幼儿园教学活动设计等课程，但缺少制作、使用课件的实践经验。因此，本教材在内容的设计上和安排上注意与学生的上述专业知识水平相适应，循序渐进；在课件制作实践中安排了幼儿园课件设计与制件的理论基础部分，适当介绍了学习理论、教学原理，深入讨论了课件在教学中的应用优势以及提倡多媒体教学的原因。

每项任务结束后设置了学生学习情况自我评价表，构建了包含学生自我评价、线上学习客观评价、教师评价等的多主体、多维度的评价系统。

本书由江西青年职业学院谢宏兰、江西陶瓷工艺美术职业技术学院张萌担任主编，江西青年职业学院姜静担任副主编。其中，谢宏兰负责项目二、三、四的编写工作；张萌负责项目一中任务二、三，项目五的编写工作；姜静负责材料收集以及项目一中任务一的编写工作。

本教材的线上课程平台为超星学习通平台，配套实例素材已上传，欢迎读者加入课程的学习。

由于成书时间仓促，编者的水平能力有限，本教材肯定存在诸多的不足之处，敬请广大读者批评指正。

| 目　录 |

线上资源目录

配套线上资源目录

未加入班级邀请码：32547582

（学习通道页右上角输入）

课 程 授 课 计 划

（_____学年第____学期）

课程名称：_____《幼儿园课件制作》_____

班　　级：_____

任课教师：_____

采用教材：____《幼儿园课件制作教程》____

教研室主任（签字）：_____

系（部）主任（签字）：_____

附：

学时分配	考核方式
周　　数：__18__周	
讲　　课：__15__学时	考　　试：_____
习　题　课：_____学时	考　　查：___√___
课堂练习：_____学时	必　修　课：___√___
课堂讨论：_____学时	必　选　课：_____
实　　验：__21__学时（其中上机：__21__学时）	限　选　课：_____
测　　验：_____学时	任　选　课：_____
机　　动：_____学时	（划"√"表示）
总　　共：__36__学时	

课次	学时	讲 课 内 容 （教学大纲分章和题目的名称）		学时数				备注
				讲课	实验	上机	其他	
1	2	项目一 认识 幼儿园 课件	任务一　认识幼儿园课件 任务二　幼儿园课件设计的内容和流程 任务三　幼儿园课件制作规范和工具	1.5		0.5		
2	2	项目二 课件素材 的采集 与加工	任务一　文字素材的采集与加工	1		1		
3	3		任务二　图片素材的采集与加工	1		2		
4	2		任务三　声音素材的采集与加工	1		1		
5	2		任务四　视频素材的采集与加工	1		1		
6	2	作业讲解与答疑		1		1		
7	2	项目三 演示型 课件 制作	任务一　《认识消防器材》课件制作	1		1		
8	2		任务二　《我和蔬菜交朋友》课件制作	1		1		
9	2		任务三　《谁咬了我的大饼》课件制作	1		1		
10	2		任务四　《轮子歌》课件制作	1		1		
11	2		任务五　《长大以后做什么》课件制作	1		1		
12	2	项目四 互动型 课件 制作	任务一　《来做垃圾分类》课件制作	1		1		
13	3		任务二　《我的家乡——南昌》课件 　　　　制作	1		2		
14	2	项目五 幼儿园 其他 课件制作	任务一　《我想帮忙》课件制作	0.5		1.5		
15	2		任务二　《为了孩子齐用心》课件制作	0.5		1.5		
16	2	作业讲解与答疑		0.5		1.5		
17	2	课内测评				2		
合计	36			15		21		

说明：表中仅注明课内教学计划，课前与拓展知识部分需教师根据实际授课情况进行安排。

项目一　认识幼儿园课件

　　幼儿园课件的设计与制作是一项复杂的创造性劳动。首先，它是通过计算机软件制作而成的，需要符合软件设计和制作的规范，能够适应计算机辅助教学环境，保证课件正常运行；其次，它是为学前教育教学服务的，须符合幼儿园教学实际、教学规律、幼儿学习规律等要求；最后，它还须考虑课件的科学性、艺术性、可操作性，使课件具有科学严谨的内容、和谐美观的界面、生动活泼的形式，从而提高信息技术在幼儿园教学中的应用效果。

知识目标

- 了解四个学习理论的主要观点及其对幼儿园课件制作的指导意义
- 了解幼儿园课件的类型与基本结构
- 掌握幼儿园课件制作的基本原则与流程
- 知道幼儿园课件的评价标准与方法

能力目标

- 能够使用幼儿园课件设计的基本方法设计课件
- 能够使用幼儿园课件制作工具制作课件
- 能够根据幼儿园课件制作的评价标准评价课件

情感目标

- 具备结合幼儿园教学理论基础设计课件的意识
- 具备主动探索课件的科学性、艺术性及可操作性的创作意识

课 前 任 务

学前教育专业学生信息技术能力问卷调查

亲爱的同学：

　　您好！本问卷仅用于了解学前教育专业学生信息技术能力现状，不涉及任何个人隐私和其他相关法律问题。请如实填写以下选项。填写完毕后，请沿每页上方的虚线撕下，交给老师，谢谢合作！（已加入课程线上平台的班级，请在平台问卷中回答）

一、基本信息

1. 您的性别是？

○男　　　　　　　　○女

2. 您觉得目前您所在学校的信息技术环境（软件和硬件）能否满足您的学习需要？

○非常能　　　　　○基本能　　　　　　○部分能　　　　　○基本不能

3. 您认为目前所学信息技术相关课程内容能否满足将来教学需要？

○完全可以　　　　○基本可以　　　　　○部分可以　　　　○基本不可以

4. 在学习信息技术相关课程中，您遇到的最大问题是什么？（可多选）

□课程内容设置不够系统　　　　　　　□理论和实践应用互相脱节

□教学环境不能满足学习需求　　　　　□课程评价体系不够全面客观

5. 您认为在将来的相关学习中，需要增加的信息技术能力有哪些？（可多选）

□教学设计相关知识　　　　　　　　　□软件设计开发制作技术

□课程资源整合技术　　　　　　　　　□课程评价技术

6. 您最希望通过何种方式获得信息技术相关知识？

○网络自主学习　　　　　　　　　　　○课堂集中学习

○网络自主学习＋课堂集中学习　　　　○都可以

二、基本技术素养与态度

1. 您认为是否有必要开展信息技术（现代教育技术）相关课程？

○相当有　　　　　○有　　　　　　　○可有可无　　　　○没有必要

2. 您是否能随时随地运用网络进行学习，并与他人交流学习？

○经常　　　　　　○比较经常　　　　　○偶尔　　　　　　○基本没有

3. 您是否可以熟练使用信息化教学设备？

○完全没问题　　　○大部分可以　　　　○小部分可以　　　○基本不可以

4. 您是否可以解决在使用信息化工具中遇到的问题？

○完全没问题　　　○大部分可以　　　　○小部分可以　　　○基本不可以

5. 您是否可以熟练使用通用软件（如 Word、PowerPoint、Photoshop 等软件）？

○非常熟练　　　　　○较熟练　　　　　　○一般　　　　　　○较差

6. 您是否可以熟练使用社交软件（如 QQ、微信等）？

○非常熟练　　　　　○较熟练　　　　　　○一般　　　　　　○较差

7. 您是否可以熟练使用网络存储工具（如网络云盘、邮箱等）？

○非常熟练　　　　　○较熟练　　　　　　○一般　　　　　　○较差

8. 您是否可以熟练使用网络学习平台（如中国 MOOC、专题课程学习网站等）？

○非常熟练　　　　　○较熟练　　　　　　○一般　　　　　　○较差

9. 您是否了解信息技术应用中的安全隐患和一些处理方法？

○非常了解　　　　　○基本了解　　　　　○一般了解　　　　○不了解

10. 您是否可以有效的甄别、筛选网络信息，尊重他人的知识产权？

○非常好　　　　　　○较好　　　　　　　○一般　　　　　　○较差

三、信息技术支持教学能力

1. 您对教育学、心理学及相关知识掌握程度如何？

○非常好　　　　　　○较好　　　　　　　○一般　　　　　　○较差

2. 您对应用信息技术进行基本教学能力（教学设计、教案书写、课堂组织、内容展示、评价与反馈）掌握程度如何？

○非常好　　　　　　○较好　　　　　　　○一般　　　　　　○较差

3. 您的计算机操作与基本应用能力（如 Windows 等）掌握程度如何？

○非常好　　　　　　○较好　　　　　　　○一般　　　　　　○较差

4. 您的图形图像处理能力掌握程度如何？

○非常好　　　　　　○较好　　　　　　　○一般　　　　　　○较差

5. 您的课件开发与设计能力（如对 PowerPoint、Flash 等课件制作工具的掌握程度）如何？

○非常好　　　　　　○较好　　　　　　　○一般　　　　　　○较差

6. 您的网页制作工具、网络课程开发能力掌握程度如何？

○非常好　　　　　　○较好　　　　　　　○一般　　　　　　○较差

7. 您的视频设计与开发能力（如微课等）掌握程度如何？

○非常好　　　　　　○较好　　　　　　　○一般　　　　　　○较差

8. 您是否能够不断丰富自己的学习资源，并将其有效应用？

○经常　　　　　　　○基本能够　　　　　○偶尔　　　　　　○基本不

9. 您了解并能应用下列哪些信息化教学模式？（可多选）

□研究性教学模式　　　　　　　　　　　□基于网络的探究模式

□基于 MOOC 等翻转课堂教学模式　　　 □网络环境下的资源教学模式

□基于网络的协作教学模式　　　　　　　□基于项目的教学

□混合教学模式　　　　　　　　　　　　□其他

10. 您是否能够根据具体的教学任务，尝试应用下列教学模式？（可多选）

☐研究性教学模式　　　　　　　　　☐基于网络的探究模式

☐基于 MOOC 等的翻转课堂教学模式　☐网络环境下的资源教学模式

☐基于网络的协作教学模式　　　　　☐基于项目的教学

☐混合教学模式　　　　　　　　　　☐其他

11. 您是否能够熟练应用信息技术手段进行学习过程性评价（如制作评价量表、问卷设计等）？

○非常熟练　　　　○较熟练　　　　○一般　　　　○较差

12. 您了解以下哪些信息技术新名词？（可多选）

☐微课　　　　　　☐慕课（MOOC）　　　☐翻转课堂

☐私播课（SPOC）　☐智慧学习　　　　　☐虚拟社区与虚拟学习

☐其他

四、信息技术支持学习能力

1. 您是否能够快速准确获取学习资源？

○非常快　　　　　○较快　　　　　　○一般　　　　○较慢

2. 您是否能够时刻关注本专业发展的前沿动态消息？

○非常关注　　　　○比较经常关注　　　○偶尔关注　　○不关注

3. 您是否能够利用信息技术工具进行自主学习的管理（如时间管理、信息管理等）？

○非常　　　　　　○较多　　　　　　○偶尔　　　　○没有

4. 您是否能够利用信息技术能力工具（如博客等）进行记录和反思学习过程？

○非常多　　　　　○较多　　　　　　○一般　　　　○较少

○没有

5. 您是否能够利用信息技术交流工具与教师和同伴进行交流和沟通？

○非常多　　　　　○较多　　　　　　○一般　　　　○较少

○没有

6. 您是否能够运用 SPSS 等工具进行分析和处理相关数据？

○非常多　　　　　○较多　　　　　　○一般多　　　○较少

○没有

7. 您是否利用信息技术工具进行教学产品的设计与开发（如成品课件、微课、海报、网络课程等）？

○非常多　　　　　○较多　　　　　　○一般多　　　○较少

○没有

任务一　认识幼儿园课件

任务清单：1-1

任务情境

学校开始教学见习了，要完成的见习任务之一是辅助幼儿园老师完成一个课件的设计制作。可是，你还不知道幼儿园课件是什么呢，快来学习吧！

任务目标

（1）熟知课件的定义、作用与特点。

（2）熟知幼儿园课件的特点和分类。

任务要求

（1）回想其他老师所用的课件及其特点。

（2）课前复习幼儿园教学理论知识。

（3）课中学习课件的定义、作用与特点，学习幼儿园课件的特点。

（4）课后到网络中搜索关键字"幼儿园课件"，并查看搜索结果。

配套线上课程

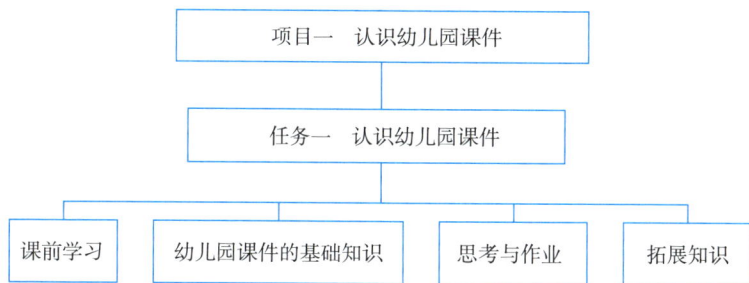

```
              项目一　认识幼儿园课件
                      │
              任务一　认识幼儿园课件
                      │
    ┌──────────┬──────────┬──────────┐
  课前学习   幼儿园课件的基础知识  思考与作业    拓展知识
```

课前学习

一、现代学习理论

现代学习理论在幼儿园课件设计中的应用主要体现为认知-行为主义学习理论和建构主义学习理论。

1. 认知-行为主义学习理论

以加涅为代表的认知-行为主义学习理论认为，学习是一个不断接受外界刺激，通过学习者的内在构造作用产生反应，并同化为学习者的内在认知结构的循环过程。学习具有从低到高、从易到难的层次性和阶段性的特征。

在幼儿阶段，促进幼儿学习的整体性将有利于幼儿一生的发展。幼儿的学习主要通过触摸、摆弄物体等方式，因此，在幼儿园课件设计中，教师首先要重视的是课件场景环境的布置，为幼儿提供丰富的感官刺激。

课件场景中的颜色、声音、物体摆放的位置等都会对幼儿的学习产生影响，因此，教师要重视保护幼儿的好奇心和求知欲，尊重他们自身的学习需要与学习兴趣。制作的课件要为幼儿的主动学习创造宽松、民主、自由的环境，安排的教学活动则要多考虑幼儿的需要和兴趣。

2. 建构主义学习理论

建构主义学习理论认为，学习是一种建构的过程。知识是学习者与外部环境交互作用的结果，而不是仅靠教师传授。建构主义学习理论认为"情景""协作""会话"和"意义建构"是学习环境中的四大要素，即学习者是在一定的学习情境下，借助教师和学习伙伴的帮助，利用必要的学习资料，通过意义建构的方式获得知识。

根据建构主义学习理论来看，幼儿园课件的制作应强调以幼儿为中心，不仅要求幼儿由外部刺激的被动接受者与知识的灌输对象转变为信息加工的主体，对知识意义进行主动建构，还要求教师的授课要由知识的传授、灌输转变为对幼儿主动建构意义的帮助和促进。

建构主义学习理论倡导的是一种自我调节的学习方式，幼儿在与多媒体课件的交互中，会不断"同化""调节"自身已有的认知结构，最后使自己的认知结构"平衡"到一个新的水平。课件中的交互功能能使幼儿积极主动地参与学习，从而更加有效地达到认知结构的新"平衡"。

在学前教育中，幼儿是活动和学习的主体，这就要求幼儿要有学习主动性，而教师应充分利用多媒体课件去激发幼儿主动学习的热情，引导其对知识的认知、思维的发展及认知结构的建立和调节。另外，在实际教学过程中，教师应该随机、巧妙地通过问题情境中可利用的资源，及时捕捉幼儿将要学习并跨出一步的微妙时刻，并给予其适时的帮助，从而引导幼儿自己解决问题，而不是直接告诉幼儿解决问题的方法。

二、教学原理

作用于幼儿园课件设计中的教学原理主要有程序教学原理、媒体符合原理、交互作用原理和系统性原理。

1. 程序教学原理

程序教学原理主要包括以下五个方面。

（1）积极反应原理，即幼儿对学习的内容做出积极的反应。

（2）及时确认原理，即对幼儿的正确反应给予及时的确认。

（3）小步子原理，即小步子前进。

（4）自定步数原理，即根据自身的条件自定学习的进度。

（5）测验原理，即通过测验来检验学习的效果。

课件教学实际上就是一种程序教学，是由教师和其他教学人员共同开发编制的多媒体课件。其本质上就是包含教学信息的程序，教学内容的展开由程序来控制，幼儿可以按该程序提供的"交互式"方式来选择学习形式、时间和速度等。

2. 媒体符合原理

媒体符合原理指不同的教学内容使用不同的媒体形式来表现，就是教学内容决定媒体形式的原理。一般具体化的教学内容需要使其向抽象层次发展，才能提高幼儿的认识层次，如大班的科学课件"小星星"中，通过对图片的观察，幼儿能认识星星的形状。而抽象性的教学内容则要以具体、形象的媒体形式表现，这样才能让幼儿快速理解。

3. 交互作用原理

交互作用就是指交互式学习，交互作用原理主要包括以下三个方面。

（1）积极学习原理。学习不是被动接受，而是主动索取。交互式学习可使幼儿积极主动地参与学习过程中，促进其对知识结构和联系的理解与把握，从而提高学习效率。

（2）发现学习原理。学习是发现和创造的过程。交互式学习能引发幼儿的想象力和创造力，幼儿可通过改变、编辑和重塑学习对象来提高思维能力和创造能力。

（3）个性化学习原理。不同的幼儿有不同的兴趣、爱好、认识水平与学习需要。交互学习就是将学习过程的控制权交还给幼儿，由幼儿根据自身的条件和需求选择学习环境和学习形式，有利于教师的因材施教。

课件的交互形式通常是以多项选择的方式为幼儿提供操作练习的环境，如拼版、游戏等。幼儿通过主动感知、积极思维，协同发挥多种感官作用，提高学习的认知效果。

4. 系统性原理

课件教学实际上就是将教学过程当作一个系统性的过程。教学课件的开发需要根据课件设计的理论和方法，对教学内容、教学目的、教学对象、教学方法、教学环境和教学需求等进行综合分析、优化设计，最后将教学环节的连续和教学过程的控制等都纳入考虑范畴。

在幼儿园课件设计中，良好的衔接性能够充分调动幼儿学习的积极性，满足幼儿的好奇心和成就感。这不仅仅指课件片段、场景、内容本身有很好的直接衔接，同时还包括课件与教师配合的衔接，即在课件设计中，要根据课件设计的具体需要留有与教师衔接的"接口"，以便教师能够顺势引申。教学过程中的各个环节能够紧紧相扣，让幼儿自然而然地把注意力从课件转移到教师身上。

任务实施

一、什么是课件

课件是根据教学大纲的要求，经过严格的教学设计、教学目标确定、教学内容和任务分析、教学活动结构及界面设计，再根据授课可提供的硬件环境，集合多种媒体及现代信息技术的表现方式而制作的课程软件。简单地说，课件是教师用来辅助教学的工具。随着现代信息技术的发展，课件可由文字、音频、图像、图形、视频、动画、超链接等多种媒体集合而成。

1. 课件就是 PowerPoint 吗?

不是。课件可以使用各种软件制作，PowerPoint 只是其中最常见的一种软件。

2. PowerPoint 做出来的就一定是课件吗?

也不是。PowerPoint 可应用于各种领域，如工作汇报、企业宣传、产品推介、婚礼庆典、项目竞标、管理咨询、教育培训等。只有为了教学的需要，经过教学设计制作而成的，并能在教学过程中起到辅助作用的，对教学目标的达成有一定效果的演示文稿，才属于"课件"。

3. 只要学会 PowerPoint 就能很好地完成课件制作吗?

不一定。可以用 PowerPoint 制作课件，也可以用其他软件制作课件。但随着现代信息技术的发展，为更好地发挥课件的教学辅助功能，创作出生动有趣、栩栩如生，能引起幼儿兴趣的元素，引导幼儿在动态逼真的情境中探索、发展，教师需要在课件中大量使用文字、音频、图像、图形、视频、动画等多种媒体，这就需要教师学习 PowerPoint 以外的其他计算机软件，以便更好地完成课件的制作。

二、幼儿园教学中常使用哪种类型的课件

根据不同的标准可将课件划分为不同类型。根据制作软件的不同，可分为 PowerPoint 课件、Authorware 课件、Flash 课件、Premiere 课件等。根据应用环境不同，可分为一般课件和网络课件。而根据教学任务划分，幼儿园教学的课件可分为演示型课件、互动型课件、模拟型课件等基本的类型。幼儿园常根据实际教学任务需求对课件进行分类。

1. 演示型课件

演示型课件的主要目的是在课堂教学中辅助教师的讲授活动。这类课件比较容易设计和制作，较多地被教师理解和接受，是幼儿园实际授课中最常用的课件类型。当然，这类课件基本上遵循着传统课堂授课的方式，一般只关注教学内容，把教学的策略、程序和控制等问题交给了上课的教师。

2. 互动型课件

互动型课件，是通过课件的设计，将课程内容设置成一种游戏或师生互动的过程，使学习环境更有趣味性，激发幼儿的学习兴趣，并促使幼儿在互动中得到训练或有所发现，取得积极的教育效果。

教师在使用互动型课件进行教学活动时，必须注意要通过引导、启发、归纳等方式，促进幼儿注意其教学内容，以期达到教学目的。

3. 模拟型课件

模拟型课件，主要用于抽象学习内容的教学过程中，利用计算机模拟某种系统、规

律、现象或过程，产生与现实世界相类似的现象，形成较为"真实"的学习情境，以便让学习者参与进来，供幼儿观察，帮助幼儿认识、发现和理解这些规律与现象的本质，提高学习的兴趣和效率。

三、课件在幼儿园教学中有什么作用

课件是教学过程中的一种辅助，其目的是提高教学质量。课件通过设计、制作、使用，实现幼儿与教师的双重发展。

1. 促进幼儿发展的作用

学前幼儿为 3～6 岁，主要凭借事物的具体形象或对表象的联想进行学习和探索。课件的多媒体素材，正好具有这方面的优势，能充分激发幼儿的学习兴趣，有效地辅助教学，完成教学目标。

（1）促进幼儿认知能力发展

多媒体素材的使用及课件的交互功能，能够有效促进幼儿感知觉、注意、记忆、思维和想象等多方面能力的发展。

（2）激发幼儿学习兴趣

传统的教学手段枯燥无味，没有直观的形态供幼儿了解。有了课件教学，能把语言、文字所描绘的情境直观、形象、逼真地展现出来，使古板变生动，抽象变具体，深奥变浅显，沉闷变活泼，能够吸引学生的注意力，激发学生的学习兴趣。

（3）提高效率，节约时间

相比传统教学，使用课件教学可在最短的时间内，让幼儿清晰透彻地了解所要掌握的知识，并能灵活运用，达到教学目的。

2. 促进教师发展的作用

教师作为课件的设计者、制作者、使用者，在课件的设计制作过程中能得到多方面的提高，同时，课件的使用、评价、诊断与改进也促使教师进行自我的革新与发展。

（1）转变教师观念

课件的使用可减少教师对幼儿的主控行为，突出以幼儿为主体的教学过程，使幼儿在学习过程中成为中心，促进教师教学理念在不知不觉中得到转变。

（2）提高教师的专业水平

教师在设计制作课件的过程中，需要对教学活动的目标、内容、方法及材料资源进行综合考虑，这就需要教师具备幼儿园教育各领域的专业知识与组织教学活动的能力。因此，课件的制作与使用过程，就是教师提高专业技术水平，增强专业技术能力的过程。

（3）提高教师的信息素养

课件是集合多种媒体及现代信息技术的表现方式而制作的课程软件，需要教师会使用多种软件、多种信息化设备，能恰当地使用网络资源，这个过程就是教师信息素养提升的过程。

四、哪种课件才是好的幼儿园课件

好的幼儿园课件必须是科学的，适用于教学的，体现现代信息技术的，和谐美观能引起幼儿兴趣的课件。

1. 科学性

科学性是教育教学活动中一个十分重要的教育原则。科学性是指课件能正确表达知识内容，包括两层含义：一是指课件内容正确、逻辑严谨、层次清晰，没有教学内容方面的知识性错误；二是指可见的表现形式、所使用的素材、动画与模拟内容符合科学规律。

（1）原理要正确，符合幼儿的心理特点和认知规律，反映主要的机制，说明教学中的问题，细节可以淡化处理。

（2）显示的文字、符号、共识、图表、概念、规律的表述准确无误。

（3）尊重科学事实，但为了教学的需要，可以进行合理的变形或夸张处理。

2. 教育性

运用课件的目的是优化课堂教学结构，提高课堂教学效率，既要有利于教师的教，同时又要有利于幼儿的学。我们可以从课件的教学目标、课件的内容及组织表现形式等方面理解教育性的含义。

（1）教学目标：课件必须体现教学思想和教学目标，明确课件要解决什么问题，要达到什么目的，课件的具体呈现和实施是为教学目标而服务的。

（2）课件内容：教学内容要丰富、灵活，突出重点和难点。设计课件时要充分考虑课件的实际教学需要，主题必须明确，体现实用性。

（3）组织表现形式：课件在课堂上的优势是动态模拟的，用以创设情境、激发幼儿的学习兴趣，扩大幼儿的感知量，使幼儿形成鲜明的印象，帮助幼儿掌握概念和规律。

3. 技术性

技术性是指课件的制作和使用，满足各项技术性要求，操作简便、快捷、演示流畅，具有较强的交互性、集成性和灵活性，运行稳定；外部文件能正常播放，对系统依赖性小，课件内容加载速度快，课件交互合理。

4. 艺术性

制作的课件教学信息层次分明、布局合理、衔接合理，多媒体素材应用和谐。有友好的交互环境设计和逼真的交互界面，能提供与幼儿友好合作、平等竞争的环境，激发幼儿兴趣，促使幼儿自发、自愿地进行学习，让幼儿在不知不觉中进入学习状态。

简洁统一是课件艺术性的基本原则，课件制作中要用尽可能少的颜色和字体，导航的方式与位置尽可能一致，使用统一的音效，用有利于教学用途的动画等，达到简洁统一的效果。

知识总结

（1）课件是集文字、音频、图像、图形、视频、动画、超链接等多种媒体的辅助幼园教学的课程软件。

（2）幼儿园课件的设计、制作和使用可以促进幼儿和教师共同成长。

（3）常用的幼儿园课件有演示型课件、互动型课件、模拟型课件等。

（4）幼儿园课件要满足科学性、教育性、技术性、艺术性等特点。

拓展知识

2018 年全国职业院校技能大赛（高职组）"学前教育专业教育技能"比赛试题的评分标准，详见表 1-1-1。

表 1-1-1 2018 年全国职业院校技能大赛（高职组）
"学前教育专业教育技能"比赛试题的评分标准

内容		评分标准	分值
课件制作（10 分）	科学性	取材适宜，内容科学、正确、规范，体现幼儿年龄和领域适宜性（2 分）	2 分
	教育性	片段教学内容设计完整（1 分）；符合幼儿园保教活动的主题要求（1 分）；结构清晰，能激发幼儿兴趣（1 分）	3 分
	技术性	1. 课件的制作和使用，满足各项技术性要求（1.5 分） 2. 操作简便、快捷、演示流畅、结构合理，能较好服务于保教活动（1.5 分）	3 分
	艺术性	1. 色彩协调，风格统一（1 分） 2. 画面设计新颖，富有童趣（1 分）	2 分
评分分档		科学性高，教育性好，技术性强，富有艺术性，符合幼儿学习特点	9~10 分
		科学性较高，教育性较好，技术性较强，有一定艺术性，基本符合幼儿学习特点	7~8.9 分
		科学性、教育性、技术性、艺术性均一般，不太符合幼儿学习特点	5~6.9 分
		该项课件内容不完整或提交未成功	0~4.9 分

举一反三

（1）你以前做过课件吗？请在网络搜索关键字"幼儿园课件 PPT"，找到别人做的课件，试着分辨一下搜到的课件属于哪一种类型。

（2）在网络搜索关键字"幼儿园课件理论"，查看学习；并将你认为有用的信息复制，保存为名为"作业 1 幼儿园课件 .docx"的文件，并提交到课程平台。

自我评价

本任务的学习自我评价与反馈，请填入表 1-1-2。

表 1-1-2　自我评价与反馈表

任务内容	掌握程度			
	了解	理解	掌握	熟练
知道课件的含义和分类				
知道课件的作用				
知道一个好的课件的评判要点				
完成了课前学习，并能理解	会	大部分会	有些不明白	不会
完成了课后的举一反三	完成		没有完成	
和同学讨论了课堂学习内容	是的		不是	
在学习的过程中，我还教了其他同学	是的		不是	

素养能量

教育是培养人的社会活动。在教育技术学的视野中，教育包括一切与促进人的学习有关的事，例如创建学习环境的工作。学习环境由学习、媒体、人员、方法和场所等要素组成。

任务二　幼儿园课件设计的内容和流程

任务清单：1－2

任务情境

了解了课件的基础知识，幼儿园老师让你做好制作课件前的准备，并说明了本次课件面对的对象，教学的领域，教学活动的方案、要求，要使用的软件等。这时，你有些迷茫，不知道老师为什么要向你说明这些。

任务目标

（1）掌握幼儿园课件设计的基本内容。

（2）掌握幼儿园课件设计的步骤和要求。

任务要求

（1）课前复习教学设计原理与应用的相关知识。

（2）课中学习幼儿园课件设计的基本内容和流程。

（3）课后根据提供的幼儿园教学活动方案设计课件脚本。

配套线上课程

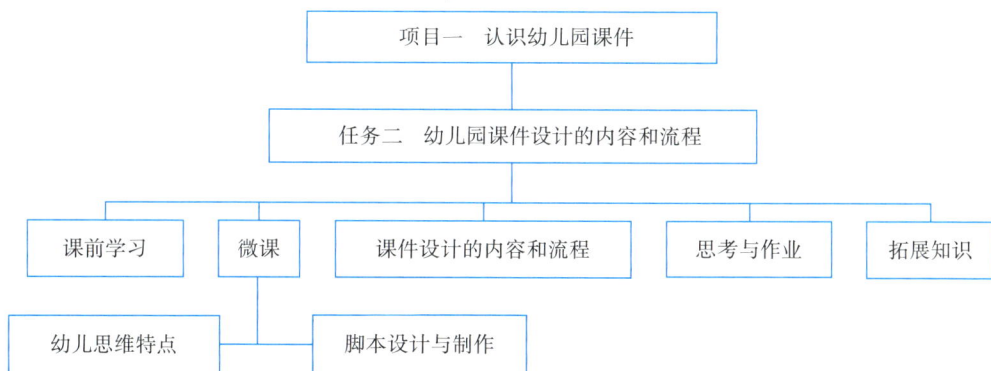

```
┌─────────────────────────────┐
│   项目一　认识幼儿园课件        │
└─────────────────────────────┘
┌─────────────────────────────┐
│ 任务二　幼儿园课件设计的内容和流程 │
└─────────────────────────────┘
 ┌──────┐ ┌────┐ ┌──────────────┐ ┌────────┐ ┌────────┐
 │课前学习│ │微课│ │课件设计的内容和流程│ │思考与作业│ │拓展知识│
 └──────┘ └────┘ └──────────────┘ └────────┘ └────────┘
 ┌──────────┐      ┌──────────────┐
 │幼儿思维特点│      │脚本设计与制作  │
 └──────────┘      └──────────────┘
```

课前学习

一、教学设计的基本含义

1. 教学设计的目的

教学是促进学习的一个重要方面，教学设计的根本目的是有效地促进学习，解决实际教学问题。

2. 教学设计的本质

解决教学问题有不同的思路与方法。教学设计是运用系统方法来分析和解决教学问题。教学设计本质上是一种分析和解决教学问题的系统方法，包括相关的教学原理、指导原则和创新性做法。教学设计有以下三个基本特点：

（1）目的定位明确。

（2）拥有与解决教学问题相关的科学的或其他体系化的知识。

（3）运用系统方法来分析和解决教学问题。

3. 教学设计的基本内容

教学设计一般围绕四个基本问题展开，即为什么要开展教学，需要学习者学习什么内容，如何帮助学习者达到预期的教学目标，教学的效果如何。具体又可分为下述九项工作内容。

（1）开展前期分析

开展前期分析主要是为了确定"为什么要开展教学"。通过调查研究，教学设计者一般需要搞清楚如下问题：

① 教学目标是什么？

② 学习者绩效现状如何？与教学目标相比有多大差距？

③ 绩效差距的主要成因是什么？

④ 学习者的哪些特点需要在后续教学设计工作中加以考虑？

⑤ 环境将对教学产生什么影响？

⑥ 开展教学有哪些相关的资源？

⑦ 在资源有限的情况下，什么问题应优先解决？

（2）组织教学课题选择

课题选择用于确定"需要学习者学习什么内容"，主要包括以下内容：

① 根据教学目的，首先考虑是采用基于行为主义和认知心理学的教学方法，还是基于建构主义学习观的教学原则，或是综合运用多种教学策略。

② 为了达到教学目标，学习者应学习哪些内容？如何安排这些内容的教学顺序？

③ 为了达到教学目的，如何为学习者创设合适的学习环境？

（3）分析知识要点

分析知识要点的工作就是为了更详细地确定以下学习内容：

① 教学内容中包含哪些知识要点？

② 学习者是否具备了学习相关知识与技能的基础？

（4）阐明学习目标

阐明学习目标是对教学活动以后的预期绩效提出明确、具体的考核指标，并将这些绩效指标转化为考核学习效果的测试手段，一般需要明确以下几点：

① 期望学习者掌握哪些知识？具体的绩效指标是什么？

② 期望学习者掌握哪些技能？能解决什么问题？具体的绩效指标是什么？

③ 期望学习者形成怎样的态度？具体表现在哪些方面？

④ 如何知道是否达到绩效目标？怎样才能判断教学产生了效果？

（5）制订教学策略

明确的教学目标和任务需要有效的教学策略来实现和完成，这部分需要解决的问题包括以下内容：

① 采用什么样的教学内容顺序更有利于学习者的学习？

② 设计哪些教学活动能有效地推动学习活动的进行？

③ 可以选择哪种或哪些教学方法和形式来确保教学活动的有效开展？

④ 可以选择哪些教学媒体？如何组合这些媒体来促进教学任务的完成？

（6）编写教材脚本

编写教材脚本就是绘制教材制作的"施工蓝图"。在这项工作中，教学设计者需要应用教学信息设计的原理和相关的研究成果，如设计和制作教学媒体的研究结论及经验，对教学内容的表现形式和教学方法等进行细致的处理，以期提高教学传播的效果。

（7）进行形成性评价

形成性评价几乎渗透于教学设计的全过程，在教学设计的形成性评价中，教学设计者需要运用科学的评价方法弄清楚如下问题：

① 如何确定教学设计成果的评价标准？

② 用什么方法或工具来进行评价？

③ 需要收集哪些类型的评价资料？哪些被试人员能够提供这些评价资料？

④ 学习者对教学活动的反应如何？教学活动是否具有吸引力？

⑤ 通过新的教学方案的试行，学习者的学习成绩是否发生了值得关注的变化？

⑥ 从教学设计成果的试用效果看，该教学方案还须做哪些修改？

（8）推广教学设计成果

教学设计成果对于教学改革和发展具有推动作用，但只有通过推广得到采用才能实现其价值。因此，成果的推广也应是教学设计的有机组成部分，教学设计者为了达到推广的目的，需要考虑如下问题：

① 如何向目标用户或潜在用户宣传教学设计的新成果？

② 如何在教学或培训情境中制订教学设计成果的实施方案？

③ 在实施教学设计成果时，必须注意哪些重要事项或因素？

④ 教学设计者如何在教学设计成果的总结性评价中发挥自己的作用？

（9）管理教学设计项目

上述一系列教学设计工作需要有整体的计划和协调，并以合理的方式使用现有的人力和物力资源，这就涉及以下几个问题：

① 如何制订教学设计项目的管理计划？

② 如何监控教学设计项目的流程和实际运行？

③ 如何在设计团队中进行思想的沟通和行动的协调？

④ 如何提升教学设计团队成员的基本素质？

任务实施

一、幼儿的一般思维特点

面向幼儿的教学设计首先要了解幼儿的一般思维特点，根据儿童心理学我们可以了解幼儿的思维具有以下特点。

1. 具体性

幼儿的思维内容是具体的。他们对代表实际东西的概念掌握得比较好，而对于抽象的概念却不易掌握。比如老师说"建筑物"，他们可能不理解；但是如果说"房子"，他们会更快地接受。这是因为老师所说的"建筑物"是泛指，而"房子"是具体指向。

2. 形象性

幼儿一般是依靠事物在头脑中的形象来思考的，他们的小脑袋中充满了各种各样的颜色、形状、声音等。比如说到"奶奶"，他们的脑海中一般是"白发苍苍，拄着拐杖"的样子；说到兔子，一般是"蹦蹦跳跳，喜欢吃胡萝卜"的样子；说到老师一般是"戴着眼镜，拿着书本"的形象。

3. 单维性

幼儿的思维不能进行真正的逻辑运算，一般只能理解和运用初级概念及之间的关系，这些初级概念是幼儿在具体实际经验中获得的。比如说幼儿正在吃冰激凌，大人告诉他冰激凌上有一只虫子，大人的意图自然是让他别把虫子吃到嘴里，而儿童可能会理解为虫子太热了，它也想吃冰激凌。

4. 无主次性

有这样一个小笑话，杰克放学回家，母亲看见他满脸血迹，就问道："杰克，你又打架了？怎么丢了两颗牙齿！"杰克急忙说道："妈妈，牙齿没有丢，我把它们放在口袋里了！"可见，孩子完全没有搞清楚妈妈的意思，妈妈责备的是他又和别人打架了，他却说牙齿没有丢。从孩子的观念来看，牙齿确实没有丢，因为"丢"对他来说意思是找不到。

5. 单向性

幼儿通过仅有的直观经验解决问题，在传授幼儿知识时不能想当然地认为他也能自己做一些逆向思维。比如教给幼儿 $1+1=2$，幼儿不能自己算出 $2-1=1$，因为他们只能从左边推到右边，不能从右边推到左边。

二、幼儿园课件设计的基本内容

幼儿园课件设计的基本内容包括课件的教学设计、程序设计、艺术设计三个方面，下面分别进行介绍。

1. 教学设计

课件的教学设计是课件的首要任务。作为教师辅助教学的工具，课件的内容必须保证与教学相关，其形式和呈现方式必须符合教学媒体使用的规律和信息传播理论。同时，幼儿园课件的播放过程必须符合幼儿的认知规律和教学规律，且采用的教学方法应符合幼儿园教学理论和幼儿学习的特点。这样有利于幼儿掌握知识，从而形成技能。教学设计在幼儿园课件中主要体现为教学过程设计。幼儿园课件的设计与制作能否成功的关键在于如何安排教学环节，教学方法的选择是否恰当，如何控制教学的节奏，以及能否充分发挥多课件辅助教学的优势等。

（1）教学环节

教学环节主要包括教学目标的阐述、教学内容的呈现、教学难点的剖析、提问与练习、归纳与总结等。多媒体课件在教学环节上的设计必须遵循教学的基本原则和一般规律。

（2）教学方法

教学方法是展现教学内容、完成教学任务、达到教学目的所采用的方法，如设问法、对比法、归纳法、诱导启发法、交流讨论法等。将教学方法适当地应用到多媒体课件设计中，可以有效地提高多媒体辅助教学的效率。

（3）教学节奏

教学节奏是指对教学内容和教学对象在教学过程中进行地调节和控制。教学节奏既要符合教学内容的深浅、难易程度，适应教学对象的接受能力和反应能力，也要符合不同媒体的表现形式。多媒体课件需要使用多种不同的媒体来展现教学内容，教学节奏的快慢与媒体的特点密切相关。因此，多媒体课件的设计应准确把握某种媒体的自然节奏，声音和动画的播放须符合人的听觉和视觉习惯，课件中的场景、画面与内容的转换要自然、和谐，这样才能形成符合教学对象学习心理特点的教学节奏。

在幼儿园课件设计中，设计制作的课件必须有助于幼儿园教师教学艺术的进一步表现。设计课件的目的是进一步提升教学效果，让幼儿学习更愉快，让教师讲解更轻松。因此，设计的课件还需要从教学需要和幼儿实际情况出发，充分发挥以幼儿园教师为主导和幼儿为主体的作用，使幼儿园教师的教学艺术得到充分体现，为教学锦上添花，而不是成为教学的障碍。

2. 程序设计

幼儿园的课件由计算机应用软件制作而成，需要符合计算机应用软件的一般要求，软件的核心是程序，课件程序就是实现课件的目的和手段。多媒体课件程序设计的基本内容包括课件运行的稳定性、可靠性和速度，课件的计算机资源的占用情况，课件界面的友好性和操作的简易性等。另外，在设计幼儿园课件时，幼儿教师需要注意制作课件的软件占用系统资源的情况。程序设计中还包括教学表达设计，是指采用哪种媒体、哪种方式来表达教学内容的设计。在多媒体课件设计中，幼儿园教师要根据教学内容和教学对象的特点与要求选择一种或几种组合的媒体表达教学内容，通常应尽量使用图形、图像、视频、音频和动画等组合形式；掌握不同媒体间的转换和连接方法，画面与画面间的过渡要自然，声音与声音间的衔接也要和谐统一、互不干扰，声音与画面的衔接更要相互配合。

在幼儿园课件教学表达设计中，图像素材应注意选用色彩鲜明、构图简单、容易让幼儿接受的图像；音乐素材应选用节奏明快、清新的乐曲，使幼儿产生亲切感；动画素材可采用幼儿喜闻乐见的卡通人物或故事，使其能更快地融入学习环境中。

3. 艺术设计

在课件教学设计和程序设计基础上表达课件的艺术美。课件的艺术设计主要包括是设计课件的交互方式、界面设计、表现形式和视听效果。

交互性是计算机辅助教学最大的特点。交互性来自多媒体课件的交互界面，多媒体课件的交互界面提供了多样化的交互手段，幼儿园教师或幼儿可根据教学的目的和要求进行交互操作。键盘输入和鼠标单击是常见的交互方式。键盘输入方式一般不需要专门的交互界面，直接用键盘输入相应命令即可实现交互操作；鼠标单击方式则需要有专门的交互界面供鼠标单击，如按钮交互响应、菜单交互响应等，也可以直接通过鼠标单击来实现交互，如热点交互响应、热点对象交互响应等。幼儿园多媒体课件应尽量多地使用鼠标单击的交互方式，有硬件设备条件的幼儿园还可以使用触摸屏，这种方式更加方便、直观，便于幼儿操作。

界面是整个画面的一部分，通常会占据一部分屏幕，界面的设计需要和呈现实际教学内容的画面设计有机结合、统筹安排、合理布局，对交互性的反馈信息也要进行合理表达。幼儿园多媒体课件设计中的界面设计应该新颖、别致，界面风格应前后一致，界面操作方法要简单明确，不同界面中相同交互方式的操作要保持一致。另外，交互的信息展现最好使用图形、动画和音频，便于幼儿接受。

在课件设计中，须使用符合美学原理的表现方法精心设计制作多媒体素材，进行多媒体组合教学。该要求可以使教学课件具有丰富的感情、积极的态度，能够感染和调动学习者的兴趣、爱好和情绪，使课件能够以和谐、统一、完整、自然的手法，以及新颖、多样的方式表现教学内容，达到非常好的教学效果。

（1）视觉效果艺术设计

在幼儿园的课件设计中，幼儿园教师需要注意活动场景的构图、布局的整体设计。合理的构图和设计将有利于教学内容的展现，也有利于幼儿对知识的理解和接受。

（2）听觉效果艺术设计

听觉效果艺术设计就是对语音、音乐等音频效果的艺术设计。幼儿具有喜形于色、情感外露的特点，他们内心的情感和体验难以用语言来表达，而语音、音乐具有情绪对比强烈、感情表现鲜明的特点，恰好可以抒发幼儿的内心感受，所以幼儿园教师在制作课件时要善于利用幼儿的这一特点，适当添加各种声音元素。

三、幼儿园课件设计思路

一个课件是否设计得好，教学思路是关键。教学思路是指教师对课堂教学从酝酿、设计到实施等整个教学过程的思路，好的教学思路能帮助幼儿理解和巩固所学内容，帮助教师提高课堂教学效率、提升教学质量。在幼儿课件的设计与制作中，要能清晰地展现符合不同年龄段的幼儿和不同领域活动的教学思路及方法。从平时的实践教学过程中来看，课件的设计思路一般包括导入环节、学习环节、巩固环节、拓展环节等。

1. 导入环节

教学过程中，如果导入环节设计得好，则能使整个教学有良好的开端和发展，能够激发幼儿对活动的兴趣。

（1）直入式导入

直入式导入就是开门见山地直接导入新课内容。

（2）故事式导入

在上课之前给幼儿看或听与活动主题相关的动画故事，将幼儿带入故事情境当中，让幼儿在故事情境中进行主动学习，以期达到事半功倍的效果。

（3）谜语式导入

通过猜谜语能够概括事物的主要特征，帮助幼儿理解新课程的内容，激发幼儿的学习兴趣。

（4）谈话式导入

常规的谈话式导入是指教师在与幼儿的交谈中，不知不觉地渗透新课的内容，进而自然地引入新课题。

（5）悬念式导入

采用悬念式导入新课，可以引起幼儿的好奇心，激发幼儿追根问底的热情，培养幼儿主动探索的精神，激发幼儿的好奇心，促使幼儿萌发出追根问底的想法，引导幼儿通过一定的方法主动探索答案，最终完成活动目标。

（6）表演式导入

以情境、小品、舞蹈、儿歌、木偶等表演形式导入新课，可让幼儿的听觉、视觉受到双重刺激，以此引发幼儿的好奇心和注意力等。

（7）演示式导入

借助实物、玩具、图片等道具演示的形式导入新课，直观形象，幼儿既感兴趣，又容易理解。

2. 学习环节

对于幼儿来说，这个环节是他们学新本领的环节，可以采用以下方法设计课程。

（1）观察法

观察法是指教师有目的、有计划地组织和启发学前儿童运用多种感官，去感知客观世界的事物与现象，使幼儿获得具体的印象，并在此基础上逐步形成概念的一种方法。传统的观察方法是教师拿出实物或者图片，让幼儿通过眼睛看、鼻子闻、耳朵听、小手摸等方式进行观察，但是有些实物是无法近距离观察、无法看到其内部结构的，所以仅仅采用实物观察的方法具有一定的局限性。在幼儿观察的过程中，使用多媒体课件加以辅助，可以让幼儿观察得更加精细，其观察的范围更加广泛，观察的物种更加多样，有助于幼儿多层次、多角度去认知一个事物。

（2）操作法

操作法是提供给幼儿合适的材料、教具、环境，让幼儿在自己动手的实践过程中进行探索，以获得感性经验和逻辑知识的一种方法。随着信息技术的发展，幼儿的操作不仅仅限定为实物，也可以在多媒体课件中互动完成。

（3）倾听法

倾听法是最基本、最常用的一种学习方法，在这个环节使用多媒体课件做辅助，可以帮助教师吸引幼儿的注意力。

（4）模仿法

对幼儿来说，模仿是他们认知和接受一个事物比较直接的一种方式，在模仿之前，可以使用多媒体课件让幼儿仔细观察再模仿，这个过程可以反复观看、反复模仿，以此加深幼儿的认知。

（5）游戏法

游戏除了传统意义上的游戏外，还有电脑上的游戏。在组织幼儿活动的过程中，使用多媒体手段设计小游戏，作为课件辅助教学，可以更方便地操作。

3. 巩固环节

对于学习者来说，如果学过的知识不运用、不强化，长时间就会忘记。对于幼儿来说，记忆的时间可能更加短暂。所以，对新知识加深印象及强化新知识的运用的环节在幼儿园活动组织中尤为重要，可以使用多媒体课件辅助完成这个环节。

（1）判断（选择）

教师让幼儿进行判断或选择，并说出为什么做得对或者不对，让幼儿对这些行为有深刻的印象。

（2）连线

连线的用途主要是让幼儿对事物的关联性、完整性加以巩固。

（3）寻找

寻找是利用幼儿的好奇心设置的一个环节，主要是让幼儿在探索中了解这些事物的作用、特点等。

（4）游戏

游戏是幼儿最喜欢的活动，诸如科学、健康、社会等领域的活动，都可以用这种方式进行知识的巩固。

4. 拓展环节

幼儿具有强烈的好奇心，他们对自己感兴趣的东西会主动探索。在此环节，教师可以抓住幼儿的兴趣点进行拓展，比如可以以人文资源为依托，带领幼儿参观当地最具特色的博物馆、公园等，或者以幼儿自己的兴趣、经验、需求等为依据展开探索、调查等活动；还可以利用区域和日常活动等展开各种区角活动。当然，这些拓展活动更多的是要带领幼儿去探索、体验，让他们亲身感受主题活动的意义，所以课件在此环节只起辅助作用。

知识总结

（1）幼儿园课件的设计要先考虑幼儿的一般思维特点。

（2）幼儿园课件的设计主要是进行教学设计、程序设计和艺术设计。

（3）幼儿园教学过程的主要环节是幼儿园课件设计的思路，包括导入环节、学习环节、巩固环节和拓展环节。

举一反三

（1）根据以前学过的知识，总结幼儿在不同领域的认知特点。

（2）根据课程平台所提供的幼儿园教学活动方案素材，试着设计课件的脚本，保存为名为"作业 2　幼儿园课件脚本设计.docx"的文件，并提交到课程平台。

自我评价

将本任务的自我学习评价与反馈填入表 1-2-1 中。

表 1-2-1　自我评价与反馈表

任务内容	掌握程度			
	了解	理解	掌握	熟练
知道幼儿的思维特点				
知道课件设计的基本内容				
知道课件中一般包含的教学环节				
完成了课前学习，并能理解	会	大部分会	有些不明白	不会
完成了课后的举一反三	完成		没有完成	
与同学讨论了课堂学习内容	是的		不是	
在学习的过程中，还教了其他同学	是的		不是	

素养能量

幼儿园教育评价的过程，是教师运用专业知识审视教育实践、发展及研究、解决问题的过程，也是其自我成长的重要途径。幼儿园教育评价具有以下三个功能：

（1）促进幼儿的个体发展。

（2）促进教师的自我成长。

（3）促进课程本身的发展。

任务三　幼儿园课件制作规范与工具

任务清单：1-3

任务情境

与老师讨论了教学设计后，现在正式开始制作课件了。你知道使用哪种软件能制作课件吗？这些软件各有什么优缺点呢？

任务目标

（1）熟知幼儿园课件制作的规范。

（2）熟知幼儿园课件制作的工具。

任务要求

（1）课前在网络上查看"学前教育专业教育技能"相关比赛的课件，制作试题的计算机环境要求。

（2）课中学习幼儿园课件制作的规范和工具。

（3）课后加强了解课件制作的各种工具。

配套线上课程

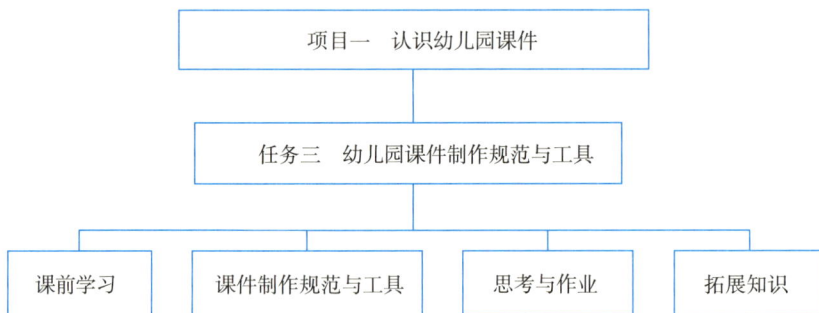

```
                    ┌─────────────────────┐
                    │ 项目一　认识幼儿园课件 │
                    └──────────┬──────────┘
                               │
                    ┌──────────┴───────────┐
                    │ 任务三　幼儿园课件制作规范与工具 │
                    └──────────┬───────────┘
         ┌───────────┬─────────┴─────────┬───────────┐
    ┌────┴────┐ ┌────┴──────────┐ ┌──────┴────┐ ┌────┴────┐
    │ 课前学习 │ │ 课件制作规范与工具 │ │ 思考与作业 │ │ 拓展知识 │
    └─────────┘ └───────────────┘ └───────────┘ └─────────┘
```

任务实施

一、幼儿园课件制作规范

无论采用哪种软件来制作课件，都需要考虑课件的教学内容和教学过程两个方面。既要设计和制作与教学内容相关的素材，并导入或输入课件中，又要设计和制作与教学进程相关的程序控制。

1. 功能性

对幼儿园课件综合评分中的功能性进行评分时需要考虑以下因素：

（1）教学目标适当、达到预定的教学目标程度。

（2）符合科学性要求。

（3）符合幼儿园教学规律和因材施教的教学原则。

（4）能够体现计算机的特点，取得其他教学方法和教学手段无法取得的成果。

（5）有利于激发幼儿的学习兴趣、学习主动性和学习积极性，有利于培养幼儿的学习能力。

2. 可靠性

可靠性要求幼儿园课件程序足够稳定，不受错误操作的影响。

3. 使用方便性

幼儿园课件综合评分中的使用方便性表现在以下两个方面。

（1）教师和幼儿的操作简单易学。

（2）屏幕提示的含义清楚、表达明确、意思简单明了，过程符合幼儿的学习习惯。

4. 程序设计技巧

幼儿园课件综合评分中的程序设计技巧表现在以下四个方面：

（1）程序设计思想要先进，充分利用计算机系统的各种资源，且深度合理。

（2）要充分发挥多媒体教学的优势，综合利用文字、声音、图像、动画等媒体信息，使用得当、配合协调。

（3）画面要美观、清晰。

（4）动画与教学内容要紧密配合，有较好的动态教学效果。

5. 课件商品化程度

幼儿园课件要有较高的商品化程度，有较为详细的文档资料进行功能说明、安装使用说明，文字要通顺、易懂、准确。除此之外，课件还要有良好的包装，可发行，便于幼儿园之间的教育交流。

二、幼儿园课件制作的工具

幼儿园课件制作主要使用计算机软件完成。目前大多数课件制作软件界面简洁，使用方法简单，只需要经过简单的培训就能掌握其操作。常用的软件有以下几种。

1. PowerPoint

演示文稿（Microsoft Office PowerPoint）是美国微软公司出品的办公软件系列的重要组件之一，是一种图形程序，也是功能强大的制作软件。演示文稿可以把静态文件制作成动态文件浏览，把复杂的问题变得通俗易懂，可以制作出生动、给人留下深刻印象的幻灯片。在演示文稿下可添加文字、图片、表格、动画、音频、影片等素材，并可实现超链接，实现互联网的展示。目前，常用的版本有 PowerPoint 2016（如图 1-3-1 所示）、PowerPoint 2013 等，用其制作的文件的扩展名为".pptx"，也可将文件保存为 PDF 格式等。

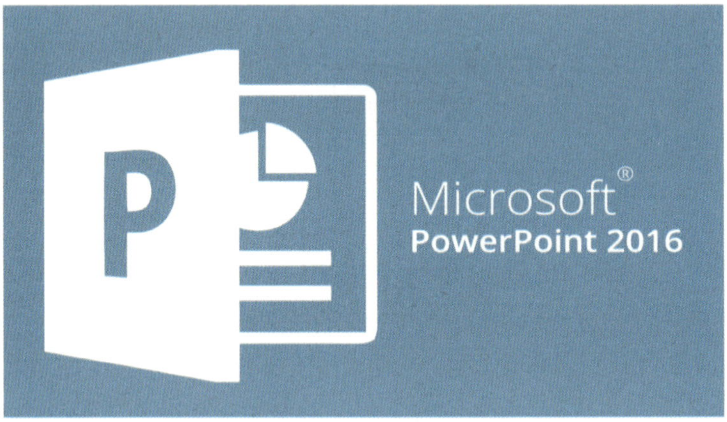

图 1-3-1　PowerPoint 2016 欢迎界面

PowerPoint 是最常用的课件制作软件之一。它使用方便，容易上手。因 Office 软件的普遍使用，PowerPoint 所制作的课件的播放环境受限较小，但其缺点是交互效果的制作较烦琐。

2. Flash

Flash 是美国的 Macromedia 公司于 1999 年 6 月推出的网页动画设计软件。它是一种交互式动画设计工具，用它可以将音乐、声效、动画以及富有新意的界面融合在一起，以制作出高品质的网页动态效果。目前常用的版本有 Flash CS5（如图 1-3-2 所示）、Flash CS6 等，用其制作的播放文件的扩展名为".swf"，需要使用 Flash 播放器播放。

图 1-3-2　Flash CS5 欢迎界面

　　用 Flash 制作的播放文件非常小，需要的内存和存储空间也很小，利于网络传输，动画效果灵活，可实现交互功能。但 Flash 软件的使用具有一定的专业性，需要专门学习才能掌握。

3. Authorware

　　Authorware 是以设计图标和流程线来设计和制作多媒体作品的应用软件（如图 1-3-3 所示），支持集成多种媒体文件，具有多种交互方式和函数功能。使用它来设计和制作交互性比较强的多媒体课件非常方便，能支持音频、文本、图形、简单动画、数字电影等的制作。当前的最新使用版本为 Authorware 7.0，编制的软件除了能在其集成环境下运行外，还可以编译成扩展名为 ".exe" 的文件，在 Windows 系统下可脱离 Authorware 制作环境运行。

图 1-3-3　Authorware 7.0 欢迎界面

　　Authorware 的使用相对简单，它不需要传统的计算机语言编程，只要通过对图标的调用来编辑一些控制程序走向的活动流程图，将文字、图形、声音、动画、视频等各种多媒体项目数据汇在一起，就可达到多媒体软件制作的目的。

4. Director

　　Director 是美国 Adobe 公司开发的一款软件（如图 1-3-4 所示），主要用于多媒体项目的集成开发，广泛应用于多媒体光盘、教学/汇报课件、触摸屏软件、网络电影、网络交互式多媒体查询系统、企业多媒体形象展示、游戏和屏幕保护等的开发制作。使用 Director 可以便捷地创建包含高品质图像、数字视频、音频、动画、三维模型、文本、超文本、Flash 文件等的多媒体程序。

　　Director 是一款专业的多媒体项目开发软件，初学者在短时间内难以掌握其开发技巧。

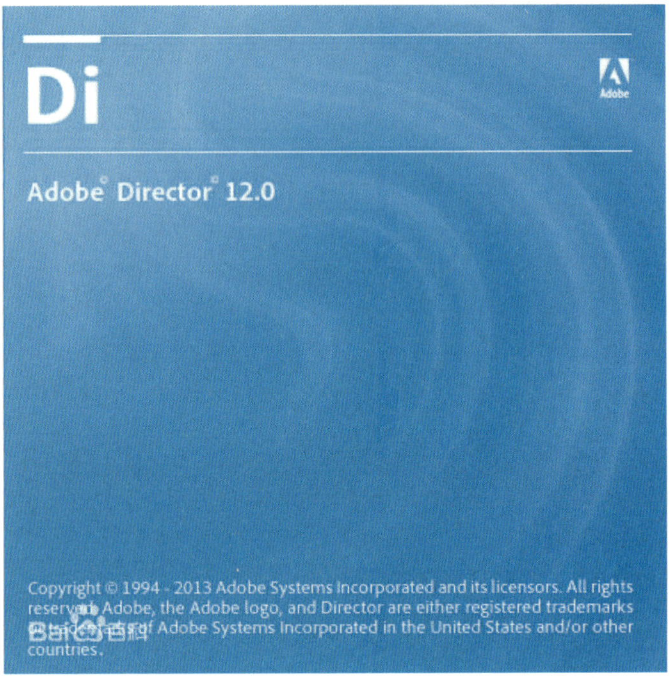

图1-3-4　Director欢迎界面

知识总结

（1）幼儿园课件制作要注意功能性、可靠性、使用方便性、程序设计技巧、课件商品化程度等要求。

（2）幼儿园课件制作的软件有PowerPoint、Flash、Authorware、Director等。

举一反三

安装上述四款软件，打开软件，试着体验一下。

自我评价

将本任务的学习自我评价与反馈填入表1-3-1中。

表1-3-1　自我评价与反馈表

任务内容	掌握程度			
	了解	理解	掌握	熟练
知道幼儿园课件制作的规范				
知道课件制作的几种软件				
完成了课后的举一反三	完成		没有完成	
与同学讨论了课堂学习内容	是的		不是	

素养能量

在教师和幼儿互动中，教师绝不是简单的管理者、指挥者或裁决者，更不是机械的灌输者或传授者，而是良好师幼互动环境的创造者、交往机会的提供者、积极师幼互动的组织者，以及幼儿发展的支持者、帮助者、指导者和促进者。

项目二　课件素材的采集与加工

　　幼儿园课件需要结合形、声、色、知、情、意等元素将幼儿所学知识直观具体、生动形象的展示出来，使课件达到符合幼儿年龄特点和认知规律的要求，更加具有实效性，从而达到对幼儿的高效性教学。在幼儿园课件制作之前，要先对课件中需要用到的文本、图片、音频、视频、动画等多媒体素材进行采集和加工，这是课件制作的基础。本项目主要介绍这些多媒体素材的常见格式及加工技巧，为后期的制作打下坚实的基础。

知识目标

- 了解文本、图片、音频、视频、动画等素材的常见格式
- 了解文本、图片、音频、视频、动画等素材的常见编辑软件的基础知识

能力目标

- 熟练使用所学知识采集文本、图片、音频、视频、动画等素材
- 熟练使用常见软件对文本、图片、音频、视频、动画等素材进行基础加工

情感目标

- 具有区分素材常见格式与课件制作中所需格式的意识
- 具有使用常用软件对素材进行加工，使素材满足课件制作要求的创作意识

课前任务

多媒体课件制作能力调查问卷

亲爱的同学：

您好！本问卷仅用于提高幼儿园多媒体课件制作能力课题研究，不涉及任何个人隐私和其他相关法律问题。请如实填写以下选项。填写完，请沿题目上面的虚线撕下，交给老师。谢谢合作！（已加入课程线上平台的班级，请在平台问卷中回答）

1. 所学专业 ＿＿＿＿＿＿＿＿＿＿＿＿＿＿＿＿＿＿＿＿＿＿＿＿＿＿＿＿＿＿＿

2. 您的性别是？
○男　　　　　　　　○女

3. 您的身份是？
○幼儿园老师　　　　○正在学习的学生

4. 您认为幼儿园多媒体教学在教学中的重要性如何？
○非常重要　　　　○重要　　　　　○不重要　　　　○完全不重要

5. 您认同多媒体课件制作能力是一名幼儿园教师必备的技能之一吗？
○非常认同　　　　○认同　　　　　○不怎么认同　　○完全不认同

6. 您认为在教学中运用多媒体课件有意义吗？
○非常有意义　　　○有一定的意义　　○完全没有意义

7. 您是否有独立制作过多媒体课件？
○经常　　　　　　○偶尔　　　　　○很少　　　　　○没有

8. 您制作课件时的教学文本内容主要是什么？（可多选）
□照搬课本教材　　□网络搜索　　　□自己总结而来

9. 您制作课件时在选择教学内容方面是否会做如下考虑？（可多选）
□是否在主题内容范围内　　　　　□知识体系结构是否合理
□逻辑层次结构是否清晰合理　　　□是否具有科学性和教育意义
□不做太多考虑，只是应付性完成任务

10. 您的课件是否会注重添加探究性或交互性等实践性问题？
○经常会　　　　　○偶尔会　　　　○不会

11. 您的课件内容主要包括以下哪种或哪几种相结合的多媒体素材？（可多选）
□文字　　　　　　□图片　　　　　□图表　　　　　□视频
□动画　　　　　　□音频　　　　　□其他

12. 您的课件中插入的多媒体素材（图片、音频、视频等）是否都与本节课的教学内容有关系？
○全部都有　　　　○大部分有　　　○少部分有　　　○全部没有

13. 您制作的多媒体课件可以表达自己的教学设计思路吗？

○完全可以　　　　○可以　　　　　　○一般　　　　　○较不可以

○不可以

14. 您在制作多媒体课件时常用的软件有哪些？（可多选）

□PowerPoint　　　□Authorware　　　□几何画板　　　□Flash

□Frontpage　　　　□Photoshop　　　　□Premiere　　　□其他

15. 您的课件是否添加了交互按钮（动作按钮）？

○经常会有　　　　○偶尔会有　　　　○很少有　　　　○没有

16. 您的课件在运行的过程中是否会出现"死机"的情况？

○经常会有　　　　○偶尔会有　　　　○很少有　　　　○没有

17. 您制作的课件中插入的音频、视频及动画等是否都可以正常运行？

○一般情况下都可以　　　　　　　　○在某些特定的情况下可以

○在任何情况下都不可以

18. 您的课件在界面布局方面以什么为主？

○以文字为主，突出教学重难点　　　　○以图表为主，增加直观感受

○以视频和音乐为主，活跃课堂气氛

19. 您觉得自己课件中的文字与背景颜色搭配如何？

○搭配不合理，看不清文字　　　　　○搭配合理，对比鲜明

○其他

20. 您的课件中的背景音乐与课件内容搭配如何？

○搭配合理，有助于课件内容的呈现

○背景音乐干扰了课件内容的呈现

○背景音乐对课件内容不起任何作用

21. 您的课件在画面色彩选择方面主要考虑的因素是？

○个人偏爱的颜色　　○色彩鲜明的几种颜色○只使用同一色系的色彩颜色

22. 您觉得自己的课件是否能够帮助学生更好地理解课本上的内容？

○有很大的帮助　　○有一定的帮助　　○有一点帮助　　○没有帮助

23. 在制作课件过程中，你感觉最难的是哪方面？

○内容的设计　　○技术不够　　　　○画面设计（或美工方面）

○其他

课程与劳动

项目授课中会涉及 Microsoft Word 2013、Adobe Photoshop 2019、美图秀秀
PC 版、Adobe Audition CC 2019、Adobe Premiere 2018 等软件的使用，请提前在
电脑上安装这些软件。

任务一　文字素材的采集与加工

任务清单：2-1

任务情境

幼儿园的张园长需要制作一个关于教师节的课件，希望你帮忙收集与教师节相关的文字介绍，制作一个 Word 文档，并编辑好格式。

任务目标

（1）熟知文字素材的不同文件格式，会使用多种方法获取文字素材。

（2）熟练使用 Word 处理文字素材，掌握 Word 的基本操作。

（3）培养在不同情境下做出判断、使用不同的方法获取素材的意识。

任务要求

（1）课前学习文字素材、文件类型与 Word 支持的文件类型的知识。

（2）课中学会在网络上获取文字、将扫描文字内容转化为可编辑的文字、将语音内容转化为文字等三种获取文字素材的方法。

（3）课中学会 Word 软件设置字体、段落、插入艺术字、打开文件、保存文件等基本操作。

（4）课后完成配套线上课程举一反三的题目，巩固所学。

配套线上课程

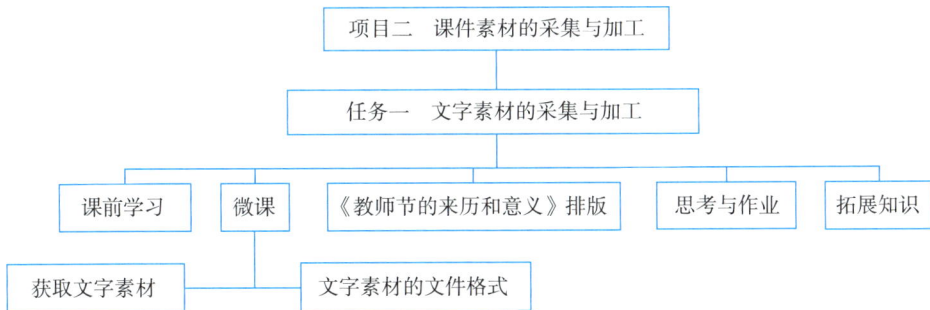

```
项目二　课件素材的采集与加工
        │
任务一　文字素材的采集与加工
        │
 ┌──────┬──────┬──────────────┬──────────┬──────┐
课前学习  微课  《教师节的来历和意义》排版  思考与作业  拓展知识
        │
 ┌──────┴──────┐
获取文字素材  文字素材的文件格式
```

任务实施

一、在网络上获取与教师节相关的文字素材

一般可在网络搜索相关内容，复制网页提供的文字素材，操作如下。

（1）在网页浏览器中打开"百度搜索引擎"（www.baidu.com），在文本框中输入关键字"教师节"，如图 2-1-1 所示。

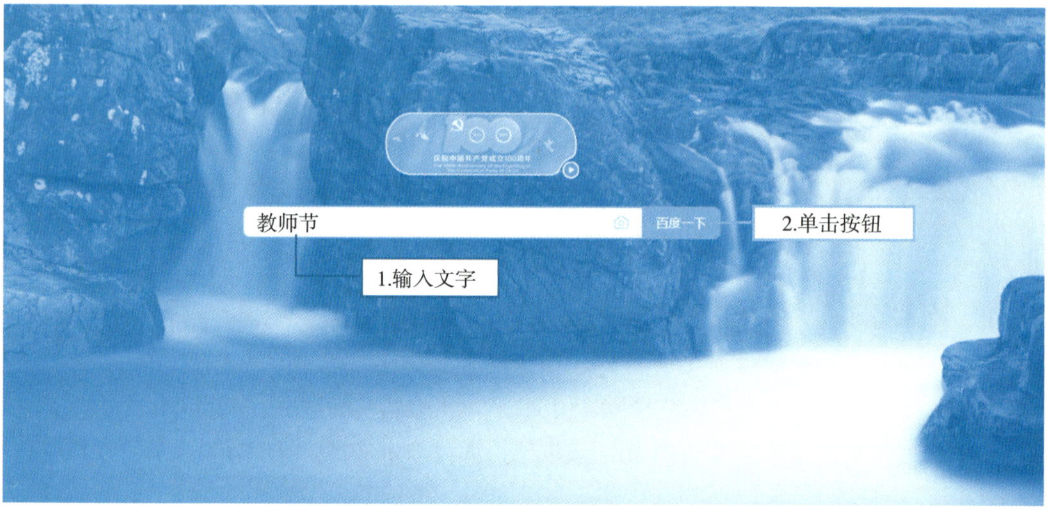

图 2-1-1　搜索关键字

（2）在搜索结果中选择"教师节-百度百科"，如图 2-1-2 所示。

图 2-1-2　选择搜索结果

（3）进入教师节知识介绍页面，如图 2-1-3 所示。

（4）在页面内按下"Ctrl＋A"键，选中所有内容；在蓝色部分上单击右键，弹出快捷菜单，在菜单中单击"复制"，复制所有内容，如图 2-1-4 所示。

图 2-1-3　进入教师节知识介绍页面

图 2-1-4　复制选中内容

（5）打开 Word 软件，单击"新建"，选择"空白文档"，如图 2-1-5 所示。

（6）在"空白文档"中单击鼠标右键，弹出快捷菜单，在菜单中单击"只保留文本"按钮，如图 2-1-6 所示。

图 2-1-5 在 Word 中新建文档

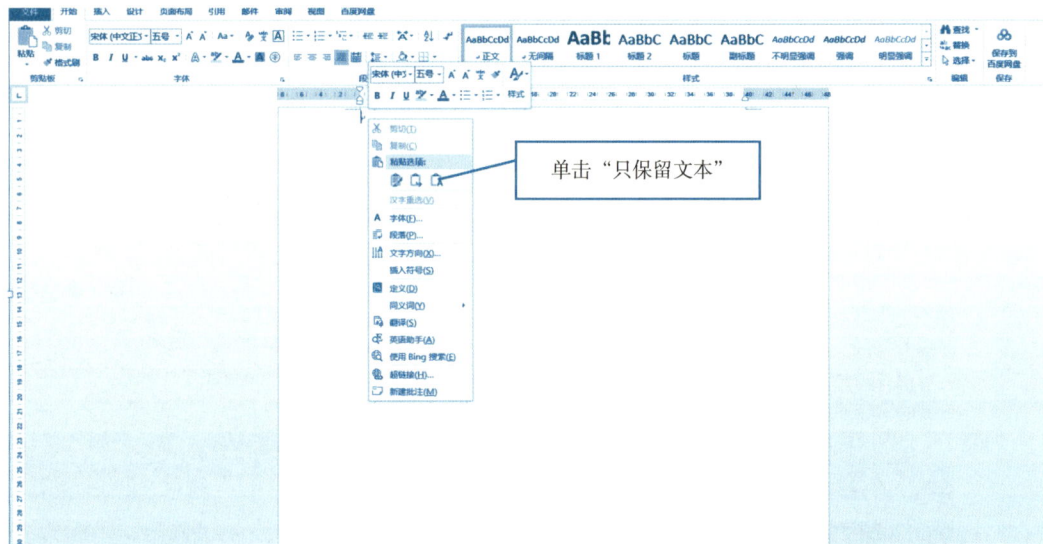

图 2-1-6 只粘贴复制后的文本

（7）在文档中就会显示"教师节"网页选中的所有文字，删除不需要的文字即可。

二、把扫描的文字内容转化为可编辑的文字

常用文字素材的采集还可以从扫描文字中转化。扫描文件通常格式有".jpg"".pdf"两种，这两种格式都可以使用 ABBYY FineReader PDF 软件进行文字转换，具体操作如下：

（1）打开 ABBYY FineReader PDF 软件，单击欢迎页面的"图像或 PDF 文件到 Microsoft Word"按钮，进入任务，如图 2-1-7 所示。

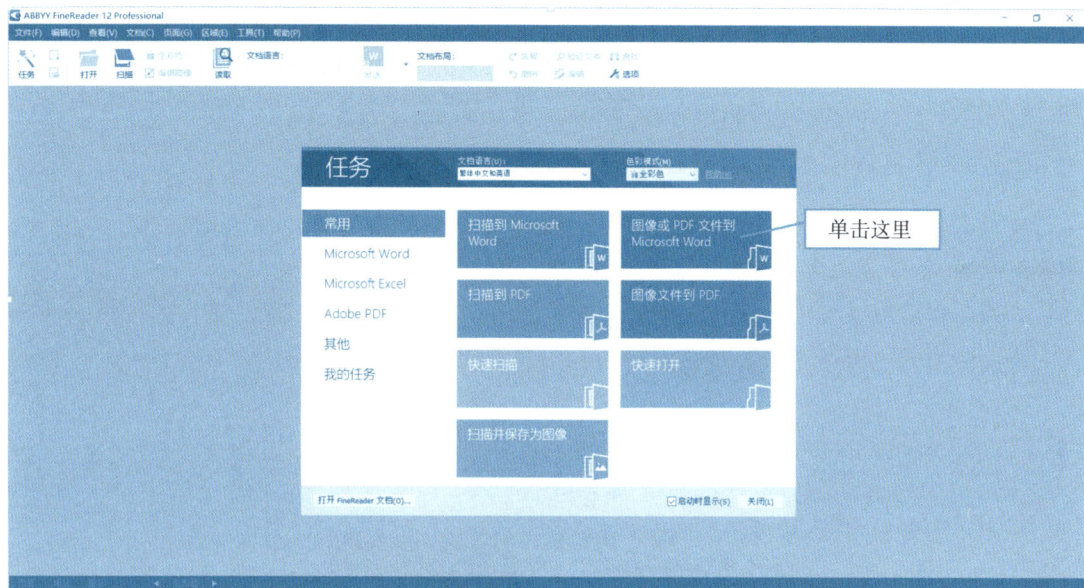

图 2-1-7　ABBYY FineReader PDF 欢迎界面

（2）在弹出的"打开图像对话框"中，选中图像文件，软件会自动识别，并转换为 Word 文档，如图 2-1-8 所示。

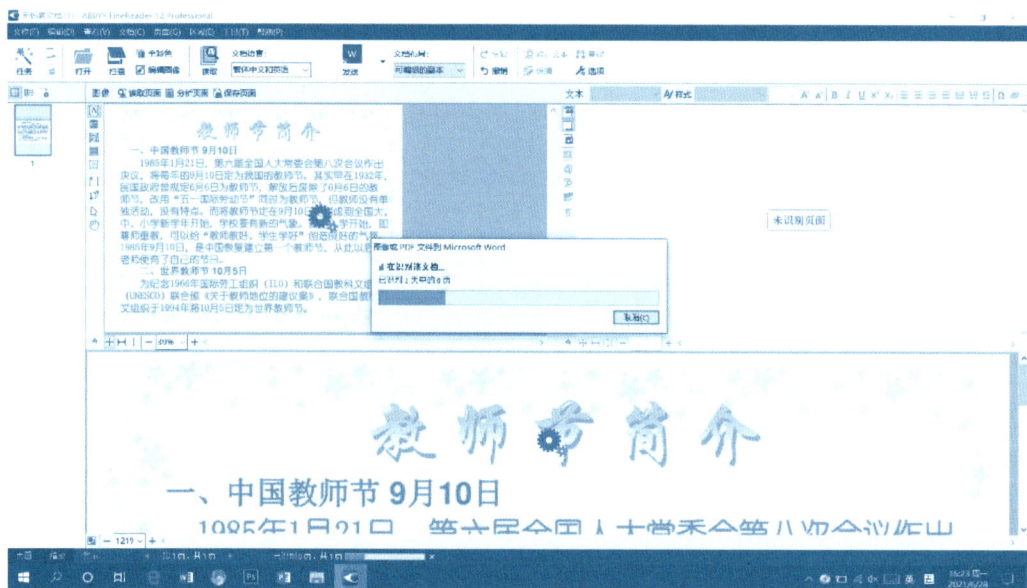

图 2-1-8　ABBYY FineReader PDF 软件自动识别转换文字

（3）接下来，只需要在转换好的 Word 文档中编辑即可。

联想与思考 ▸▸▸

如果遇到不能复制的网页文字，你想到什么办法去采集呢？请写下来。

三、将语音内容转化为文字素材

遇到一些语音内容时，我们可以直接在网络平台上将语音转换为可编辑的文字素材，具体操作如下：

（1）在网页浏览器中打开"讯飞听见"（www.iflyrec.com），跳转到页面，单击页面里机器快转中的"上传音频"按钮，如图2-1-9所示。

图2-1-9 讯飞听见首页

（2）在接下来显示的页面中单击"上传"，在打开的对话框中选择"音频文件"，单击"提交转写"按钮，就能看到语音内容转成的文字素材，如图2-1-10所示。

四、对文字素材进行字体与段落的加工

对文字素材进行加工，可以使用 Microsoft Word 软件进行操作。基础操作主要是对文字的字体和段落进行处理。字体加工包含文字的字体、字形、字号、颜色、底纹等的设置，段落加工包含行距、段距、对齐方式、特殊格式、项目符号及编号等的设置。

下面对教师节的文字素材［文字素材放在"教师节的来历和意义（文字稿）.docx"文件中，如图2-1-11所示］进行加工，具体操作要求如下：

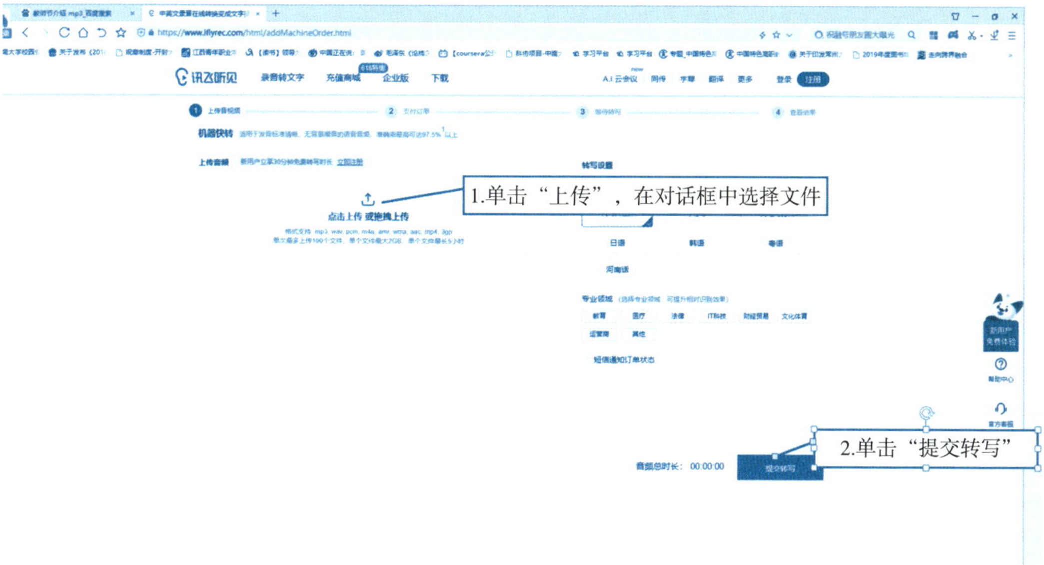

图 2-1-10　上传音频

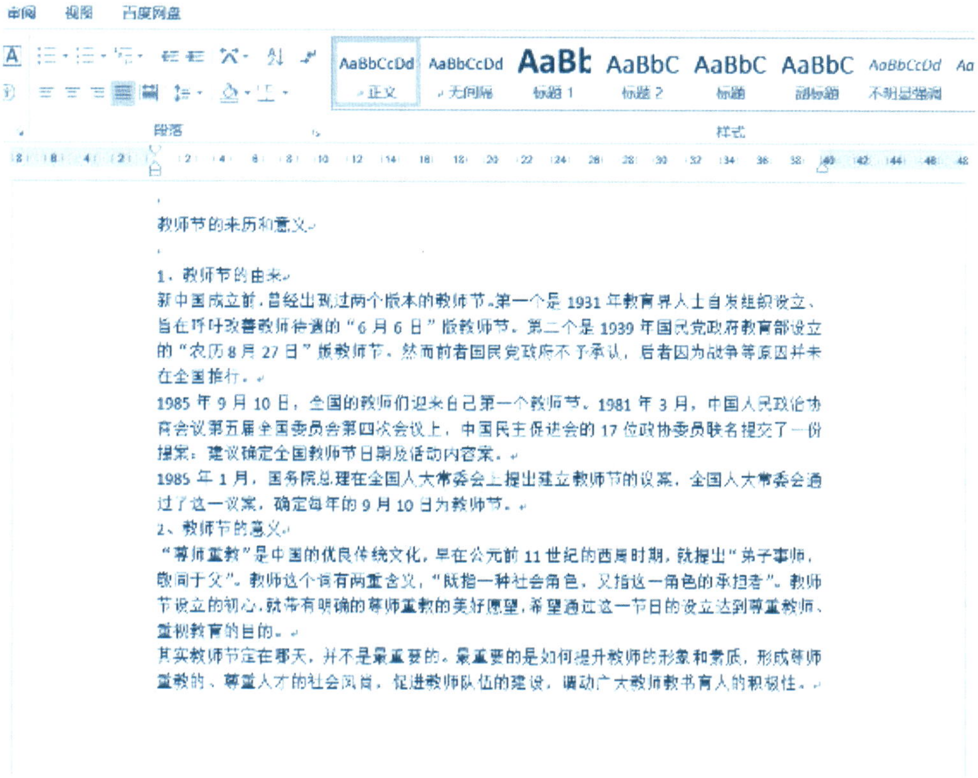

图 2-1-11　文字素材原稿

（1）标题"教师节的来历和意义"设置为"居中""加粗""微软雅黑""二号""单倍行距"。

（2）正文字体设置为"宋体""四号""首行缩进2个字符""行距固定值26磅"。

（3）两个小标题"1. 教师节的由来""2. 教师节的意义"设置为"宋体""四号""加粗""首行缩进2个字符""行距固定值26磅""段前段后各0.5行"。

（4）给"1985年9月10日"添加"红色""双下划线"。

（5）"既指一种社会角色，又指这一角色的承担者"设置为"宋体""四号""加粗""红色""金色着色4""淡色80％"。

（6）自定义"上""下""左""右"的页边距都为"2厘米"。

（7）在文章的底部添加艺术字"教师节的来历和意义"，模式为"填充"→"白色"；"轮廓"→"着色2"；"清晰阴影"→"着色2"。

（8）加工处理后的效果如图2-1-12所示。

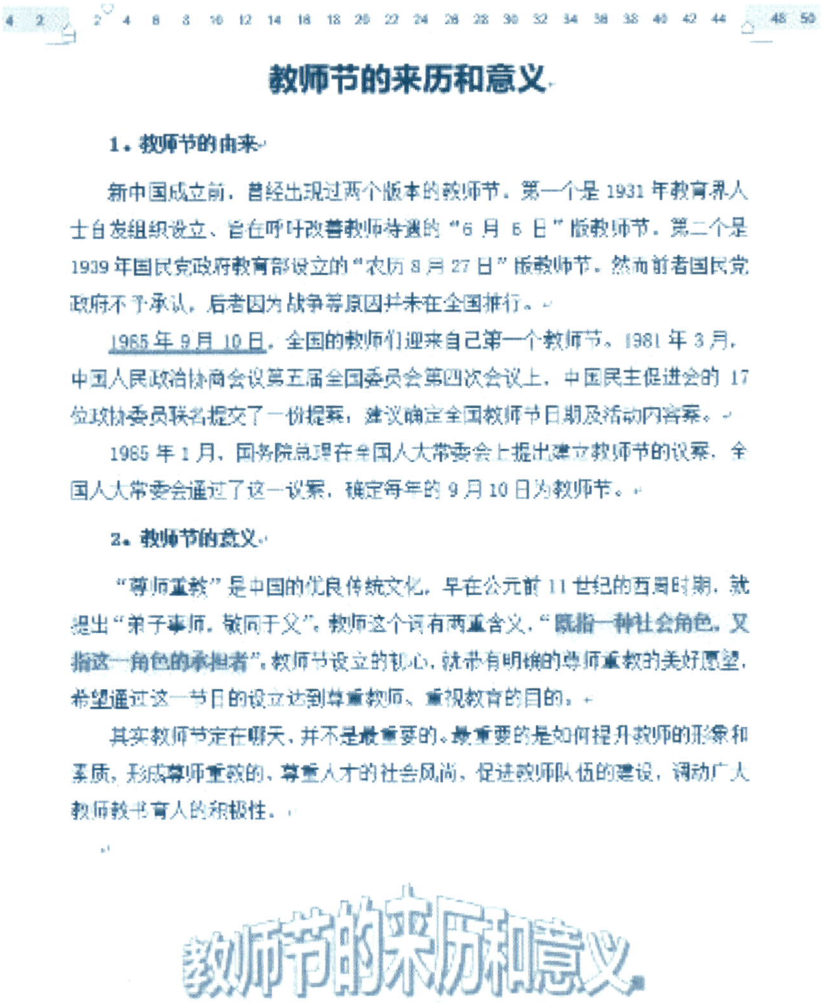

教师节的来历和意义

1. 教师节的由来

新中国成立前，曾经出现过两个版本的教师节。第一个是1931年教育界人士自发组织设立、旨在呼吁改善教师待遇的"6月6日"版教师节。第二个是1939年国民党政府教育部设立的"农历8月27日"版教师节。然而前者国民党政府不予承认，后者因为战争等原因并未在全国推行。

1985年9月10日，全国的教师们迎来自己第一个教师节。1981年3月，中国人民政治协商会议第五届全国委员会第四次会议上，中国民主促进会的17位政协委员联名提交了一份提案，建议确定全国教师节日期及活动内容案。

1985年1月，国务院总理在全国人大常委会上提出建立教师节的议案，全国人大常委会通过了这一议案，确定每年的9月10日为教师节。

2. 教师节的意义

"尊师重教"是中国的优良传统文化。早在公元前11世纪的西周时期，就提出"弟子事师，敬同于父"。教师这个词有两重含义，"既指一种社会角色，又指这一角色的承担者"。教师节设立的初心，就是有明确的尊师重教的美好愿望，希望通过这一节日的设立达到尊重教师、重视教育的目的。

其实教师节定在哪天，并不是最重要的。最重要的是如何提升教师的形象和素质，形成尊师重教的、尊重人才的社会风尚，促进教师队伍的建设，调动广大教师教书育人的积极性。

教师节的来历和意义

图2-1-12 加工处理后的效果

操作步骤

（1）选中标题"教师节的来历和意义"，单击"居中"按钮，单击"加粗"按钮，在"字体"下拉菜单中单击"微软雅黑"，在"字号"下拉菜单中单击"二号"，如图 2-1-13 所示。

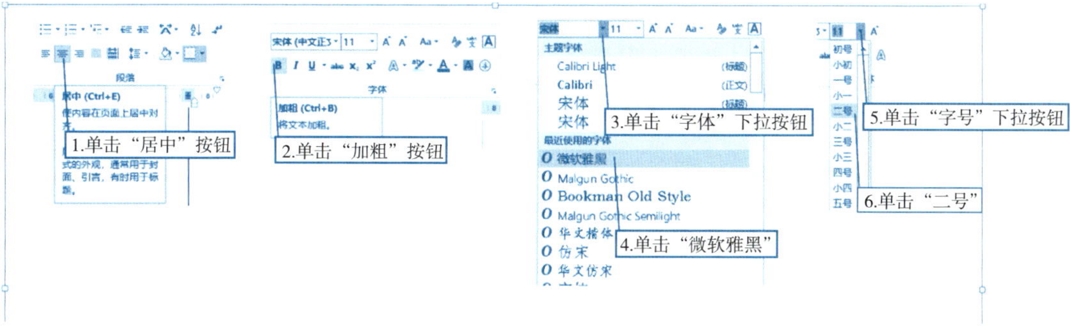

图 2-1-13　设置的标题操作

（2）打开"段落"对话框，在"行距"下拉菜单中单击"单倍行距"，如图 2-1-14 所示。

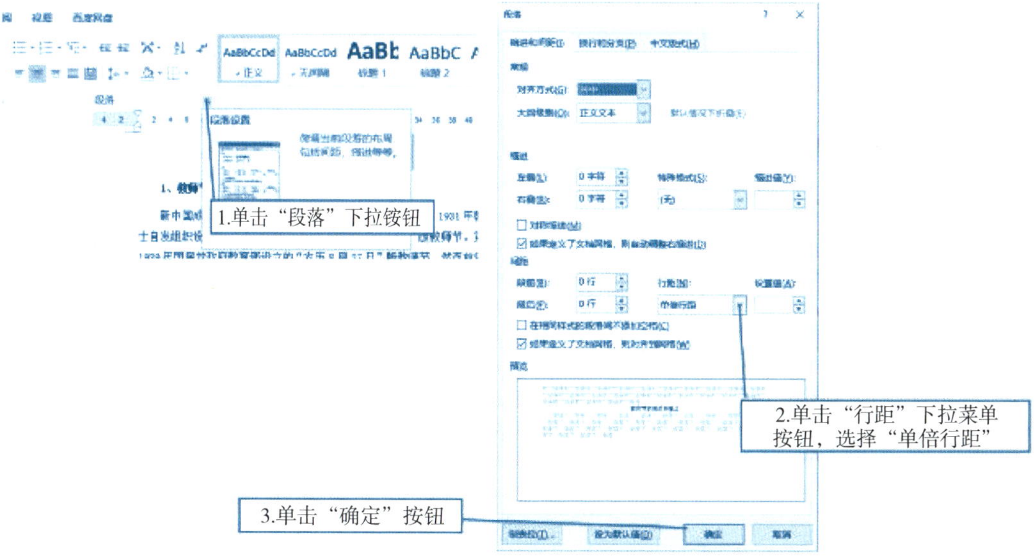

图 2-1-14　"单倍行距"的设置

（3）选中正文内容，在"字体"下拉菜单中单击"宋体"，在"字号"下拉菜单中单击"四号"。打开"段落"对话框，在"特殊格式"下拉菜单中单击"首行缩进"，在"行距"下拉菜单中单击"固定值"，在数值内输入"26"，如图 2-1-15 所示。

（4）按下"Ctrl"键，选中两个小标题"1. 教师节的由来""2. 教师节的意义"，单击

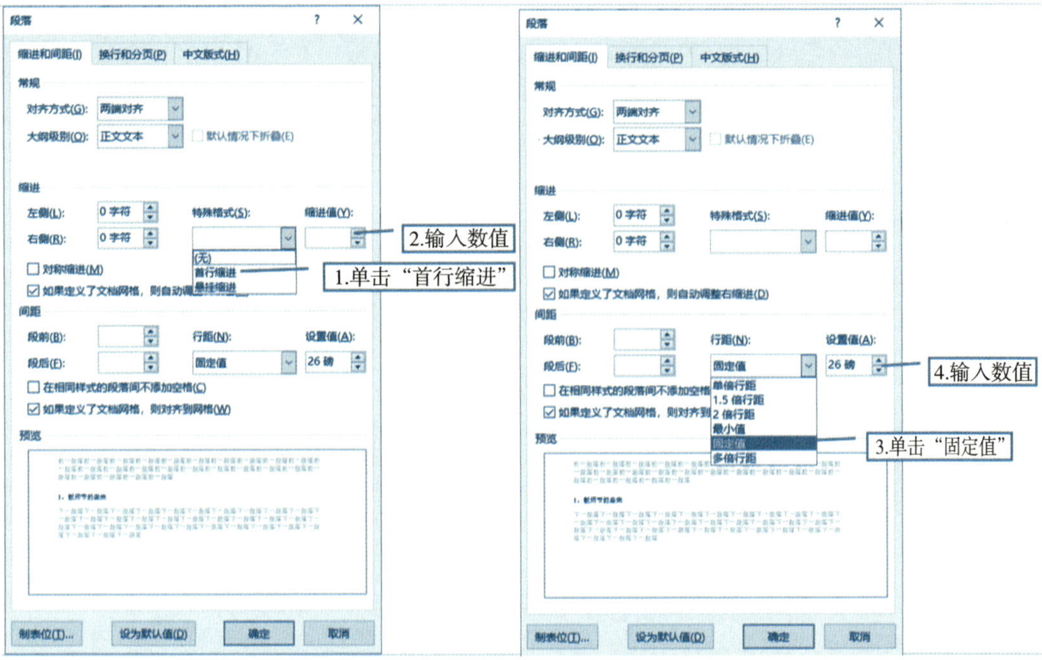

图 2-1-15 正文段落的设置

"加粗"按钮。打开"段落"对话框，在"段前""段后"设置数值为"0.5 行"，如图 2-1-16 所示。

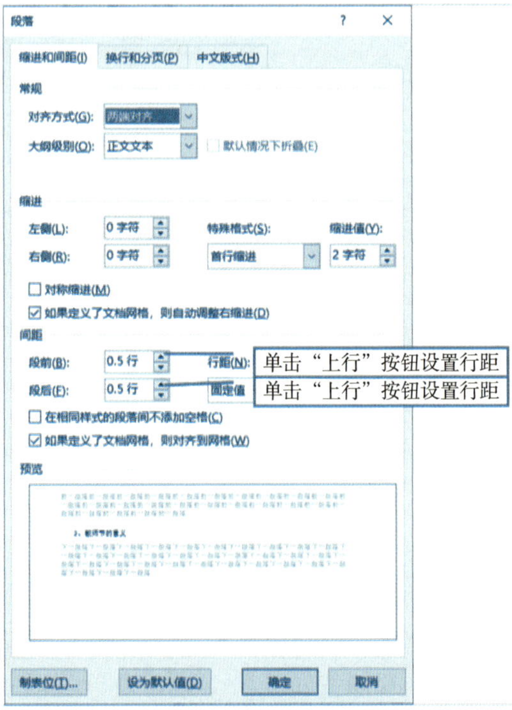

图 2-1-16 小标题"段落"的设置

（5）选中文中的"1985 年 9 月 10 日"文字，单击"下划线"按钮，添加"双下划线"，选择"下划线"颜色为"红色"，如图 2-1-17 所示。

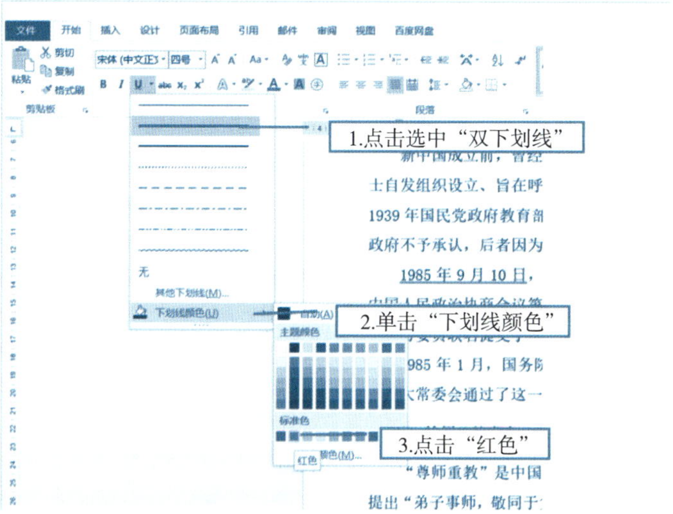

图 2-1-17　设置"双下划线"

（6）选中文中的"既指一种社会角色，又指这一角色的承担者"文字，单击"加粗"按钮；单击"字体颜色"按钮，选择"红色"；打开"底纹"对话框，选择"下底纹"，颜色设置为"金色着色 4""淡色 80％"，单击"确定"后应用于文字，如图 2-1-18 所示。

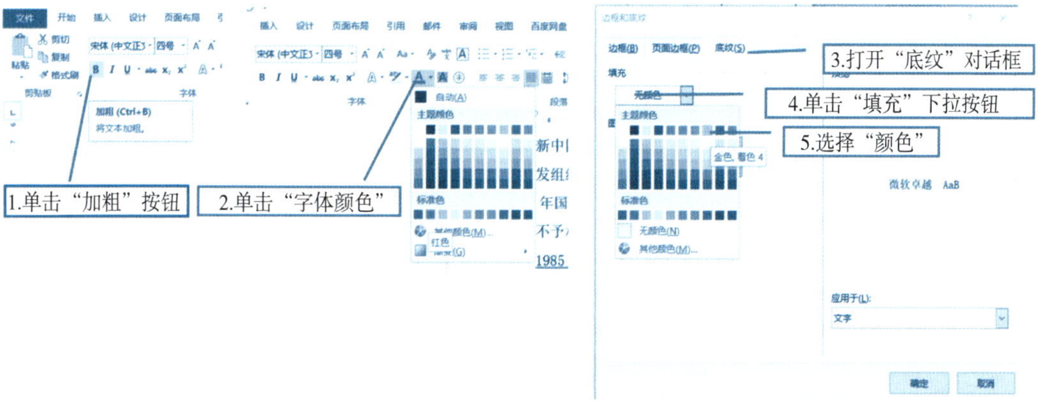

图 2-1-18　字体颜色与底纹的设置

（7）打开"页面设置"对话框，将"上""下""左""右"的边距设置为"2 厘米"后，单击"确定"按钮，如图 2-1-19 所示。

（8）单击"插入"标签，单击"艺术字"，选择"填充"→"白色"；"轮廓"→"着色 2"；"清晰阴影"→"着色 2"；在艺术字内输入文字"教师节的来历和意义"，单击"文本效果"，选择"转换"，选择"正三角"效果；将艺术字移动到文章正下方，如图 2-1-20 所示。

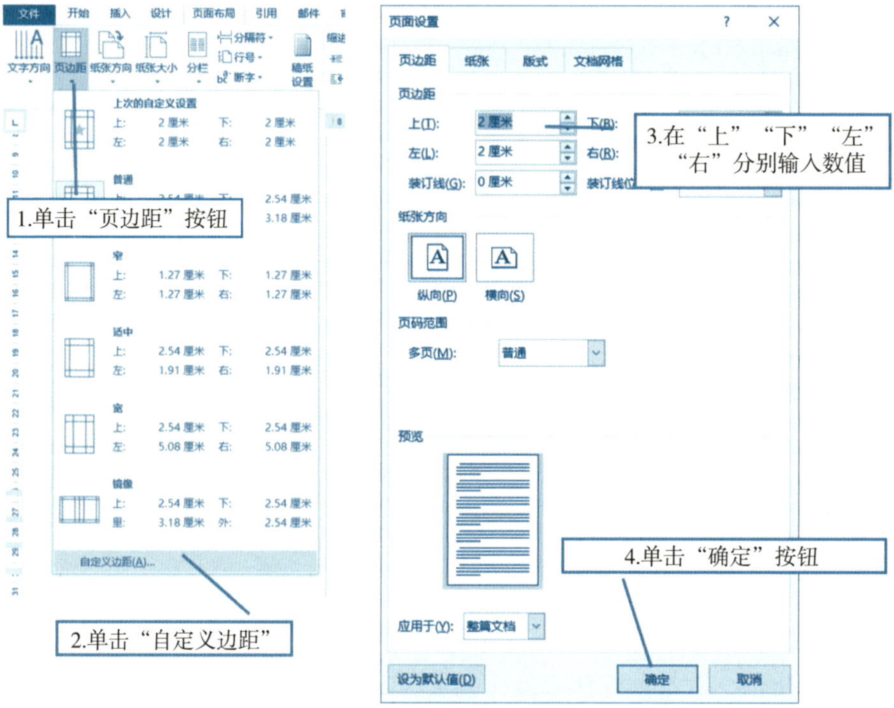

图 2-1-19 页边距的设置

（9）将编辑好的文件保存在"作业"目录下，命名为"教师节的来历和意义.docx"。

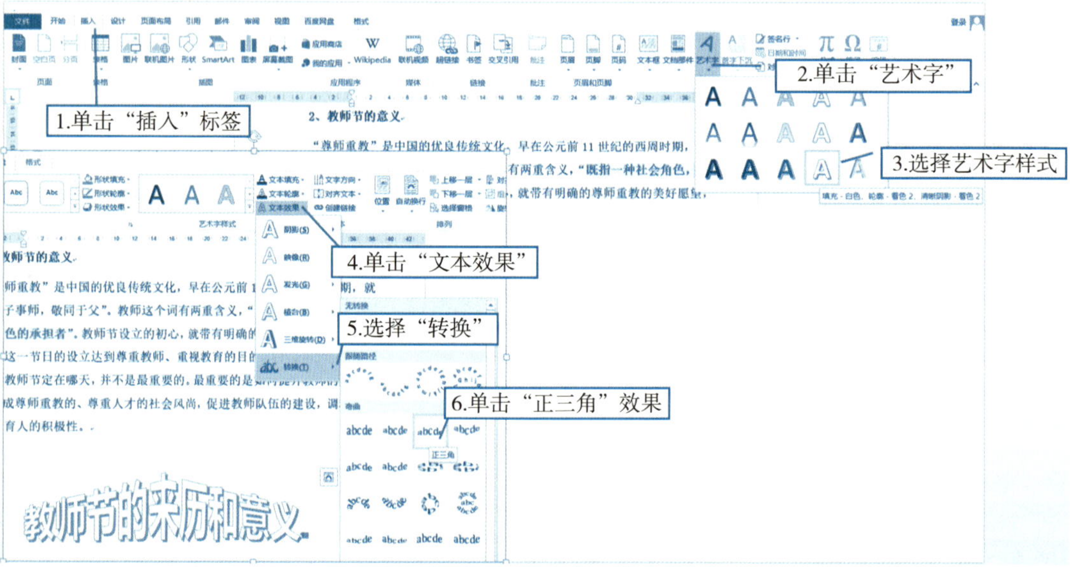

图 2-1-20 艺术字的设置

知识总结

（1）文字素材的采集有三种方式。

① 网页上的文字采集：选中文字，复制后粘贴到文字处理软件中，再进行文字的加工。

② 纸质书的文字采集：将纸质书通过扫描仪转换为图片，再通过软件转换为文字，复制后粘贴到文字处理软件中，再进行文字的加工。

③ 可以使用网络上的语音转换平台，将语音中的文字提取，复制后粘贴到文字处理软件中，再进行文字的加工。

（2）掌握文字处理软件 Word 中常用字体和段落的设置，通过"艺术字"功能对文字素材进行艺术加工。

（3）常用的文字处理软件有记事本、写字板、WPS、Word，加工后的文字保存的文件格式有".txt"（记事本文本文件）、".rtf"（文本文件）、".docx"（Word 文档）等。

（4）常用的图片文件格式有".bmp"（Windows 的"画笔"图像文件）、".jpg"（高倍压缩图像文件）、".png"（可移植的网络图形格式）等。

（5）字体设置可对文字的"字体""字形""字号""颜色""底纹""下划线"等进行加工；段落设置可对"行距""段间距""特殊格式""项目符号编号""边框""底纹"等进行加工。

举一反三

（1）你的手机有语音输入功能吗？手机可以把语音转换为文字吗？请朗读"教师节的来历和意义"文中的内容，使用手机将语音转换为文字，并将转换出来的文字保存，命名为"作业1　教师节的来历与意义.docx"，提交到课程平台。

（2）你和班主任吴老师一起参加课件制作大赛，题目是"认识水稻"，请你收集关于水稻的文字内容，并帮她加工、保存，以文件名为"作业1　认识水稻.docx"，提交到课程平台。

自我评价

将本任务的学习自我评价与反馈填入表 2-1-1 中。

表 2-1-1　自我评价与反馈表

任务内容	掌握程度			
	了解	理解	掌握	熟练
文字素材的三种采集方式				
文字素材加工所使用的软件				
Word 中字体、段落的操作				

（续表）

任务内容	掌握程度			
	了解	理解	掌握	熟练
完成了课前学习，并能理解	会	大部分会	有些不明白	不会
完成了课后的举一反三	完成		没有完成	
与同学讨论了课堂学习内容	是的		不是	
在学的过程中，我还教了其他同学	是的		不是	

素养能量

"幼儿园教师专业标准"提出了终身学习的理念，要求幼儿园教师学习先进的学前教育理论，了解国内外学前教育改革与发展的经验和做法；优化知识结构，提高文化素养；具有终身学习与持续发展的意识和能力，做终身学习的典范。

任务二　图片素材的采集与加工

任务清单：2-2

▸ 任务情境

　　一周后幼儿园以"环保亲子"为主题的活动就要开始了，你的任务是帮助班主任陈老师制作活动海报。陈老师交代你今天找出环保日相关插画素材，并与她一起讨论设计思路，再用 Photoshop 排版保存为图片，发送给打印店制作海报。

✎ 任务目标

　　（1）熟悉图片的不同类型与文件格式，会通过各种方法获取图片素材。

　　（2）能够使用 Photoshop 处理图片素材，掌握 Photoshop 的基本操作。

　　（3）具备设计图片的科学性、艺术性、和谐美的意识。

▸ 任务要求

　　（1）课前学习图形（矢量图）、图像（位图）的相关知识。

　　（2）课中了解图形、图像的不同文件格式及特点，学会获取图片素材的方法。

　　（3）课中学会使用 Photoshop 软件绘制图形，替换颜色，修改图形、图片大小等基本操作。

　　（4）课后完成配套线上课程中的题目，举一反三，巩固所学。

◉ 配套线上课程

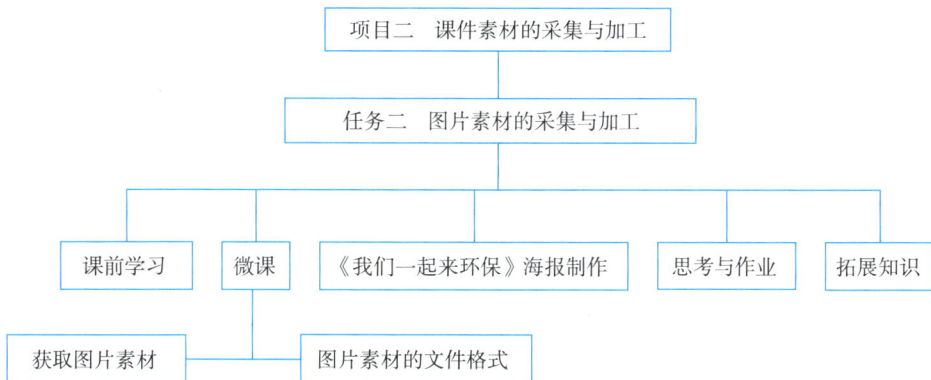

```
                    项目二　课件素材的采集与加工
                              │
                    任务二　图片素材的采集与加工
                              │
   ┌──────────┬──────────┼──────────────┬──────────┐
 课前学习     微课    《我们一起来环保》海报制作   思考与作业    拓展知识
              │
   ┌──────────┴──────────┐
 获取图片素材 ─────── 图片素材的文件格式
```

✏️ **学前思考**

（1）为什么图片放大后会模糊，有很多格子的感觉？试着放大手机中的图片，看看会不会模糊？

（2）你用过哪些图片处理软件？你手机中有美图秀秀等软件吗？平时你会对图片进行哪些处理呢？

✏️ **课前学习**

一、位图与矢量图

1. 位图

位图，也称为点阵图像或栅格图像，又称点阵图或光栅图，它使用人们常称为像素（Pixel）的一格一格的小点来描述图像。计算机屏幕其实就是一张包含大量像素点的网格。

当位图放大时，每一个像素小点看上去就像是一个个马赛克色块，每个方块就是像素，每个像素由二进制颜色信息表达。扩大位图尺寸的效果是增大单个像素，从而使线条和形状显得参差不齐，缩小位图尺寸也会使原图变形，如图 2-2-1 所示。

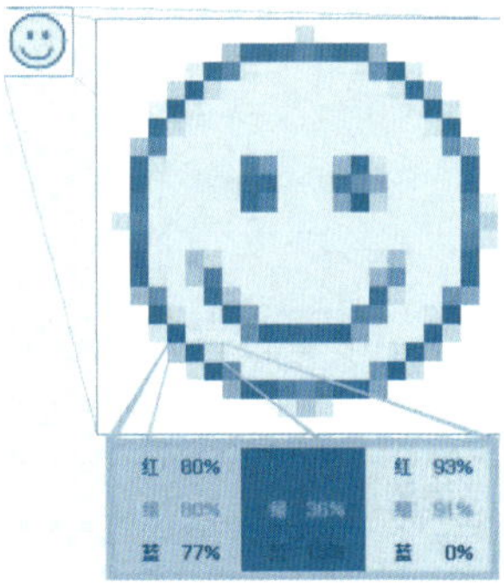

处理位图时，输出图像的质量决定于处理过程开始时设置的分辨率高低。分辨率指一个图像文件中包含的细节和信息的大小，以及输入、输出或显示设备能够产生的细节程度。在开始工作前，需要了解图像的分辨率和不同设备分辨率之间的关系。

图 2-2-1　位图放大效果

2. 矢量图

矢量图，也称为面向对象的图像或绘图图像，为一系列由点连接的线。矢量文件中的图形元素称为对象。每个对象都是一个自成一体的实体，它具有颜色、形状、轮廓、大小和屏幕位置等独特的属性。

矢量图是根据几何特性来绘制图形，矢量可以是一个点或一条线。矢量图只能靠软件生成，文件占存储在空间较小。这种类型的图像文件包含独立的分离图像，可以自由、无限制的重新组合。

矢量图以几何图形居多，图形可以无限放大，不变色、不模糊。常用于图案、标志、VI（视觉识别）、文字等设计。常用矢量图制作软件有 CorelDraw、Illustrator、

Freehand、XARA、CAD 等。

3. 位图与矢量图的比较

位图与矢量图的比较见表 2-2-1 所列。

表 2-2-1　位图与矢量图的比较

图像类型	组成	优点	缺点	常用制作工具
点阵图像	像素	只要有足够多的不同色彩的像素，就可以制作出色彩丰富的图像，逼真地表现自然界的景象	缩放和旋转容易失真，同时文件容量较大	Photoshop、画图等
矢量图像	数学向量	文件容量较小，在进行放大、缩小或旋转等操作时，图像不会失真	不易制作色彩变化太多的图像	Illustrator、Flash、CorelDraw 等

二、图片文件类型

图像格式即图像文件存放的格式，通常有 JPEG、PSD、PNG、SWF、TIFF、RAW、BMP、GIF 等。

1. JPEG 格式

JPEG 是高压缩率静态影像压缩图片格式，常用于传统的图像设备，如扫描仪、数码相机等，亦可应用于新兴领域，如网络传输、无线通信等。

2. TIFF 格式

TIFF 是 Mac 中广泛使用的图像格式，它由 Aldus 和微软联合开发，最初是出于跨平台存储扫描图像的需要而设计的。它的特点是图像格式复杂、存储信息多。正因为它存储的图像细微层次的信息非常多，图像的质量也得以保持，故而非常有利于原稿的复制。TIFF 是计算机上使用最广泛的图像文件格式之一。

3. PSD 格式

PSD 格式是 Adobe 公司的图像处理软件 Photoshop 的专用格式，它其实是 Photoshop 进行平面设计的一张"草稿图"，它里面包含有各种图层、通道、遮罩等多种设计的样稿，以便于下次打开文件时可以修改上一次的设计。在 Photoshop 所支持的各种图像格式中，PSD 格式的存取速度比其他格式快很多，功能也很强大，所以 Photoshop 越来越被广泛地应用。

4. PNG 格式

PNG 是一种新兴的网络图像格式，是最不失真的格式，存储形式丰富，兼有 GIF 和 JPG 的色彩模式。它能把图像文件压缩到极限以利于网络传输，但又能保留所有与图像品质有关的信息，这是因为 PNG 是采用无损压缩方式来减小文件的大小，与牺牲图像品质以换取高压缩率的 JPEG 有所不同。它的显示速度快，只需下载 1/64 的图像信息就可以显示出低分辨率的预览图像。PNG 同样支持透明图像的制作，可让图像和网页背景很和谐地融合在一起。

5. SWF 格式

Flash 制作的是后缀名为".swf"的动画,这种格式的动画图像能够用比较小的文件来表现丰富的多媒体形式。Flash 被大量应用于 WEB 网页进行多媒体演示与交互性设计,在图像的传输方面,可以边下载边观看。此外,Flash 动画是基于矢量技术制作的,即不管将画面放大多少倍,画面都不会因此有任何损害。

任务实施

一、在网络上获取相关图片素材

可在网页上搜索关键字,下载网页提供的图片素材,具体操作如下:

(1) 在网页浏览器中打开"百度搜索引擎"(www.baidu.com),在文本框中输入关键字"环保日"后,单击"百度一下",如图 2-2-2 所示。

图 2-2-2 搜索关键字

(2) 在搜索结果中单击"图片"按钮,如图 2-2-3 所示。

(3) 进入图片搜索页面选择搜索内容,如图 2-2-4 所示。

(4) 选择合适的图片,打开图片所处的网页,如图 2-2-5 所示。

(5) 右键单击"图片",在弹出的快捷菜单中单击"将图片另存为",如图 2-2-6 所示。

(6) 选择保存于"桌面"并命名为"环保日",单击"保存",将图片保存于电脑桌面,文件类型为".jpg",如图 2-2-7 所示。

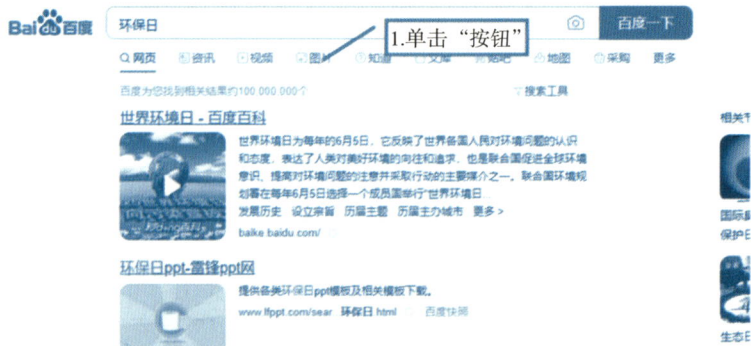

图 2-2-3 进入图片搜索页面

图 2-2-4　选择搜索内容

图 2-2-5　选择图片

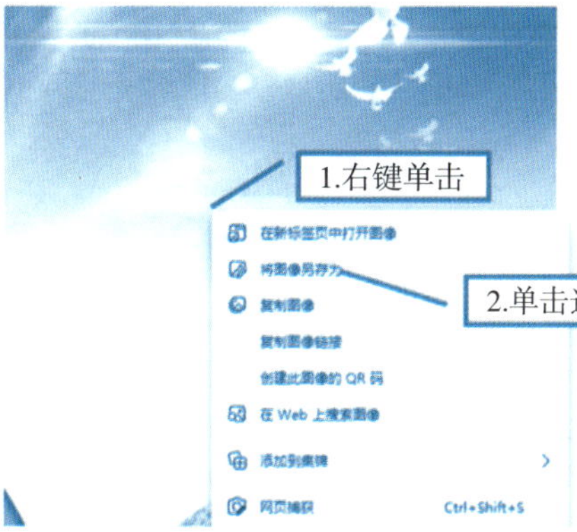

图 2-2-6　右键保存图片

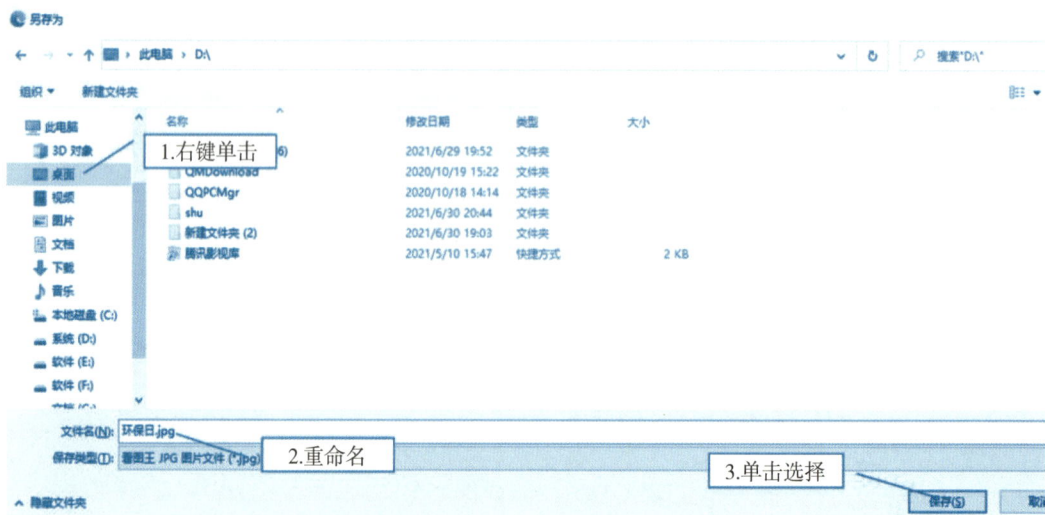

图 2-2-7　将图片保存于电脑桌面

二、用 Photoshop 制作海报

1. 新建文件

（1）打开 Photoshop 软件，单击"文件"→"新建"，新建文件，如图 2-2-8 所示。

图 2-2-8　Photoshop 新建文件

（2）在弹出的对话框中输入文件大小的宽度和高度为"1920 像素×1080 像素"，分辨率为"72 像素/英寸"，颜色模式为"RGB 颜色"，背景内容为"白色"，如图 2-2-9所示。

（3）单击"前颜色"，打开"调色板"，将 RGB 值设置为"214，241，214"，单击

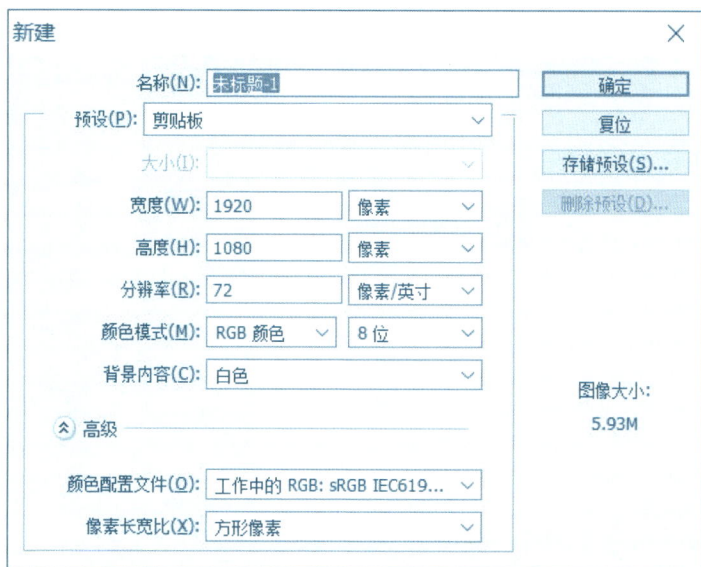

图 2-2-9　新建文件要求

"确定"，修改"前景色"为"灰色"，如图 2-2-10 所示。

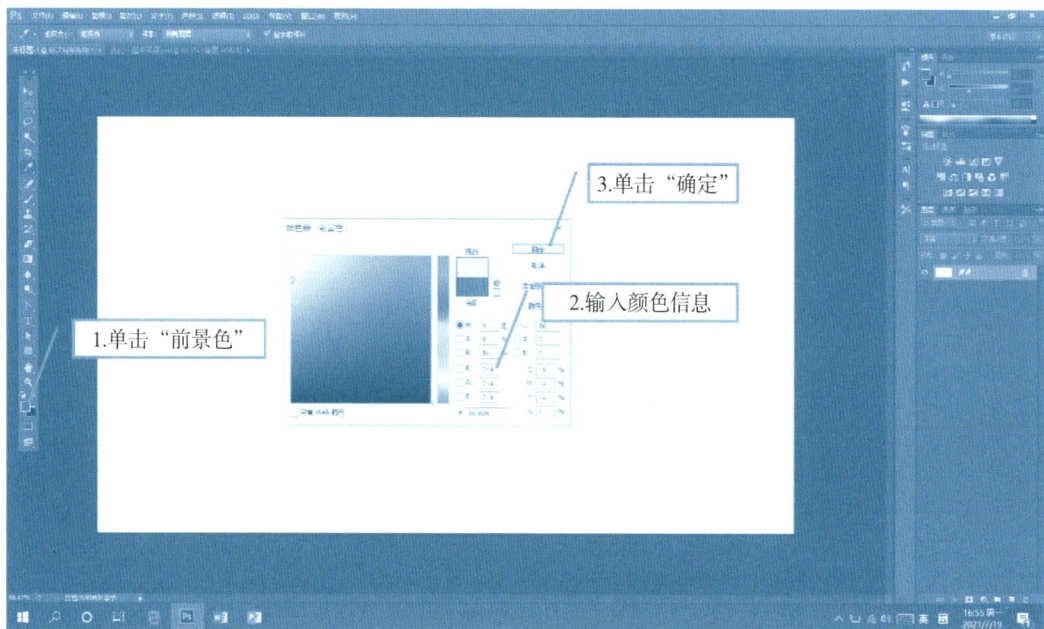

图 2-2-10　设置前景色

（4）按下快捷键"Alt＋Delete"，使背景图层填充灰色的前景色。

（5）单击"文件"→"存储"，在弹出的对话框中输入文件名为"我们一起来环保.psd"，单击"保存"，如图 2-2-11 所示。

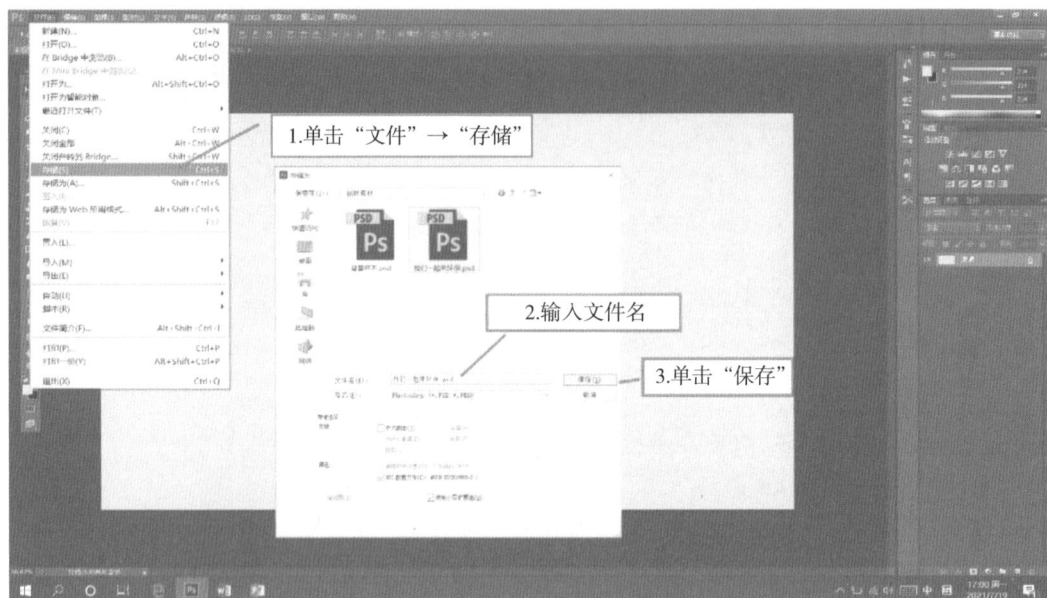

图 2-2-11　保存文件

2. 新建图层

(1) 单击"图层面板"的"新建图层"按钮,新建"图层 1",双击"图层 1"的名字,修改名字为"方框",如图 2-2-12 所示。

图 2-2-12　新建图层并修改名字

(2) 按下快捷键"Ctrl+R",显示"标尺"。从标尺中拖出参考线,每根参考线距离图像边缘为"2 厘米"。

3. 绘制选区

（1）单击"工具"面板中的"矩形选框工具"，贴合参考线绘制矩形，如图 2-2-13 所示。

图 2-2-13　绘制矩形选区

（2）单击"前颜色"，打开"调色板"，将 RGB 值设置为"178，224，188"，单击"确定"，修改"前景色"为"浅绿色"。

（3）按下快捷键"Alt＋Delete"，使选区内填充的"前景色"为"浅绿色"，如图 2-2-14 所示。

（4）按下快捷键"Ctrl＋D"，取消选区。

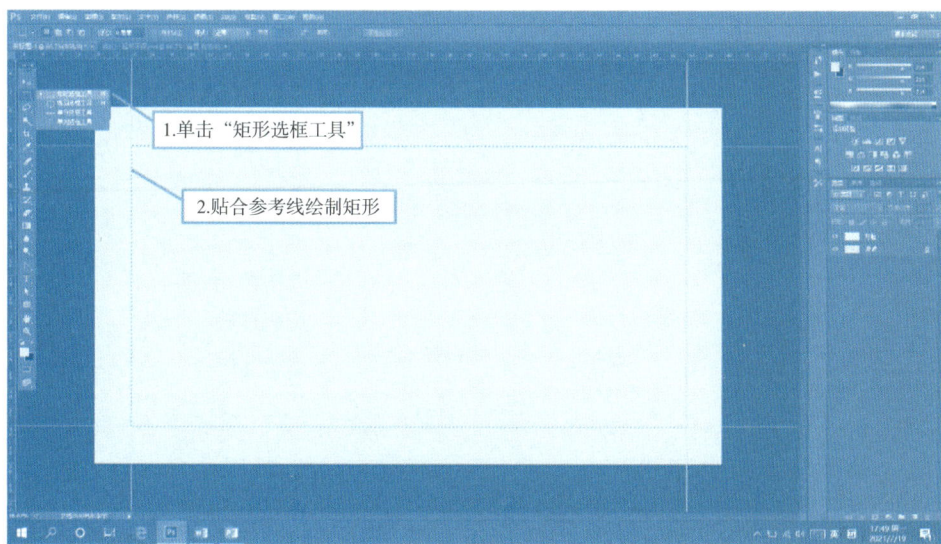

图 2-2-14　填充选区

4. 使用画笔工具

（1）单击"图层面板"的"新建图层"按钮，新建图层，修改图层名字为"点"。

（2）单击"工具面板"的"画笔工具"，打开"画笔"选项，加载"湿介质画笔"，在弹出的"警告"对话框中，单击"确定"，如图2-2-15所示。

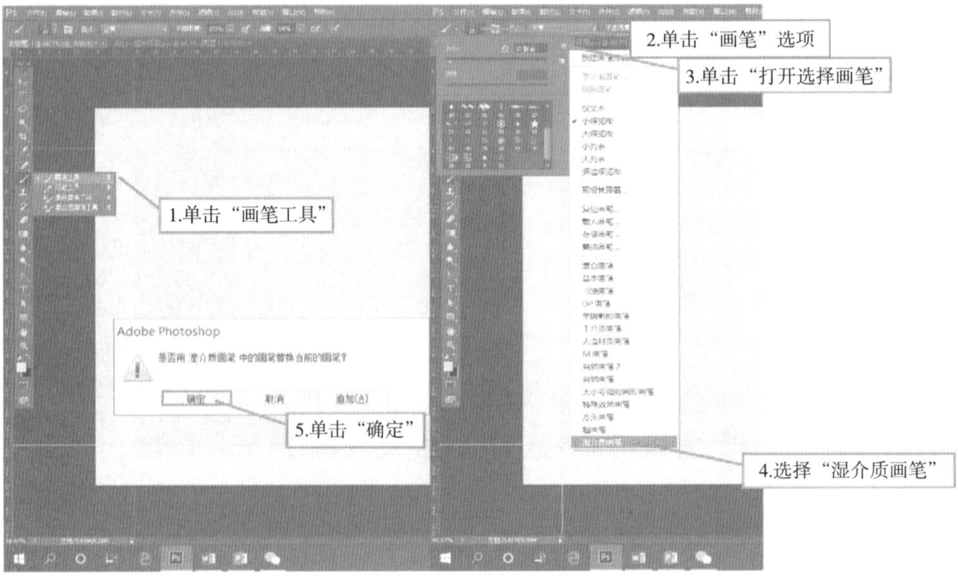

图2-2-15 加载湿介质画笔

（3）单击"粗点刻画笔"，将"画笔"大小设置为"11"；打开"画笔"面板，勾选"散布"，将"散布值"设置为"1000％"，如图2-2-16所示。

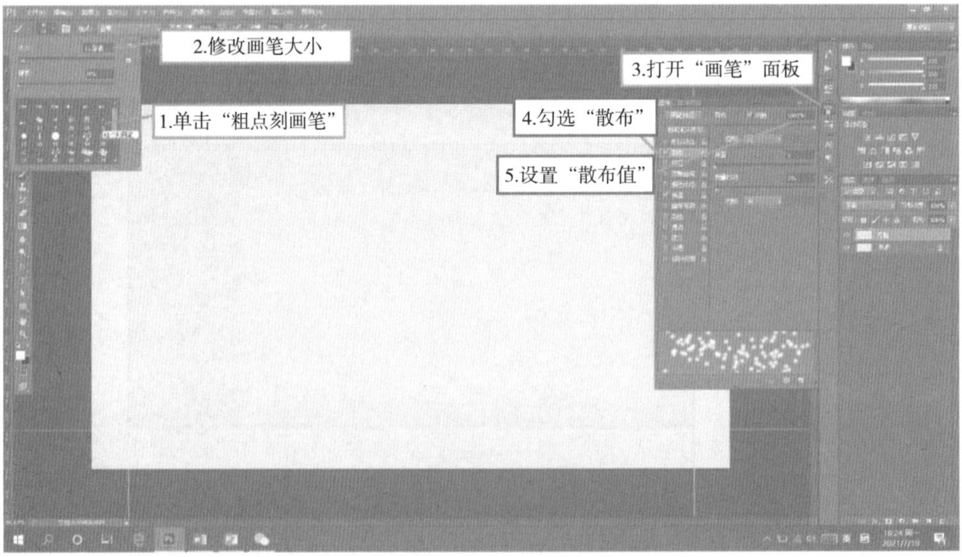

图2-2-16 画笔面板的设置

（4）收起"画笔"面板，修改"前景色"为"白色"，将 RGB 的值设置为"255，255，255"。

（5）将"画笔"的流量和不透明度都调整为"50％"，如图 2-2-17 所示。

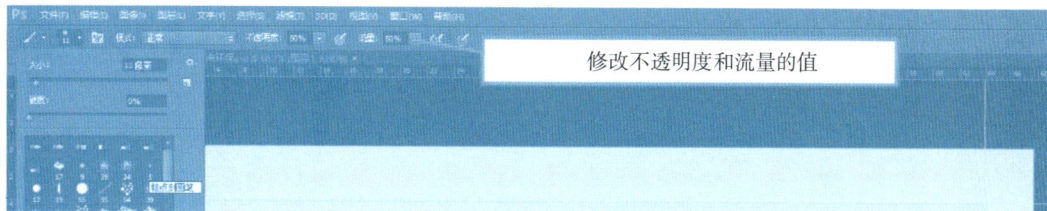

图 2-2-17　修改流量和不透明度的值

（6）单击"画笔"，随机绘制白色的点，如图 2-2-18 所示。

图 2-2-18　绘制白点

5. 删除方框外的白点

（1）按住"Ctrl"键，在方框图层缩略图上单击鼠标左键，选出方框的选区。

（2）按下快捷键"Ctrl＋Shift＋I"，反选选区，如图 2-2-19 所示。

（3）单击"图层点"，按下"Delete"键，删除多余的白点。

（4）按下快捷键"Ctrl＋D"，取消选区。

6. 添加方框阴影

（1）单击"文件"→"打开"，在打开的对话框中找到文件"阴影条 .png"，单击"打开"，如图 2-2-20 所示。

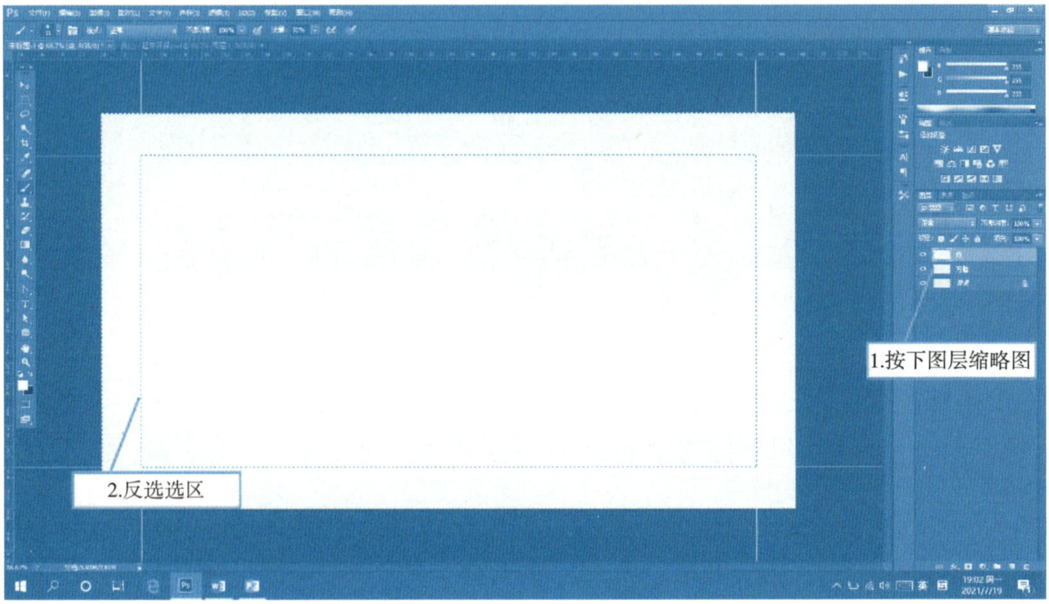

图 2-2-19　反选选区

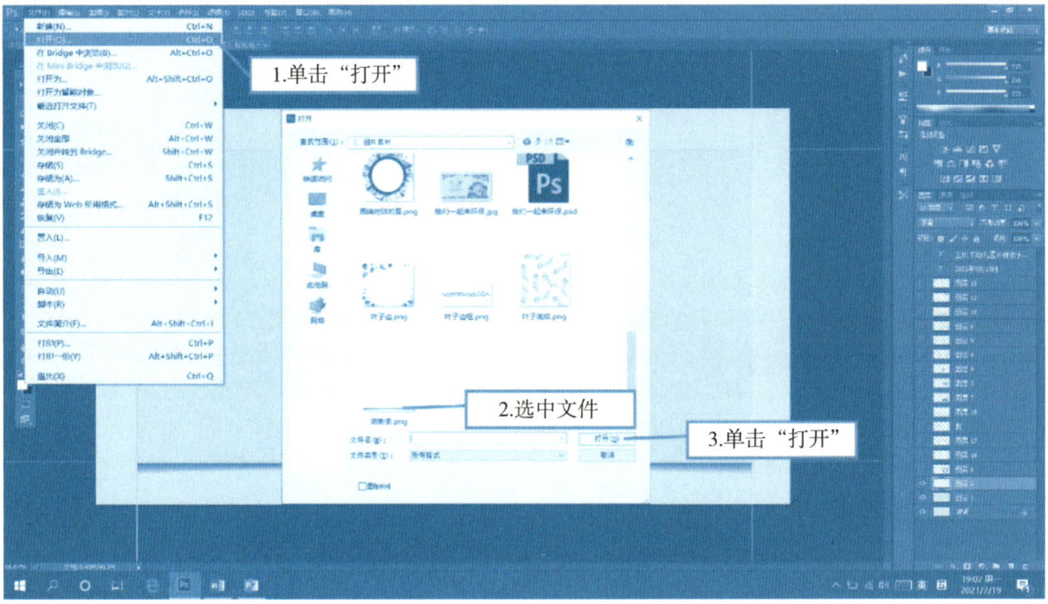

图 2-2-20　打开文件

（2）在打开的阴影条文件中，按下"Ctrl＋A""Ctrl＋C"，将图片内容全选，复制内容。

（3）单击"我们一起来环保.psd"的标题，按下"Ctrl＋V"快捷键，粘贴"阴影条"，如图 2-2-21 所示。

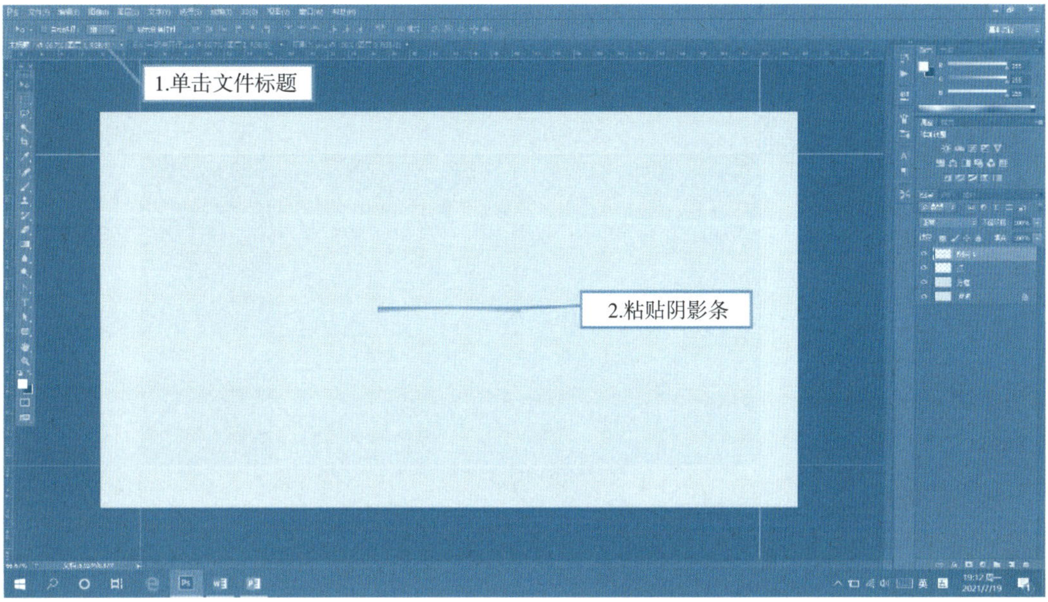

图 2-2-21　粘贴"阴影条"

7. 添加阴影

（1）将粘贴的图层名修改为"阴影条"；按下"Ctrl＋T"快捷键，自由变换阴影条。

（2）单击按下"锁定长宽比"，将"宽度"修改为"430％"，如图 2-2-22 所示。

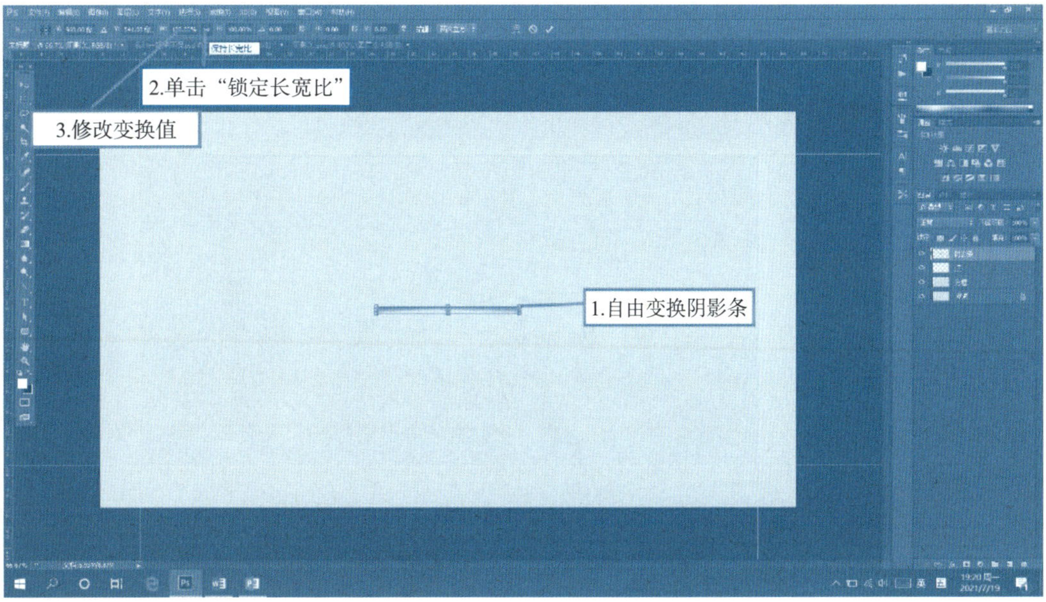

图 2-2-22　自由变换"阴影条"

（3）单击"移动工具"，将阴影条拖动到绿色方框下方。

（4）单击"阴影条"图层缩略图，拖动图层到方框下方，如图 2-2-23 所示。

图 2-2-23　拖动"阴影条"

8. 添加其他图片

（1）按照上述方法，逐层添加图片"围绕地球的图.png""图书.png""地球.png""爸爸.png""妈妈.png""拿水的儿童.png""浇水的女孩.png"，并将每个图层的图层名改成与文件名相同。

（2）调整上述图片的大小和位置，如图 2-2-24 所示。

图 2-2-24　多张图片添加后的效果

9. 修改男孩图片的方向

（1）单击"男孩图层"，按下"Ctrl＋T"快捷键，自由变换"男孩图片"；鼠标右键单击图片，在弹出的快捷菜单中单击"水平翻转"，将该图片的方向水平翻转，如图2-2-25所示。

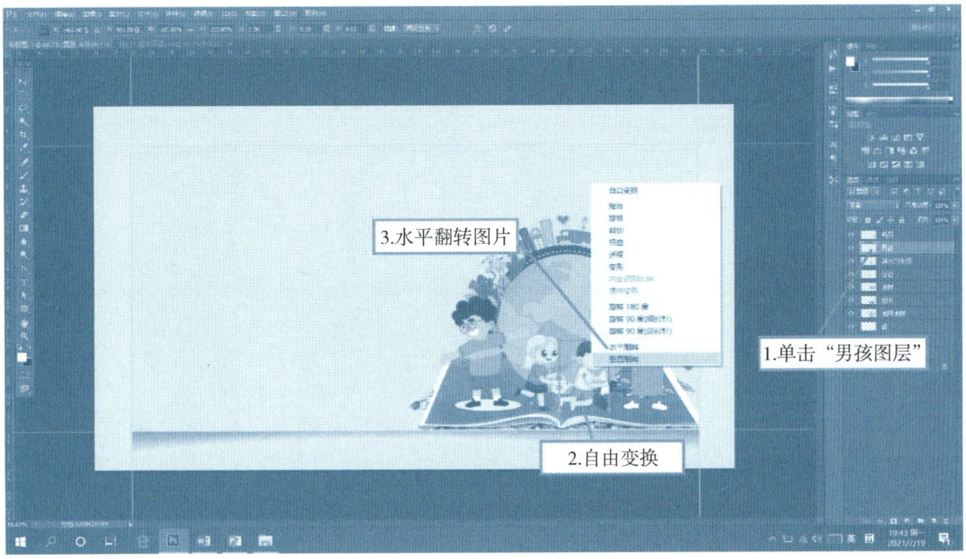

图2-2-25　水平翻转男孩图片

（2）按下"Enter"键，确认自由变换。

10. 修改妈妈的肤色

（1）单击"妈妈图层"，单击"魔棒"工具，单击"妈妈的皮肤"部分，选中需要换色的部分，如图2-2-26所示。

图2-2-26　选中肤色选区

（2）单击"吸管"工具，单击"爸爸的皮肤"，将"前景色"调整为"爸爸的皮肤"。

（3）按下"Alt＋Delete"快捷键，将"魔棒"工具选出的选区填充"前景色"，更换"妈妈的肤色"，如图 2－2－27 所示。

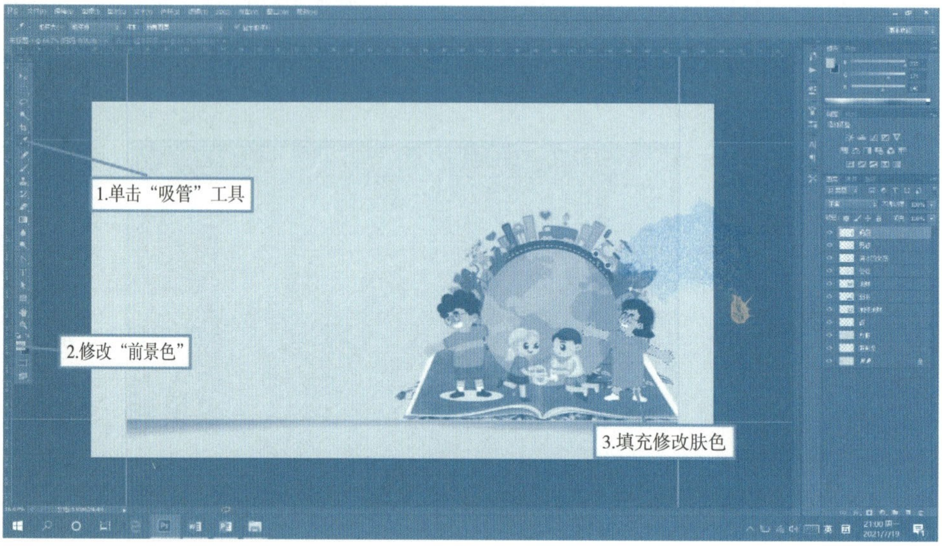

图 2－2－27　修改肤色

（4）按下"Ctrl＋D"快捷键，取消"选区"。

11. 添加其他图片

（1）按照上述的方法，逐层添加图片"树．png""花与草边框．png""绿色叶子边框．png"，并将每个图层的名称改成与文件名相同，如图 2－2－28 所示。

（2）调整上述图片的大小和位置。

图 2－2－28　添加其他图片的效果图

12. 添加文字

（1）打开"拾色器"，将前景色的 RGB 值调整为"146，182，2"，单击"横排文字"工具，如图 2-2-29 所示。

图 2-2-29　单击"横排文字"工具

（2）在图片上单击，输入文字"我"，字体设置为"字心坊小呀小布丁体""170 点"，将文字调整到合适的位置；鼠标右键单击"文字图层"，在弹出的快捷菜单中单击"栅格化文字"，将文字图层修改为"普通图层"，图层名为"我"，如图 2-2-30 所示。

图 2-2-30　"栅格化文字"

（3）单击"编辑"→"描边"，在弹出的对话框中，设置"描边宽度"为"2 像素"，"描边颜色"为"白色"，RGB 值设置为"255，255，255""位置"选择为"居中"，如图 2-2-31 所示。

（4）按照以上方法，输入其他文字，调整大小和颜色，放在合适的位置，如图 2-2-32 所示。

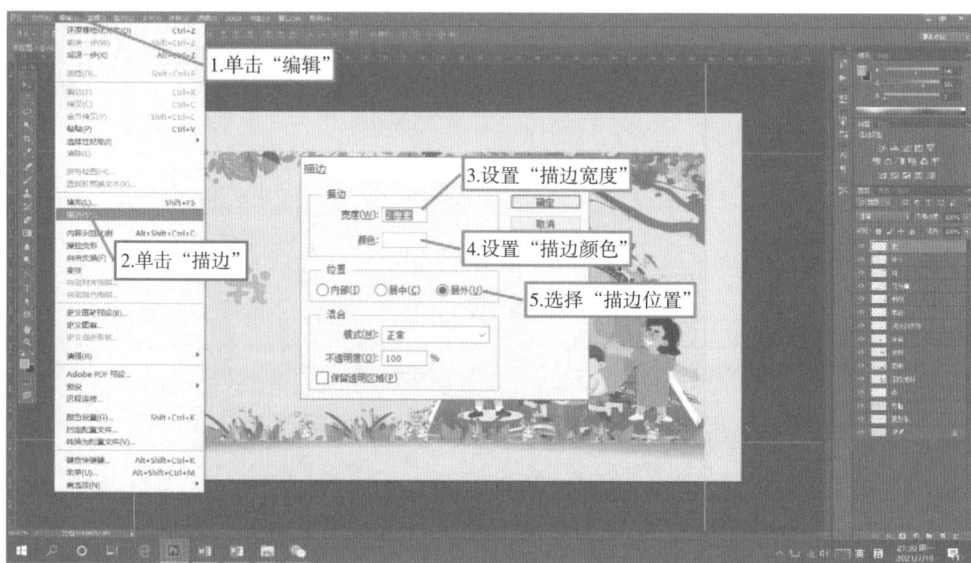

图 2-2-31　文字描边的设置

图 2-2-32　文字描边效果图

13. 添加其他内容

（1）按照上述方法，加入图片"叶子边框 . png"，输入两段文字"2021 年 9 月 10 日"

"兰贝尔幼儿园环保亲子活动欢迎您";调整文字大小和颜色,并放在合适的位置,如图2-2-33所示。

图2-2-33　添加其他内容

(2)单击"文件"→"存储",将文件保存。单击"文件"→"存储为",在弹出的对话框中,选择文件格式为"JPEG",将文件命名为"我们一起来环保.jpg",如图2-2-34所示。最终效果如图2-2-35所示。

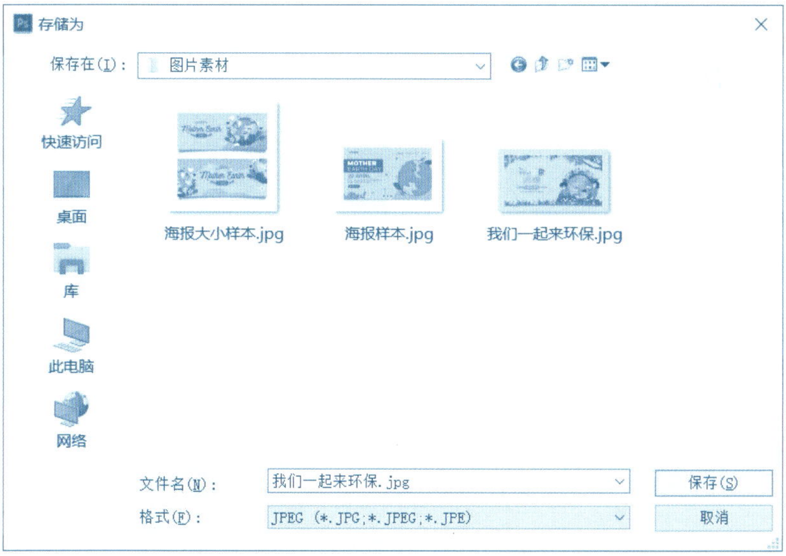

图2-2-34　存储为"JPEG格式"

图 2-2-35　最终效果图

知识总结

（1）可以在网络上收集图片素材，要根据需求收集不同文件格式的图片素材。

（2）用 Photoshop 可以修改文件大小、绘制图形、填充颜色、修改颜色、画笔绘画等。

（3）Photoshop 图层的使用可以方便分开不同的对象，使对象在编辑修改时相互不受影响。

举一反三

（1）Photoshop 还能做哪些功能？请在网络上搜索相关的视频课程资源，跟着学习并做练习。

（2）打开文件夹"项目二"→"任务二"→"作业"，根据提供的素材，制作题目为"幼儿园国庆节活动海报"的图片，将文件命名为"作业 2　幼儿园国庆节活动海报.psd"并保存，同时另存为"作业 2　幼儿园国庆节活动海报.jpg"，把两个文件提交到课程平台作业中。

自我评价

将本任务的自我学习评价与反馈填入表 2-2-2 中。

表 2-2-2　自我评价与反馈表

任务内容	掌握程度			
	了解	理解	掌握	熟练
从网络上收集图片素材				
用 Photoshop 新建、保存、打开图片素材				

（续表）

任务内容	掌握程度			
	了解	理解	掌握	熟练
用 Photoshop 修改图片大小和图片颜色				
课内的海报制作	会	大部分会	有些不明白	不会
完成了课后的举一反三	完成		没有完成	
与同学讨论了海报制作过程	是的		不是	
在学的过程中，还教了其他同学	是的		不是	

素养能量

幼儿园教学评价

费尔德曼教授建议："把评价学习的方法以自然的（也是系统的）方式融入幼儿园教室里每天的日常活动中。"

评价在教育实践中起着有力的杠杆作用，它更是一把双刃剑。评价的理念、目的及评价的方法和技术等都影响着教育的方向。因此，在幼儿园教育中开展什么样的教育评价，如何评价每个儿童的发展，便成了一个十分重要的问题。

任务三　声音素材的采集与加工

任务清单：2-3

任务情境

幼儿园想更换一首每日运动的开场音乐，但张园长在网上找了很久，也没有合适的音乐。张园长希望你帮她找到适合每日运动开场使用的音乐素材，并将多段素材整合成一首MP3格式的音乐素材。

任务目标

（1）熟知声音的不同文件格式。

（2）熟练使用多种方法获取声音素材。

（3）熟练使用 Audition 处理声音素材。

（4）具备根据幼儿园教学所需对声音文件进行创意创作的意识。

任务要求

（1）课前学习音频文件类型。

（2）课中学会不同方法收集声音素材。

（3）课中学会使用 Audition 新建音频项目、裁剪音频、拼接音频、调整音频节奏等基本操作。

（4）课后完成配套线上课程中的题目，举一反三，巩固所学。

配套线上课程

```
项目二　课件素材的采集与加工
        │
任务三　声音素材的采集与加工
        │
  ┌────┬────┬──────────┬────────┬──────┐
课前学习  微课  《开场音乐》音频制作  思考与作业  拓展知识
     │      │
  获取声音素材 ── 声音素材的文件格式
```

学前思考

（1）你通常会用什么软件听音乐？每个软件有什么优点？

（2）有没有使用音乐软件将男声转换成女声或童声的方法，试着在网上搜索一下吧！在自己常用的音频制作软件中有没有这个功能？你会使用吗？

课前学习

一、音频常见格式

音频格式即音乐文件格式。音频格式是指要在计算机内播放或是处理音频文件时，是对声音文件进行数模转换的过程。就目前的音频市场来看，音频格式主要分为两种：无损压缩和有损压缩。两种格式的音频，在音质上也会有比较大的差异。无损压缩的音频能在百分之百保存源文件的所有数据的基础上，将音频文件的体积压缩至最小；然后将压缩的音频文件还原后，就能实现与源文件的大小相同、码率相同。有损压缩的音频是降低音频采样频率与比特率，输出的音频文件会比源文件小。

1. MP3（.mp3）格式

MP3 音频的压缩是一种有损压缩，基本保持低音频部分不失真。相同长度的音乐文件，用 MP3 格式来储存，其大小一般只有 WAV 文件的 1/10 大小，因此音质要次于 CD 格式或 WAV 格式的声音文件。MP3 格式问世不久，就凭着较高的压缩比（12∶1）和较好的音质创造了一个全新的音乐领域。

2. CD（.cda）格式

CD 格式是音质较高的音频格式。在大多数播放软件的"打开文件类型"中，都可以看到".cda"格式，这就是 CD 的音轨了。标准 CD 格式采用的是 44.1 K 的采样频率，88 K/s的速率，16 位量化位数。一个 CD 音频文件就是一个".cda"文件。

3. WAVE（.wav）格式

WAVE 格式是微软公司开发的一种声音文件格式，它常用于保存 Windows 平台的音频信息资源，被 Windows 平台及其应用程序所支持。标准格式的 WAVE 文件采用的是 44.1 K 的采样频率，1411 K/秒的速率，16 位量化位数，几乎所有的音频编辑软件都"认识"WAVE 格式。

4. MPEG（.mpeg）格式

MPEG 是动态图像专家组的英文缩写。MPEG 音频文件指的是 MPEG 标准中的声音部分即 MPEG 音频层。虽然互联网上的音乐格式以 MP3 最为常见，但它是一种有损压缩，其最大优势是以极小的声音失真换来了较高的压缩比，也赢得很多用户喜爱。MPEG 格式包括：MPEG-1、MPEG-2、MPEG-Layer3、MPEG-4 等。

5. AIFF（.aiff）格式

它们都和 WAVE 非常相像，大多数的音频编辑软件也都支持这两种常见的音乐格式。AIFF 是音频交换文件格式的英文缩写，是苹果电脑的标准音频格式，属于 Quick Time 技术的一部分。几乎所有的音频编辑软件和播放软件都或多或少地支持 AIFF 格式。

6. MIDI（.mid）格式

MIDI 格式经常被爱音乐人士使用，MIDI 允许数字合成器和其他设备交换数据。MIDI 文件并不是一段录制好的声音，而是记录声音的信息，然后再告诉声卡如何再现音乐的一组指令。MIDI 文件主要用于原始乐器作品，流行歌曲的业余表演，游戏音轨以及电子贺卡等。".mid"文件播放的效果完全依赖声卡的档次，最大用处是在电脑作曲领域。

二、主流声音播放器或平台

1. 暴风影音

暴风影音是北京暴风科技有限公司推出的一款音视频播放软件，该播放器兼容大多数的视频和音频格式。暴风影音播放的文件清晰，是国人最喜爱的播放器之一。

2. 网易云音乐

网易云音乐是一款由网易开发的音乐产品，以歌单、DJ 节目、社交、地理位置为核心要素，主打"发现"和"分享"。用户可上传"主播电台"、音乐故事、脱口秀、情感话题，每个人都能轻松表达自己的想法。

3. QQ 音乐

QQ 音乐是隶属于腾讯音乐娱乐集团的音乐流媒体平台。自 2005 年创立至今，QQ 音乐注册用户总量已有 8 亿人之多。QQ 音乐以优质内容为核心，以大数据与互联网技术为推动力，致力于打造"智慧声态"的"立体"泛音乐生态圈，为用户提供多元化的音乐生活体验。

4. 酷狗音乐

酷狗音乐是中国极具技术创新基因的数字音乐交互服务提供商，致力于为互联网用户和数字音乐产业发展提供完善的解决方案。酷狗为用户提供了人性化功能，实行多源下载，提升了下载速度。

任务实施

一般可在音乐软件搜索相关内容，寻找合适的音乐素材并下载，具体操作如下。

（1）打开"网易云音乐"软件，在文本框中输入关键字"运动"后进行搜索，如图2-3-1所示。

图2-3-1　搜索关键字

（2）在搜索出来的音乐中逐个播放，找到合适的音乐，如图2-3-2所示。

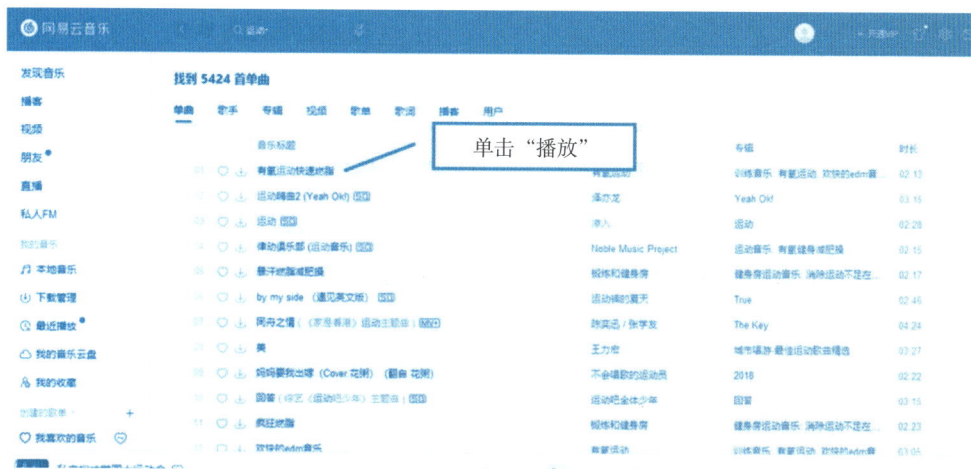

图2-3-2　寻找合适音乐

（3）找到需要的音乐后单击"下载"按钮，下载音乐，如图2-3-3所示。

（4）右键单击已经下载的音乐素材，在弹出的快捷菜单中单击"打开文件位置"，找到MP3格式的音乐素材文件，如图2-3-4所示。

（5）将所需的音乐素材全部下载好，并把文件存放在桌面，如图2-3-5所示。

（6）双击图标打开音乐处理软件"Audition"（以下简称Au），如图2-3-6所示。

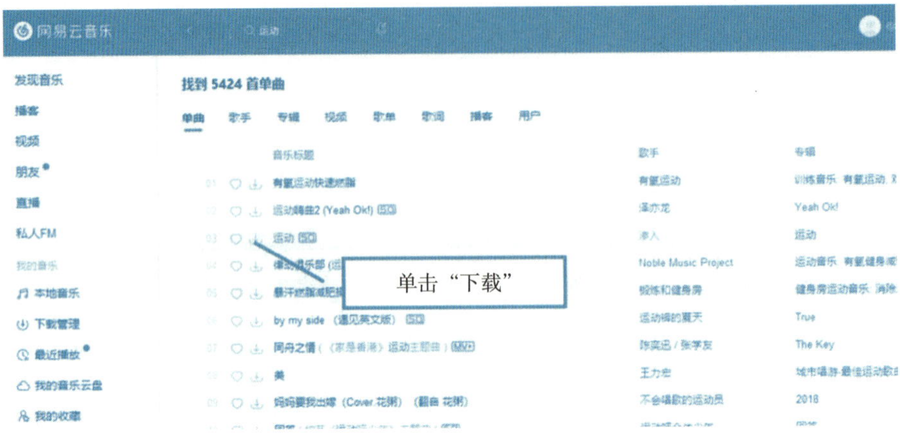

图 2-3-3　下载音乐

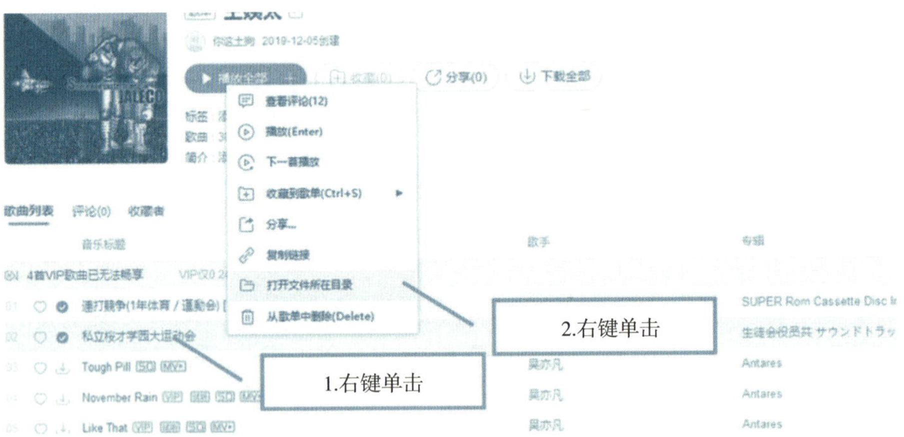

图 2-3-4　找到音乐文件

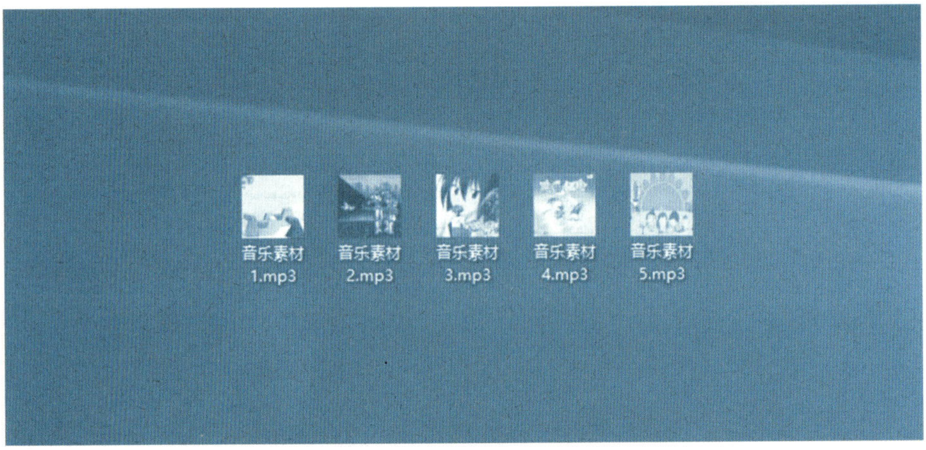

图 2-3-5　下载全部音乐素材

图 2-3-6　打开音乐处理软件

（7）将一个音乐素材拖入 Au 中，如图 2-3-7 所示。

图 2-3-7　拖入一个素材

（8）将剩余所有音乐素材拖入 Au 中，如图 2-3-8 所示。

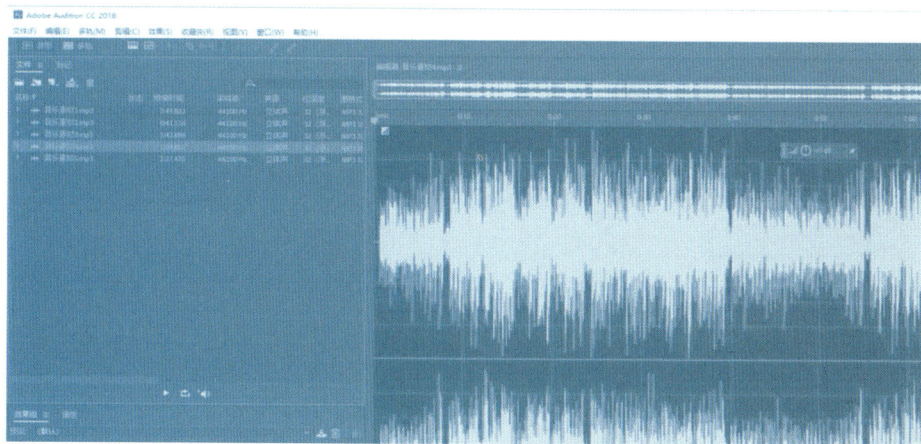

图 2-3-8　拖入剩余所有素材

（9）选中"音乐素材1"，单击鼠标右键，在弹出的快捷菜单中选择"插入到多轨混音中"，然后单击选择"新建多轨会话"，如图2-3-9所示。

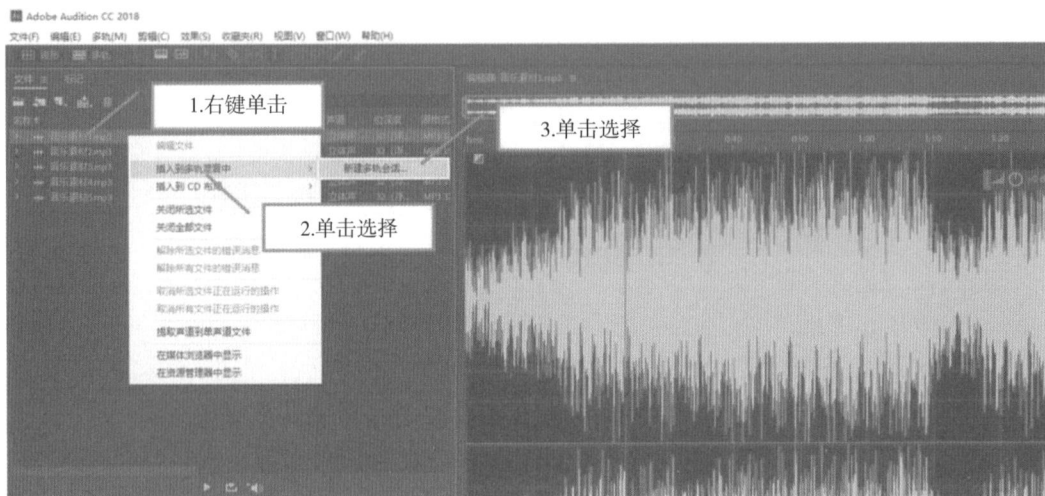

图2-3-9　建立多轨会话

（10）在弹出窗口中重新命名多轨会话，并选择保存位置，单击"确定"，如图2-3-10所示。

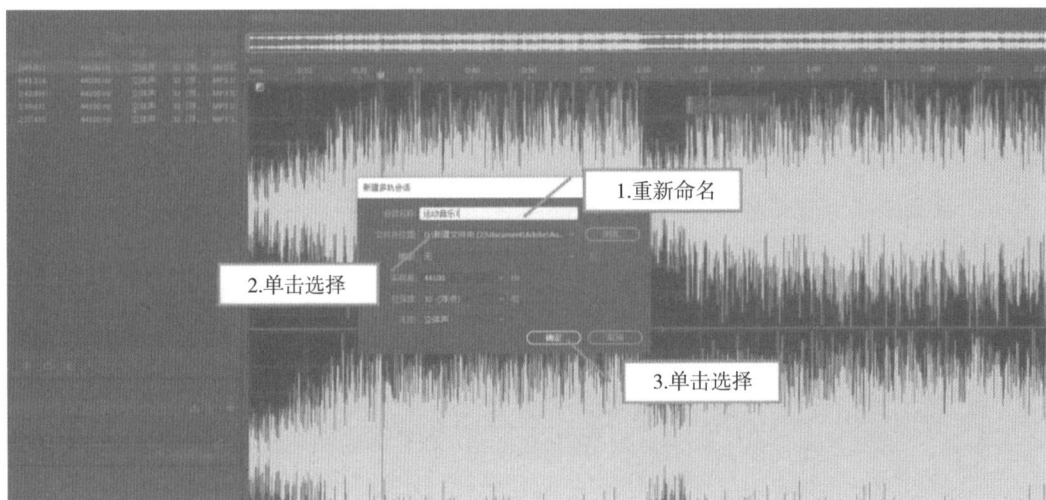

图2-3-10　重新命名多轨会话

（11）用"剃刀"工具可将素材文件剪辑分开，分成需要的部分与不需要的部分，如图2-3-11所示。

（12）右键单击多余部分，在弹出的快捷菜单中选择"删除"，如图2-3-12所示。

（13）将"音乐素材2"拖入编辑器中，如图2-3-13所示。

图 2-3-11　裁剪多余部分

图 2-3-12　删除多余部分

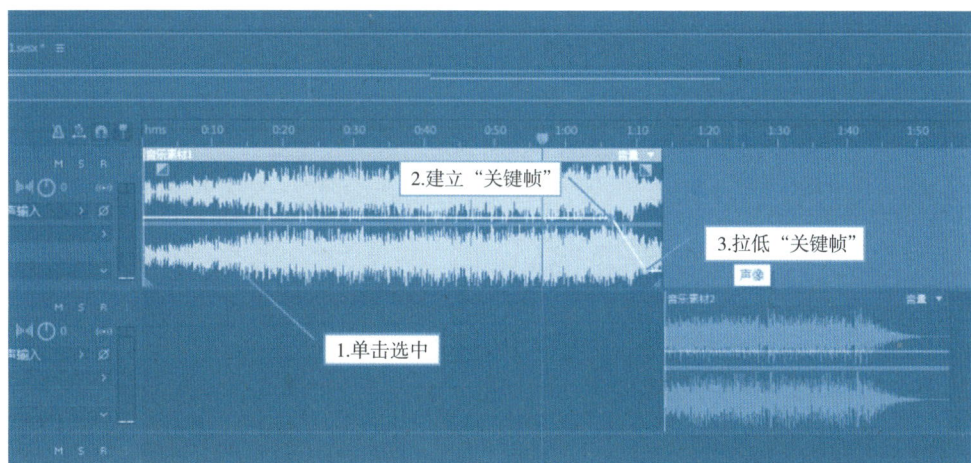

图 2-3-13　拖入其他素材

（14）选中"音乐素材1"，按住"Shift"键，找到素材文件中代表分贝的黄色线；在最后的部分单击"黄色线"，建立两个"关键帧"；将后一个关键帧拉低，制作淡出的效果，如图2-3-14所示。

图2-3-14　制作淡出效果

（15）将"音乐素材3"拖入"编辑器"，并用相同的方法在"音乐素材3"上设计一个淡入，如图2-3-15、图2-3-16所示。

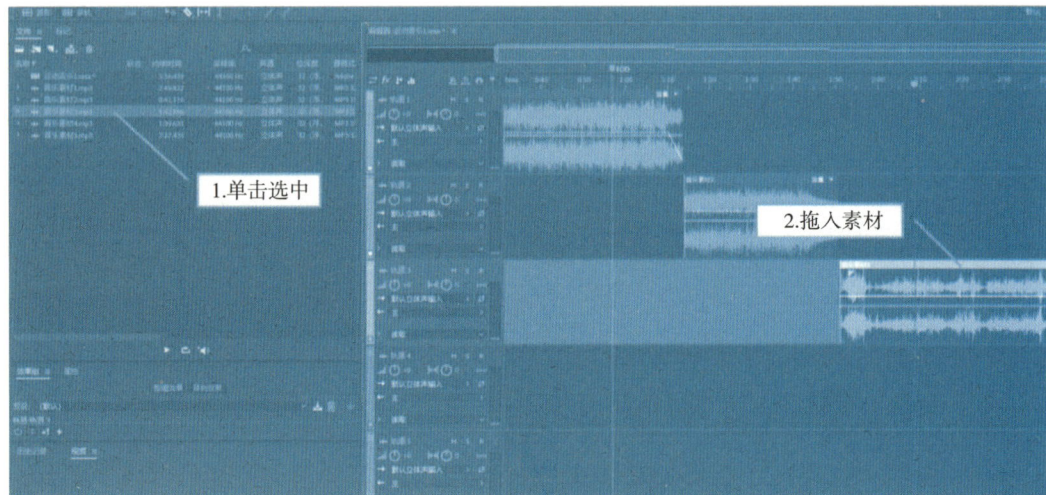

图2-3-15　拖入音乐素材3

（16）将"音乐素材4"拖入"编辑器"，如图2-3-17所示。

（17）选中"音乐素材4"代表分贝的黄色选中，将其拉高来提高"音乐素材4"的分贝，如图2-3-18所示。

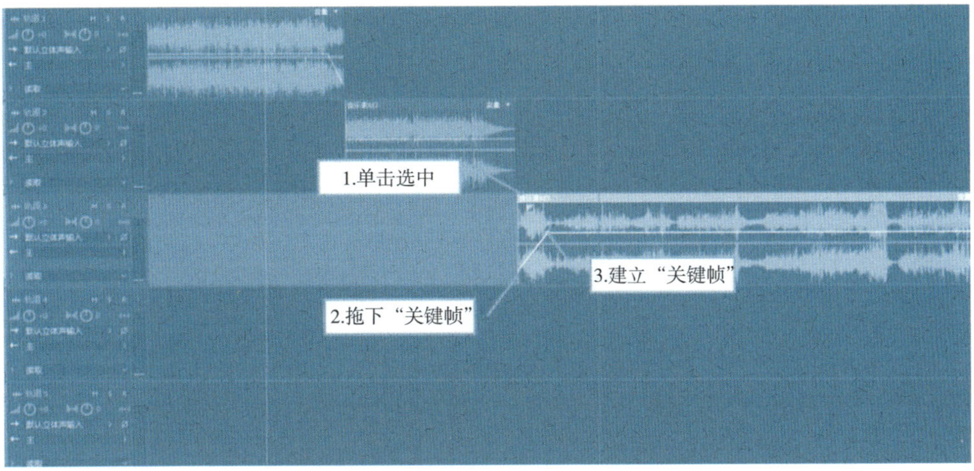

图 2-3-16　制作淡入效果

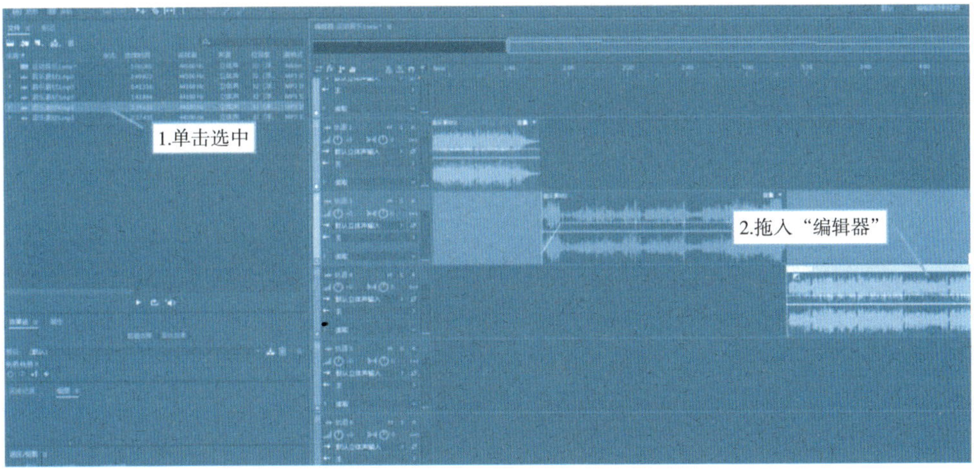

图 2-3-17　拖入"音乐素材 4"

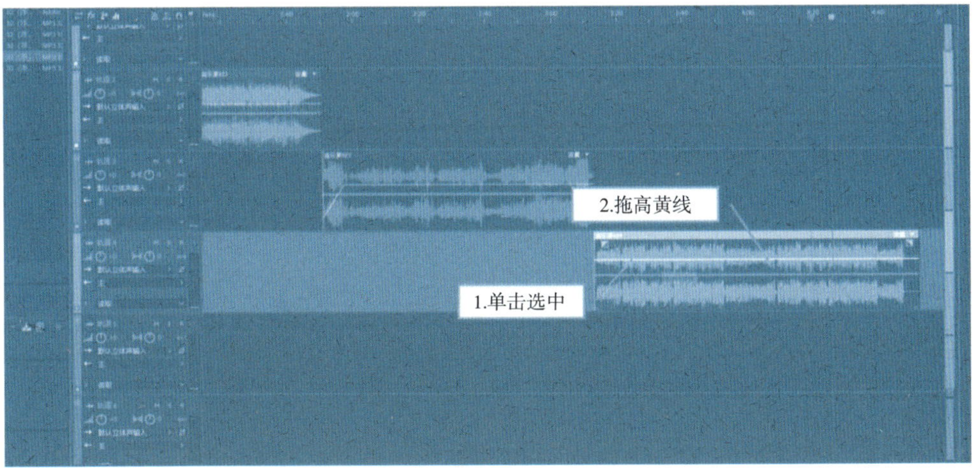

图 2-3-18　提高分贝

（18）用相同的办法，用剃刀工具（"快捷键 R"）剪掉不需要的部分，单击右键，在弹出的快捷菜单中点击"删除"，如图 2-3-19 所示。

图 2-3-19　删除多余部分

（19）添加"音乐素材 5"，如图 2-3-20 所示。

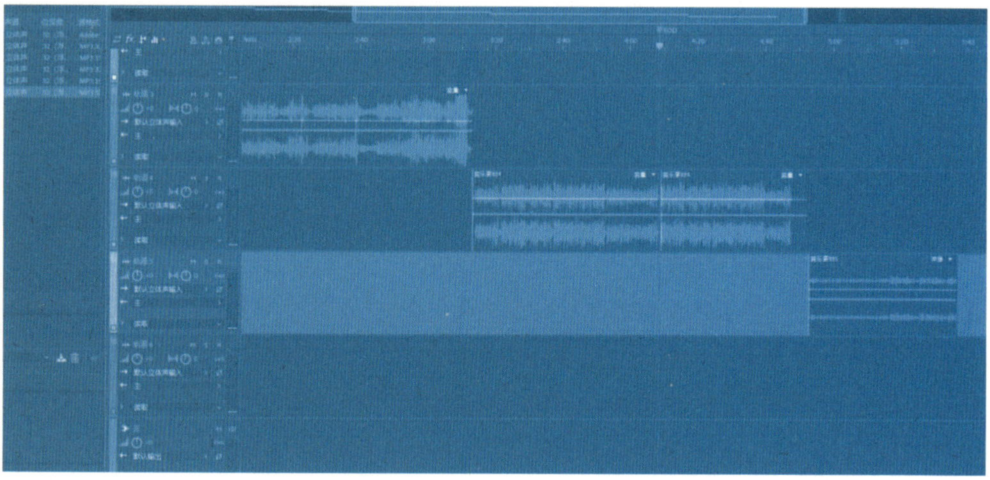

图 2-3-20　添加"音乐素材 5"

（20）点击"效果"，在弹出的快捷菜单中选择"降噪恢复"，再在弹出的快捷菜单中选择"自适应降噪"给音乐素材降低噪音，如图 2-3-21 所示。

（21）在弹出的快捷菜单中把"降噪幅度"调高，剩余选项根据需求调节，如图 2-3-22 所示。

（22）选择"文件"，在弹出的快捷菜单中选择"导出"，再在弹出的快捷菜单中选择"多轨混音"，最后选择"整个会话"来导出处理好的音乐文件，如图 2-3-23 所示。

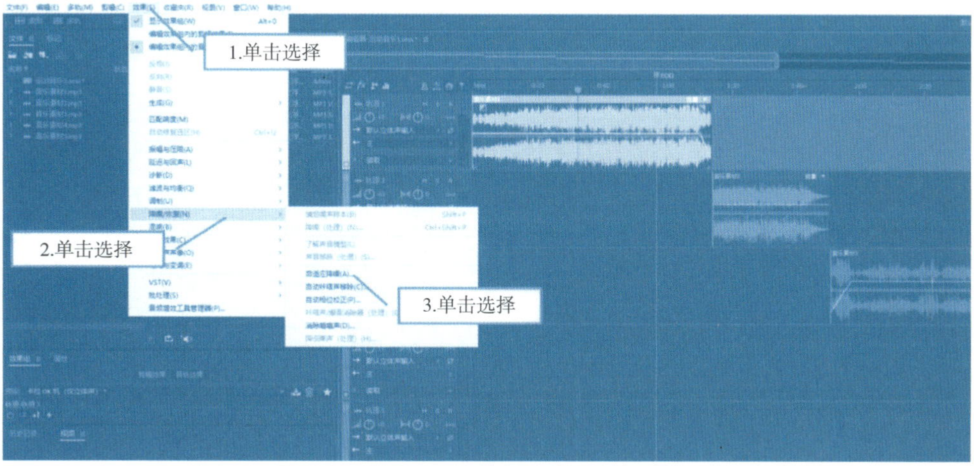

图 2-3-21　添加降噪

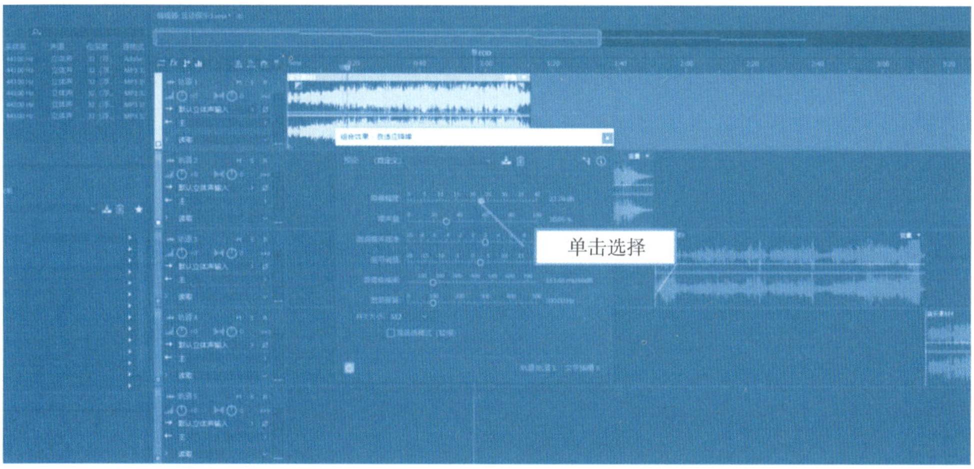

图 2-3-22　调整降噪

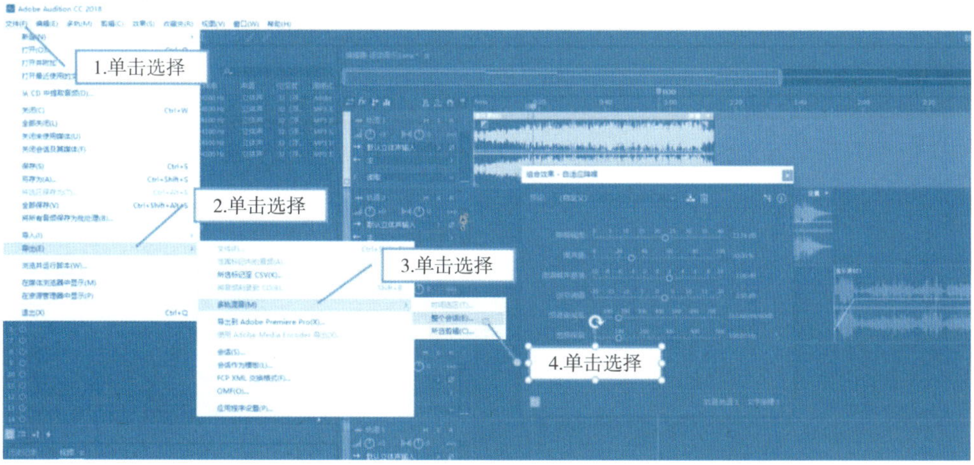

图 2-3-23　导出音乐文件

（23）在弹出的快捷菜单中重命名，选择保存位置，点击"确认"保存 MP3 音乐文件，如图 2-3-24 所示。

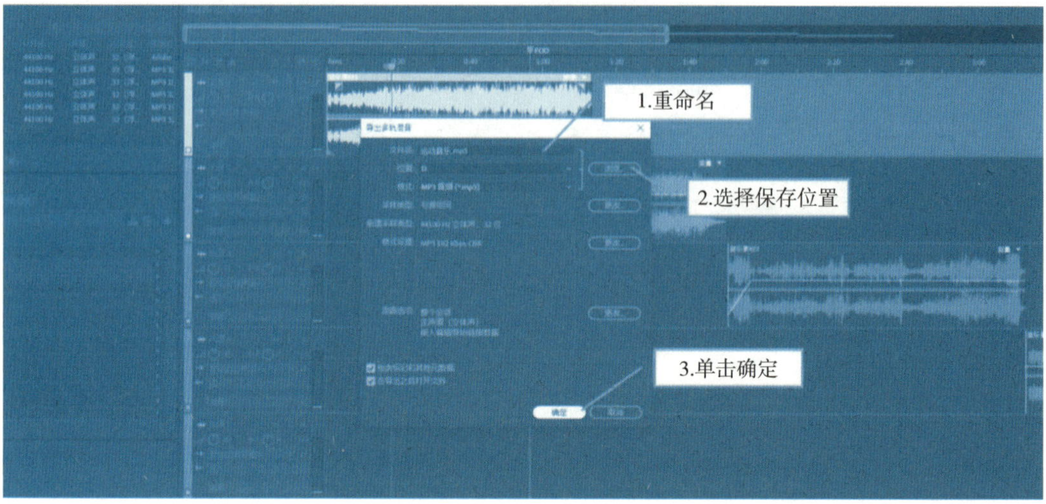

图 2-3-24　保存文件

知识总结

（1）可以在网页、音乐播放软件上收集声音素材，要根据需求收集不同文件格式的声音素材。

（2）用 Audition 可以完成剪辑声音、拼接声音、修改声音大小、降噪等操作。

（3）用 Audition 可以给音频文件添加特效。

举一反三

（1）Audition 还有哪些功能？请在网络上搜索相关的视频课程资源，跟着学习并做练习。

（2）打开文件夹"项目二"→"任务三"→"作业"，根据提供的素材，制作题目为"幼儿园年终颁奖"的音乐，以文件名为"作业 3　幼儿园年终颁奖.mp3"保存，把该文件提交到课程平台作业中。

自我评价

将本任务的自我学习评价与反馈填入表 2-3-1 中。

表 2-3-1　自我评价与反馈表

任务内容	掌握程度			
	了解	理解	掌握	熟练
从音乐播放平台中收集声音素材				
用 Au 新建、保存、打开声音素材				

（续表）

任务内容	掌握程度			
	了解	理解	掌握	熟练
用 Au 修改音频文件				
课内的音乐案例制作	会	大部分会	有些不明白	不会
完成了课后的举一反三	完成		没有完成	
与同学讨论了音乐制作过程	是的		不是	
在学的过程中，还教了其他同学	是的		不是	

素养能量

多元智能理论与幼儿园教学

多元智能理论简称 MI 理论，由美国教育学家和心理学家加德纳博士提出，是一种全新的人类智能结构的理论。该理论认为人类思维和认识的方式是多元的。

多元智能理论认为，每个儿童所具有的独特能力的组合存在着质的不同，难以从量上加以排序、分类。每个儿童都拥有相对于自己或是相对于他人的智力的强项，教育旨在帮助儿童发现、培育自己的智力优势，并以强项的学习带动弱项的学习，建构自己的优势智力组合，实现自身全面、和谐的发展。

任务四　视频素材的采集与加工

任务清单：2-4

任务情境

防疫工作一直是幼儿园的工作重点。新学期就要开始了，为做好这项工作，张园长需要制作一个预防疫情的宣传视频。她希望你帮忙搜索防疫相关的视频素材，并制作成一个宣传视频。

任务目标

（1）熟知视频文件格式及之间的区别，知道常用的视频播放软件有哪些。
（2）能够收集视频素材及修改视频格式。
（3）能够使用 Premiere 处理视频素材。
（4）具备根据幼儿园教学所需对视频进行创意创作的意识。

任务要求

（1）课前学习视频文件类型。
（2）课中学会收集视频素材及修改视频文件格式。
（3）课中学会使用 Premiere 进行新建视频项目、裁剪视频、拼接视频、添加视频效果等基本操作。
（4）课后完成配套线上课程中的题目，举一反三，巩固所学。

配套线上课程

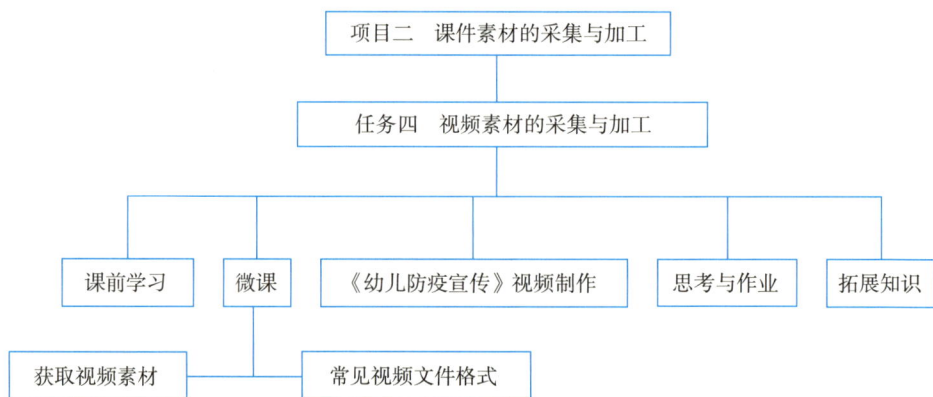

学前思考

（1）你手机中的视频播放软件是什么？播放的视频能不能下载和保存？保存的文件格式是什么？

（2）你试过对下载的视频进行修改，或加上文字、图标、简单动画等操作吗？请试着操作一下。

课前学习

一、常见视频文件格式

视频文件格式是指视频保存的一种格式，为了适应储存视频的需要，人们设定了不同的视频文件格式来把视频和音频放在一个文件中，以方便同时播放。常见的有 AVI、MOV、RMVB、FLV、MP4、3GP、RM 等。

1. AVI

音频、视频交错的 AVI 是由微软公司发布的视频格式，是最悠久的格式之一。AVI 格式使用方便，图像质量好，压缩标准可任意选择，是应用最广泛，也是应用时间最长的格式之一。

2. MOV

MOV 是 QuickTime 影片格式，为苹果公司开发的一种音频、视频文件格式，常用于存储数字媒体类型的视频，也用于保存音频和视频信息。

3. RMVB

RMVB 是一种视频文件格式，其中的 VB 指可变比特率。因为降低了静态画面下的比特率，比上一代 RM 格式画面清晰。

4. FLV

FLV 是 Flash Video 的简称，FLV 流媒体格式是一种新的视频格式，其优点是文件极小、加载速度极快。它的出现有效地解决了视频文件不能在网络上很好播放的问题。

5. MP4

MP4 是一套用于音频、视频信息的压缩编码标准，MPEG - 4 格式主要用在网络、光盘、语音发送（视频电话），以及电视广播。

二、常见视频播放器

视频播放器是指能播放以数字信号形式存储的视频的软件，有时也用于指具有播放视频功能的电子产品。大多数的视频播放器能支持播放音频文件。常用视频播放器有暴风影音、QQ影音、射手播放器等。

1. 暴风影音

暴风影音是暴风网际公司推出的一款视频播放器。该播放器兼容大多数的视频和音频格式，有海量在线高清影片资源，其独有的视频资源盒子及独有的 SHD 视频专利技术满足了带宽用户流畅观看 720P、1080P 高清在线影片的需求。

2. QQ影音

QQ影音是由腾讯公司推出的一款支持多种格式影片和音乐文件的本地播放器，首创轻量级多播放内核技术，深入挖掘和发挥了新一代显卡的硬件加速能力，软件追求更快、更流畅的视听享受。

3. 射手播放器

射手播放器是一款小巧、智能、安全、高性能的开源播放器，有画面增益功能，可清晰播放 720P、1080P 高清视频，是一款符合中文用户特点的开源播放器。

三、常见视频播放平台

随着网络的迅猛发展，具有丰富的视频内容及能互相交流的视频平台是网络目前占据最多流量与关注点的娱乐平台，常见的视频播放平台有以下几种。

1. 优酷视频和土豆视频

优酷和土豆于 2015 年 3 月合并，组建新的组织架构，形成一家集团，是国内传统悠久的视频平台。

2. 百度视频

百度视频是百度旗下的一个业务部门，2016 年 4 月起百度视频业务独立运营。

3. 爱奇艺视频

爱奇艺视频是百度旗下的视频平台，其视频流量也是不容小觑。

4. 搜狐视频

搜狐视频是国内一个较大的视频播放平台，其资源丰富，用户量很高。

5. 腾讯视频

腾讯视频是腾讯旗下的客户端产品，是一款内容丰富的，支持在线点播及电视剧播放的软件。

6. 短视频平台

国内使用较多的短视频平台主要有哔哩哔哩、抖音、快手、火山、今日头条、微视、美拍、小红书等。

一般的视频播放平台通常支持视频搜索、视频上传、视频播放、视频下载、视频格式修改等功能。

任务实施

一、在网络上获取与幼儿防疫相关的视频素材

要想在网络上获取视频素材，可以在视频播放器、视频播放平台通过下载功能下载。下面介绍通过短视频平台"哔哩哔哩"查找视频，再通过下载视频软件下载所需视频。

（1）在网页浏览器中打开"哔哩哔哩"视频网站（www.bilibili.com），在文本框中输入关键字"幼儿防疫"，单击"搜索"按钮，如图2-4-1所示。

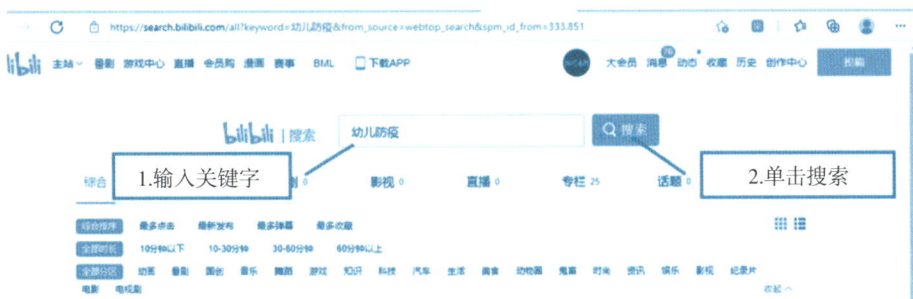

图2-4-1 搜索关键字

（2）在搜索出的视频中找合适的视频点击打开，按下"Ctrl＋C"快捷键复制视频网页链接，如图2-4-2所示。

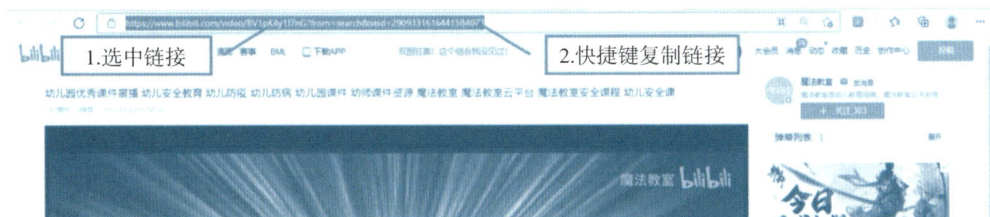

图2-4-2 复制链接

（3）返回电脑桌面，双击软件图标打开视频下载软件"硕鼠"，如图2-4-3所示。

图2-4-3 打开下载软件

（4）在弹出的页面中选择文本框，按下"Ctrl＋V"快捷键粘贴网页链接，点击"开始"，如图2-4-4所示。

图2-4-4　粘贴视频网页链接

（5）在接下来弹出的页面中单击"用硕鼠下载该视频"，如图2-4-5所示。

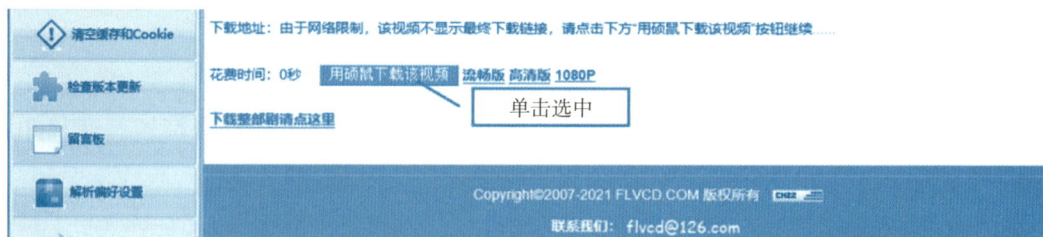

图2-4-5　单击"用硕鼠下载视频"

（6）在接下来弹出的页面中点击"硕鼠专用链下载"，如图2-4-6所示。

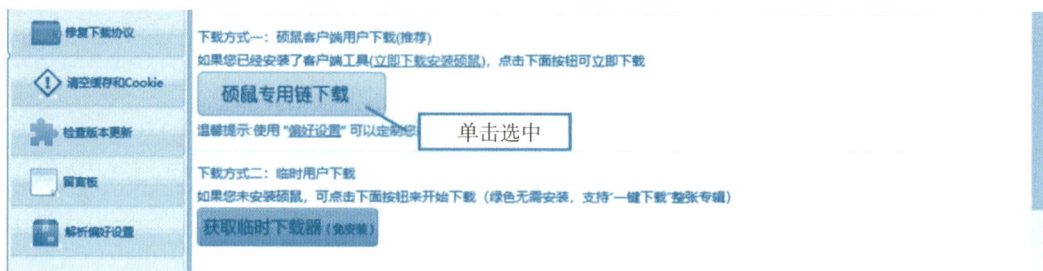

图2-4-6　单击"硕鼠专用链下载"

（7）在弹出的对话框中点击"添加到硕鼠Nano的窗口下载"，如图2-4-7所示。

（8）在弹出的对话框中选择视频文件的存储位置，将视频下载在电脑桌面，如图2-4-8所示。

图 2-4-7 单击"添加到硕鼠 Nano 窗口下载"

图 2-4-8 下载视频

（9）下载完毕后在电脑桌面上找到下载的 FLV 文件，双击桌面软件图标打开软件"格式工厂"，如图 2-4-9 所示。

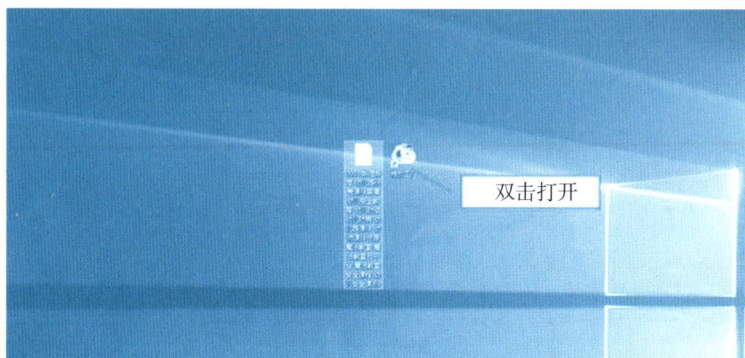

图 2-4-9 打开"格式工厂"软件

（10）打开软件，单击左侧的"→MP4"，如图 2-4-10 所示。

（11）在弹出的页面菜单中点击"添加文件"，如图 2-4-11 所示。

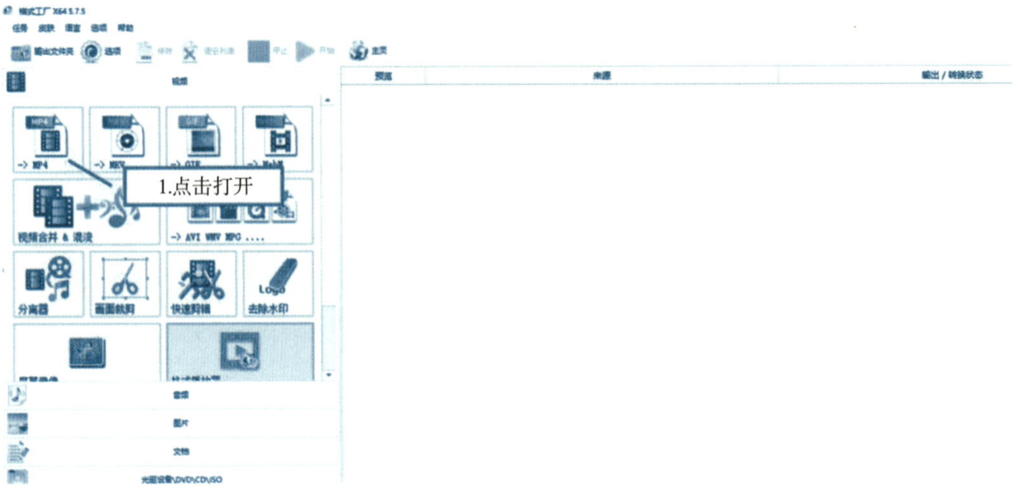

图 2-4-10　打开"MP4 转换"

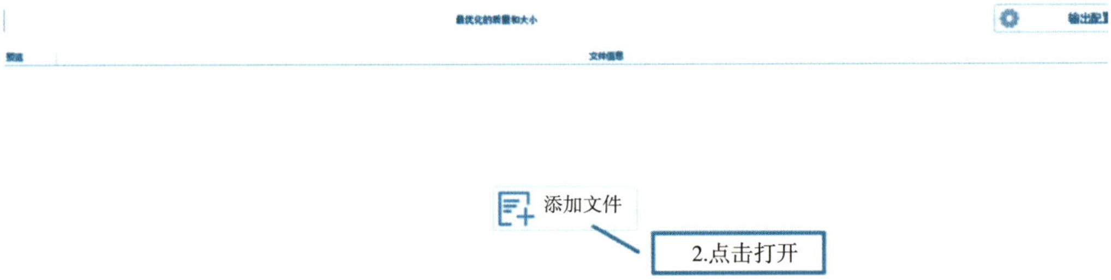

图 2-4-11　点击"添加文件"

（12）在弹出的对话框中找到桌面的 FLV 视频文件，点击"打开"，并在弹出的对话框中单击"确定"，如图 2-4-12 所示。

图 2-4-12　添加文件

（13）确认后点击"开始"，开始转换格式，如图 2 - 4 - 13 所示。

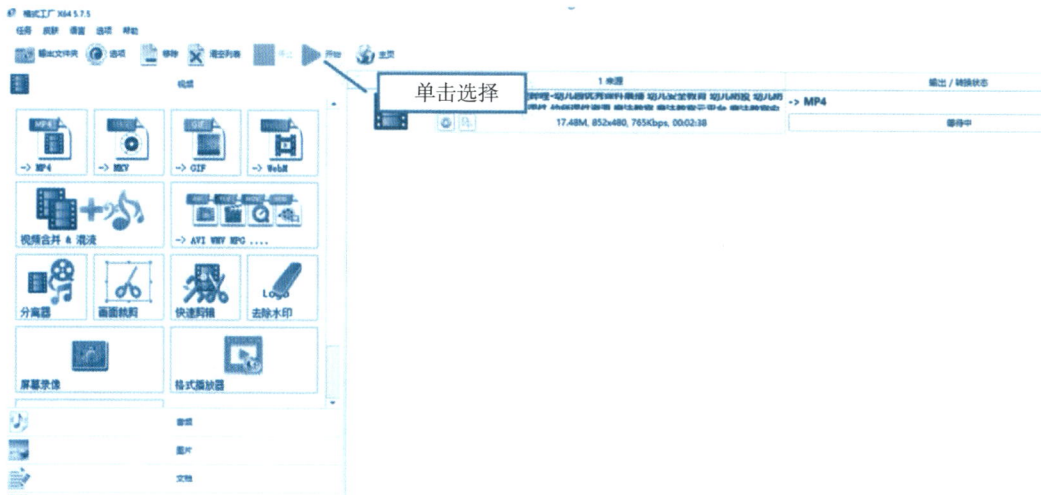

图 2 - 4 - 13　确定转换

（14）等转换完成后，点击右侧文件夹形状的图标，如图 2 - 4 - 14 所示。

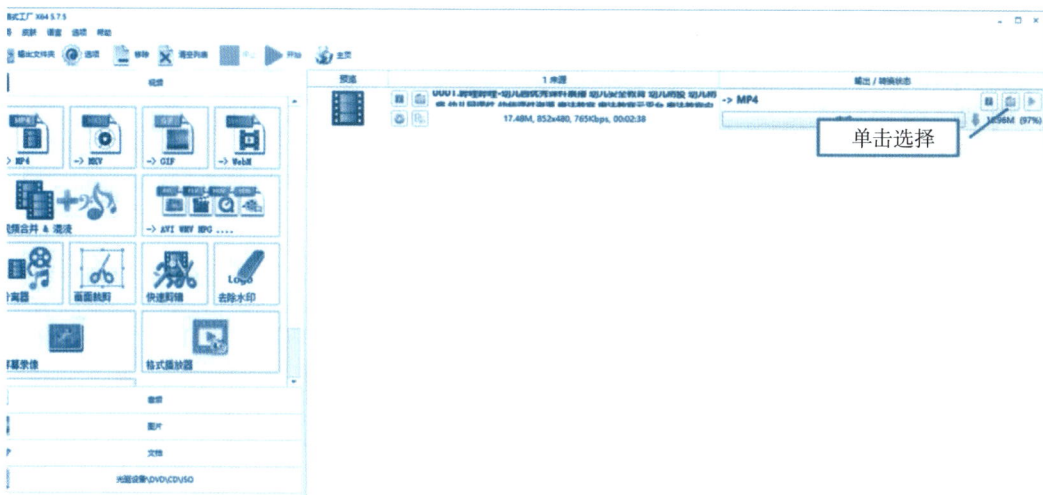

图 2 - 4 - 14　打开文件所在位置

（15）将视频素材文件放在桌面并重命名为"视频素材 1"，双击图标打开视频处理软件 Premiere（以下简称 Pr），如图 2 - 4 - 15 所示。

（16）打开软件后，在任务页面中点击"新建项目"，如图 2 - 4 - 16 所示。

（17）在弹出的对话框中，重命名项目名称并选择保存位置，如图 2 - 4 - 17 所示。

（18）进入项目页面，在右下角的媒体面板中双击"导入媒体开始"，如图 2 - 4 - 18 所示。

图 2 - 4 - 15   打开 Pr 软件

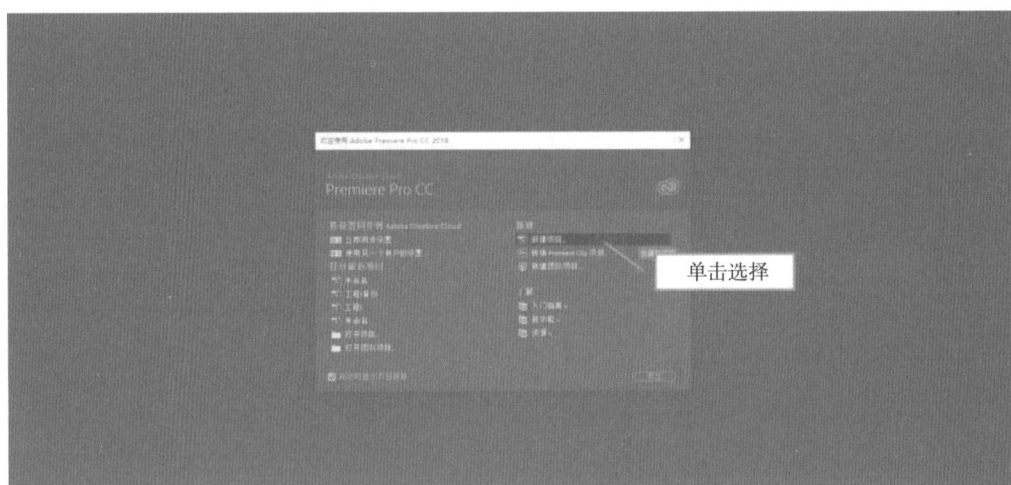

图 2 - 4 - 16   新建项目

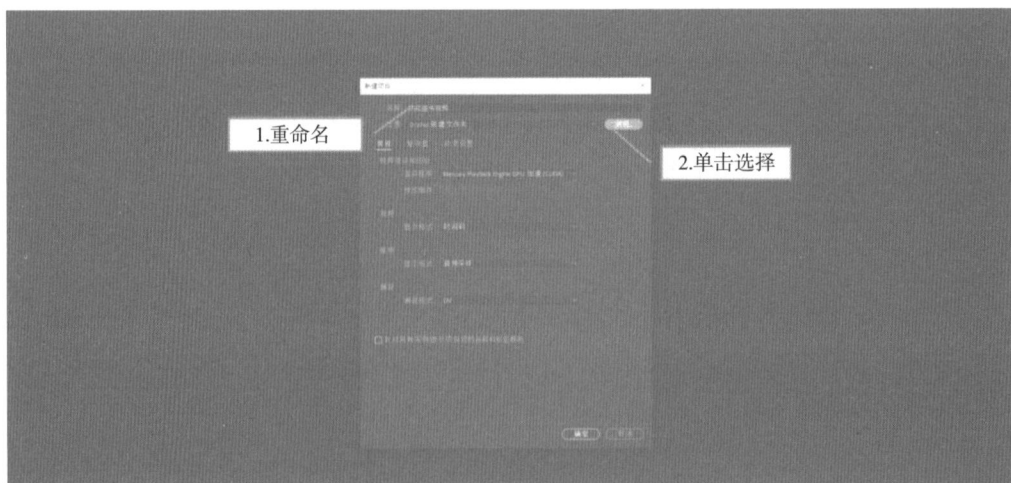

图 2 - 4 - 17   设置新建项目

双击此区

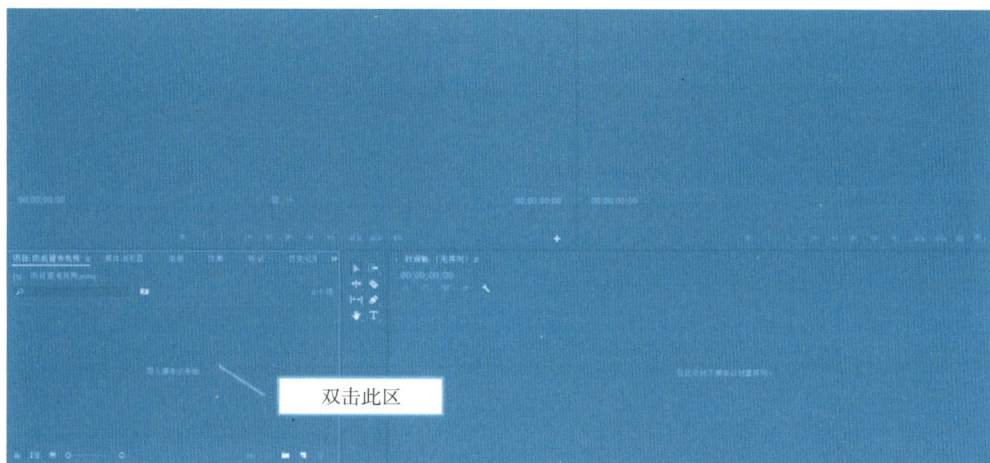

图 2-4-18　导入视频文件

（19）在弹出的对话框中找到"视频素材1"，单击"打开"，如图 2-4-19 所示。

1.单击选中

2.单击选择

图 2-4-19　选择视频文件

（20）导入后把"视频素材1"拖入时间轴中，同时新建了序列与时间轴内容，如图 2-4-20所示。

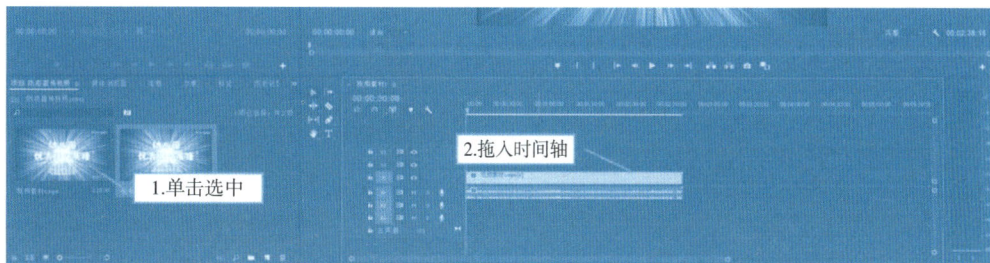

1.单击选中

2.拖入时间轴

图 2-4-20　建立时间轴

（21）将帧居中放置在需要剪辑视频的时间帧上；选中"剃刀工具"（快捷键"C"），在时间轴上单击，将视频剪辑成两个部分，如图 2 - 4 - 21 所示。

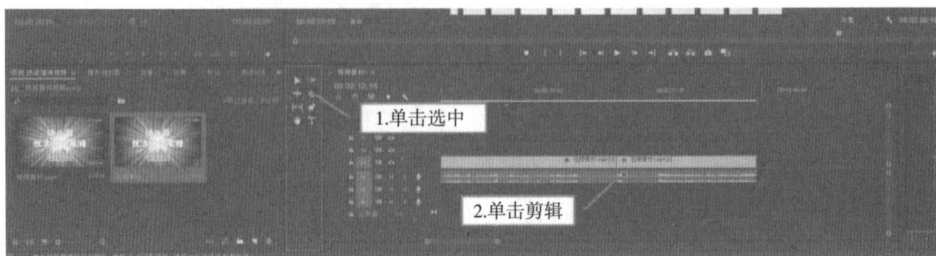

图 2 - 4 - 21　裁剪视频

（22）鼠标右键单击剪出的视频部分，在弹出的快捷菜单中单击"清除"，删除多余部分，如图 2 - 4 - 22 所示。

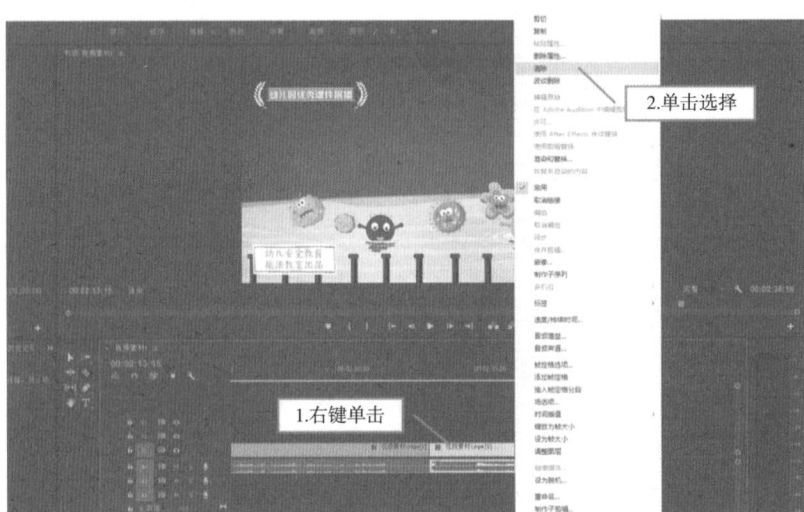

图 2 - 4 - 22　删除多余部分

（23）同样使用"剃刀工具"在视频时间轴中间单击，将视频剪成两段，如图 2 - 4 - 23 所示。

图 2 - 4 - 23　裁剪视频

（24）打开左下角"效果"面板，单击"视频过度"→"溶解"→"交叉溶解"，如图2-4-24所示。

图2-4-24 添加视频过渡效果

（25）将视频转场效果拖入时间轴中两段视频的中间，如图2-4-25所示。

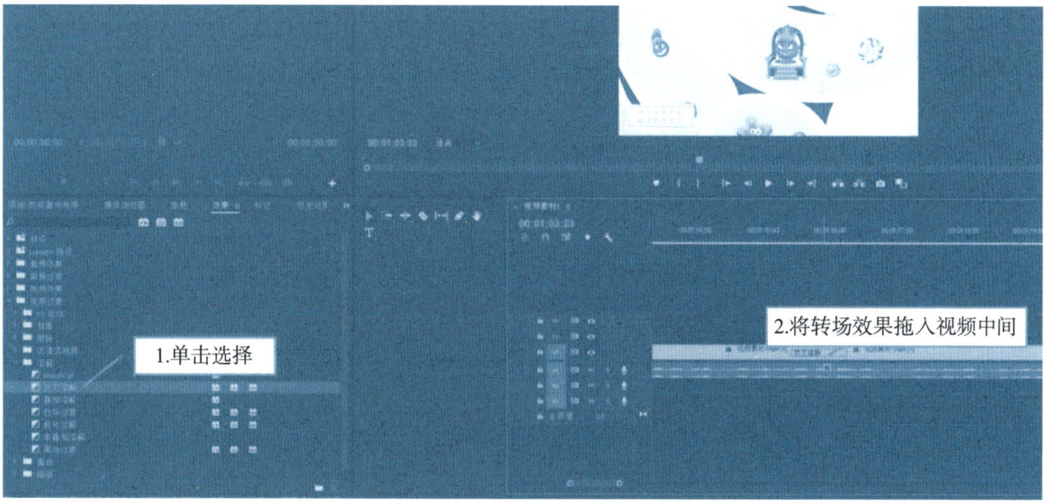

图2-4-25 添加转场效果

（26）拖动帧居中，放在需要添加文字的时间点上；单击"文字工具"，将鼠标移至效果画面合适的位置上单击，建立一个文字图层，如图2-4-26所示。

（27）在文字输入框输入"防控疫情，从我做起"的宣传语，如图2-4-27所示。

（28）点击"效果控件"面板，在相应参数中调整文字的大小、颜色、字体、描边等，如图2-4-28所示。

（29）单击菜单"文件"→"导出"→"媒体"，如图2-4-29所示。

图 2-4-26　添加文字图层

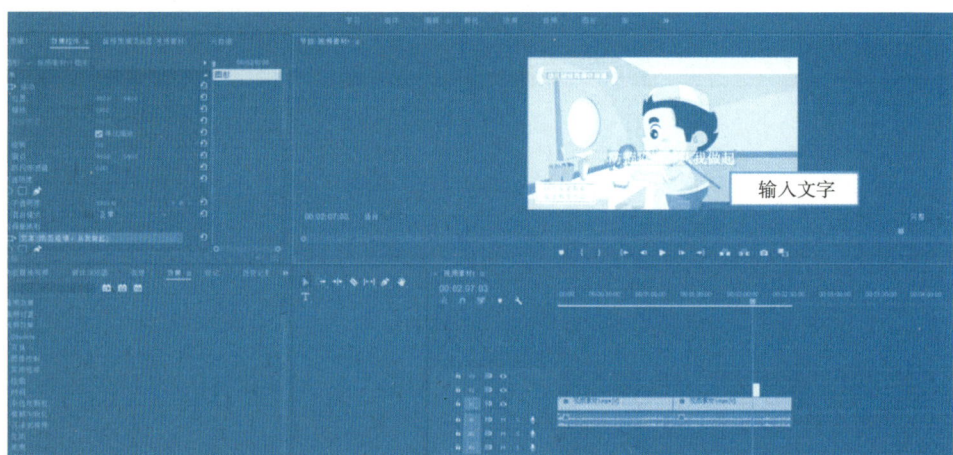

图 2-4-27　输入文字

图 2-4-28　调整文字参数

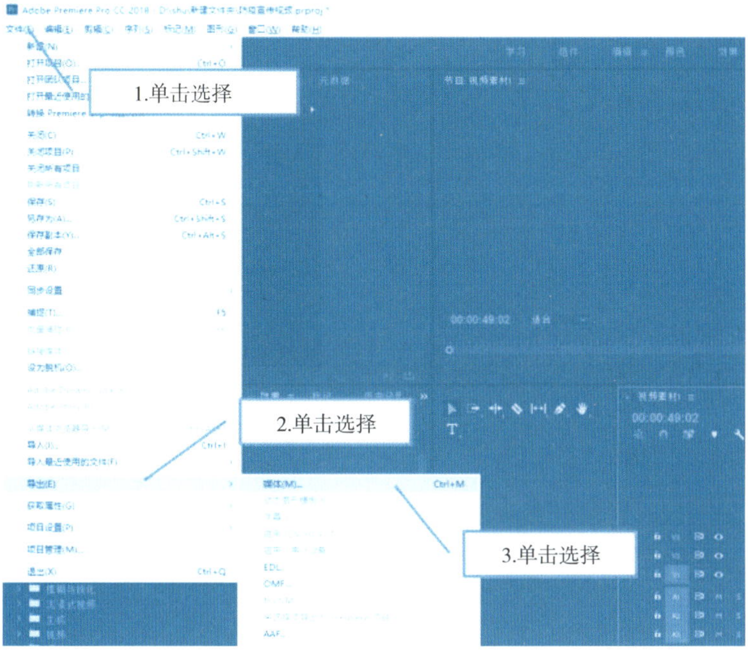

图 2 - 4 - 29　导出视频文件

（30）在右侧弹出选项中单击"输出名称"，修改导出的文件名，如图 2 - 4 - 30 所示。

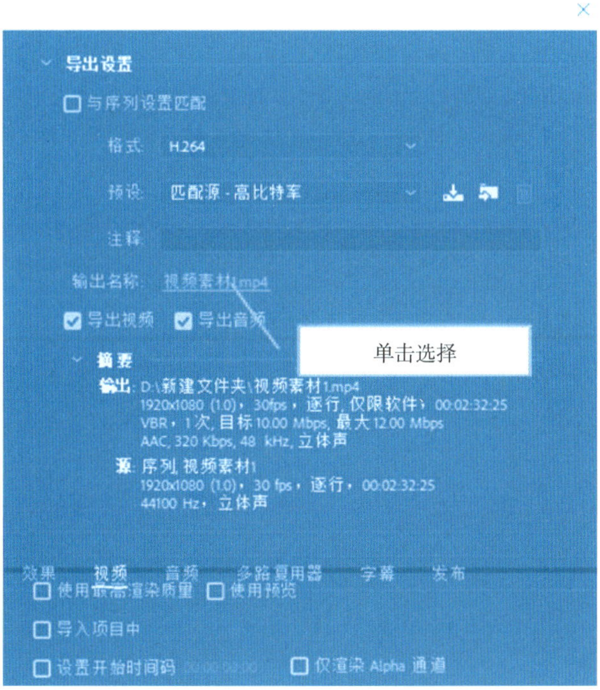

图 2 - 4 - 30　修改导出的文件名

（31）在弹出的对话框中选择保存位置并重命名，如图2-4-31所示。

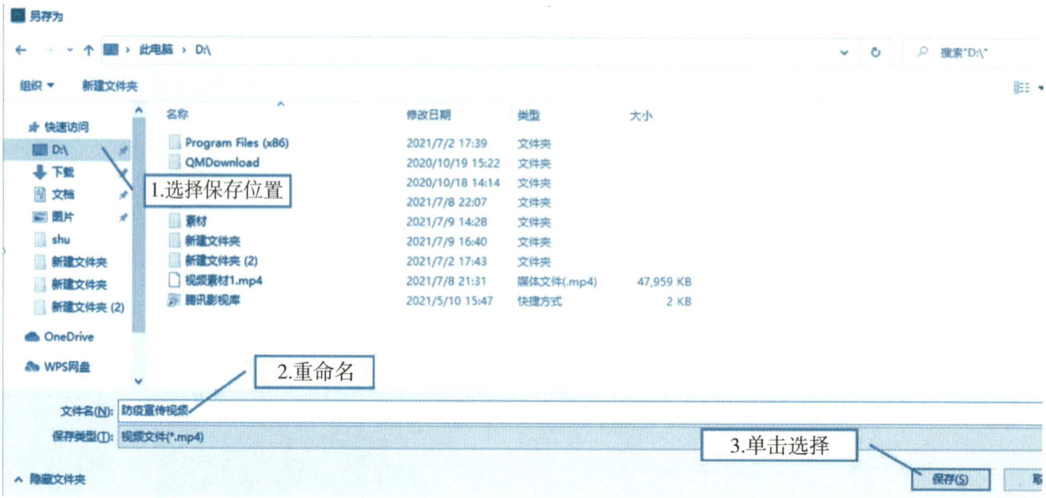

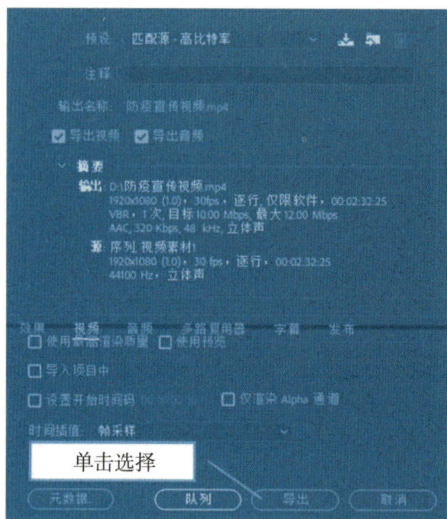

图2-4-31 选择导出位置

（32）设置好后点击"导出"，如图2-4-32所示。

图2-4-32 导出视频文件

知识总结

（1）可以通过视频播放平台、视频播放器下载视频素材，也可以使用视频格式转换软件对视频素材调整文件格式。

（2）可以用Pr剪辑视频、拼接视频、添加视频效果、添加文字等。

（3）可以用Pr给视频文件添加其他特效。

（4）可以用Pr将制作的视频导出成".avi"".mp4"等多种文件格式。

举一反三

（1）Premiere 还有哪些功能？请在网络上搜索相关的视频课程资源，跟着学习并做练习。

（2）打开文件夹"项目二"→"任务四"→"作业"，根据提供的素材，制作题目为"我爱祖国"的宣传视频，将文件命名为"作业4　我爱祖国.avi"并保存，把文件提交到课程平台作业中。

自我评价

将本任务的自我学习评价与反馈填入表2-4-1中。

表2-4-1　自我评价与反馈表

任务内容	掌握程度			
	了解	理解	掌握	熟练
从视频播放平台中下载视频素材				
用 Pr 新建、保存、打开视频项目				
用 Pr 修改视频文件				
课内的视频案例制作	会	大部分会	有些不明白	不会
完成了课后的举一反三	完成		没有完成	
与同学讨论了视频制作过程	是的		不是	
在学的过程中，还教了其他同学	是的		不是	

素养能量

幼儿园教学中"教什么"

幼儿园教学中必须改变对教育急功近利的期望，应着眼于儿童发展的长远目标，要特别注意对影响儿童一生的重要品质的培养，为其后继学习和终身发展奠定基础，这就是发展的可持续原则。

遵循这一原则，在考虑幼儿园阶段"教什么"的问题时必须把握以下两点：

1. 教育的即时效应和发展的潜在问题。教育既要符合幼儿的现实需求，又要有利于其长远发展。

2. 培养终身受益的品质。需要培养幼儿的"情感、态度、能力、知识、技能"，强调幼儿发展的内在动力，自我发展（学习）的能力，强调幼儿在获取知识的过程中认知结构经历的变化。

项目三　演示型课件制作

幼儿园演示型课件主要指在课堂教学中辅助教师的讲授活动的课件。这类课件遵循传统课堂授课的方式，比较容易被教师理解和接受，制作也较容易。质量高的演示型课件，可很好地辅助教师教学，有利于教学效率与效果的提高；反之，则不利于教学活动的进行，不利于学生对知识的吸收。演示型课件必须具备科学性、教学性、技术性、艺术性和形象化，能够吸引幼儿的注意力，调动幼儿学习的积极性。

知识目标

- 了解幼儿园演示型课件制作设计原则
- 了解幼儿园演示型课件制作设计方法
- 了解使用 PowerPoint 软件制作课件的基础知识

能力目标

- 熟练使用 PowerPoint 软件加载文字、图片、音频、视频等素材，并对素材进行设置和动画加工
- 掌握幼儿园演示型课件制作设计的主要原则，并在制作中更好地应用
- 掌握幼儿园演示型课件制作的一般流程与方法

情感目标

- 具备课件制作界面设计符合幼儿园认知特点的意识
- 具备将课件设计思路应用到课件制作的创作意识
- 具备主动获取信息、判断信息、评价和有效利用所需的信息的意识

任务一　中班健康活动《认识消防器材》课件制作

任务清单：3-1

任务情境

秋季天气干燥，容易发生火灾。为增强幼儿防火意识，提高幼儿防火能力，幼儿园准备开展一系列的防火知识课程。中班计划本次课程为认识消防器材，请你设计并制作课件。

任务目标

（1）综合使用多种素材制作课件。

（2）熟知PowerPoint软件新建、保存、插入等基础知识，并会操作。

（3）结合幼儿园中班认知水平与健康要求，设计课件。

（4）备具根据不同年龄层次的幼儿需求，进行课件设计的意识。

任务要求

（1）课前熟悉中班年龄阶段幼儿的健康要求与认知水平，了解学习目标，与同学讨论课件的设计要素。

（2）课中学会使用PowerPoint软件进行添加图片、文字、音频，制作母版、课件封面与封底的基本操作。

（3）课后完成练习，做到举一反三，巩固所学。

（4）学习本任务的线上课程。

配套线上课程

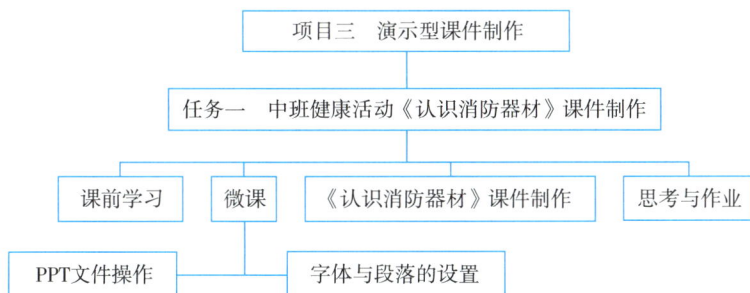

```
                        项目三　演示型课件制作
                                │
            任务一　中班健康活动《认识消防器材》课件制作
                                │
      ┌──────────┬──────────┬──────────────────┬──────────┐
   课前学习      微课    《认识消防器材》课件制作      思考与作业
                  │
      ┌───────────┴───────────┐
  PPT文件操作            字体与段落的设置
```

课前学习

（1）复习4—5岁幼儿健康发展目标及教育建议，见表3-1-1所列。

（2）复习 4—5 岁幼儿心理发展特点，见表 3-1-2 所列。

（3）在网络中查找与消防器材相关的素材或知识，下载保存。

表 3-1-1　4—5 岁幼儿健康发展目标及教育建议

生活习惯与生活能力	目标 3　具备基本的安全知识和自我保护能力
	1. 在公共场合不远离成人的视线单独活动。 2. 认识常见的安全标志，能遵守安全规则。 3. 运动时能主动躲避危险。 4. 知道简单的求助方式
教育建议	1. 提供安全的生活环境和必要的保护措施。如：要把热水瓶、药品、火柴、刀具等物品放到幼儿够不到的地方；阳台或窗台要有安全保护装置；要使用安全的电源插座等；在公共场所要注意照看好幼儿；幼儿乘车、乘电梯时要有成人带领；不能把幼儿单独留在家里或汽车里等。 2. 结合生活实际对幼儿进行安全教育。如：外出时提醒幼儿要紧跟成人，不远离成人的视线，不跟陌生人走，不吃陌生人给的东西；不在河边和马路边玩耍；要遵守交通规则等。帮助幼儿了解周围环境中不安全的事物，不做危险的事，如：不动热水壶，不玩火柴或打火机，不摸电源插座，不攀爬窗户或阳台等。帮助幼儿认识常见的安全标志，如：小心触电、小心有毒、禁止下河游泳、紧急出口等。 3. 教给幼儿简单的自救和求救的方法。如：记住自己的家庭住址和电话，父母的姓名和单位，一旦走失时知道向成人求助，并能提供必要信息；遇到火灾或其他紧急情况时，知道要拨打 110、120、119 等求救电话；可利用图书、音像等材料对幼儿进行逃生和求救方面的教育，并运用游戏方式模拟练习。幼儿园应定期进行火灾、地震等自然灾害的逃生演习

表 3-1-2　4—5 岁幼儿心理发展特点

有意性行为开始发展	4—5 岁儿童在集体中行为的意识性增加了，注意力更加集中了。集中精力从事某种活动的时间也较以前延长，小班集体活动时间为 15 分钟左右，中班为 25 分钟左右。他们能接受成人的指令，完成一些力所能及的任务。在幼儿园里，可以学当值日生，为班级的自然角浇水，帮助老师摆放桌椅等。在家里，能够收拾自己的玩具、用具，并能帮助家人收拾碗筷、叠衣服等。表明此时幼儿已出现了最初的责任感
学习控制自己的情绪	4—5 岁儿童的情绪较之 3 岁儿童更稳定，他们的行为受情绪支配的比例在逐渐下降，开始学着控制自己的情绪。在商场，当他们看到喜爱的玩具，已不像 2—3 岁时那样吵着要买，能听从成人的要求，并用语言安慰自己："家里已有许多玩具了，我不买了。"在幼儿园里，同伴间发生争执时，也能更好地控制自己的情绪和行为。当然，他们并非对所有的事都能调节好，对特别感兴趣的事和物仍然受情绪支配，甚至还会出现情绪"失控"现象，遇到不顺心时仍会大发脾气
规则意识萌芽，是非观念较模糊	在集体生活中，4—5 岁儿童不仅开始表现出自信，而且规则意识萌芽，懂得要排队洗手、依次玩玩具等。当他们与人相处时，表现得有礼貌了，会主动说"谢谢""对不起"等，此时，儿童的是非观念仍很模糊，只知道受表扬的是好事，受指责的是坏事，懂得喜欢受表扬，听到批评会不高兴或感到难为情

（续表）

在活动中学会交往	4—5岁的儿童喜欢和同伴一起玩耍，在活动中他们逐渐学会了交往，会与同伴共同分享快乐，还获得了领导同伴和服从同伴的经验。此时，他们开始有了嫉妒心，能感受到强烈的愤怒与挫折。有时，他们还喜欢炫耀自己所拥有的东西。当然，在集体活动中他们也了解和学会与人交往及合作的方式
动作发展更加完善，体力明显增强	4—5岁的儿童精力充沛，他们的身体开始强壮，体力较佳，可以步行一定的路程。基本动作更为灵活，不仅可以自如地跑、跳、攀登，可以单足站立、抛接球、骑小车等，手指动作比较灵巧，而且可以熟练地穿脱衣服、扣纽扣、拉拉链、系鞋带，折纸、穿珠、拼插积木等精细动作。动作质量明显提高，既能灵活操作，又能坚持较长时间
活泼好动、积极动用感官	随着身心的发展，儿童对周围的生活更熟悉，他们总是不停地看、听、摸、动；见到了新奇的东西，总爱动手去拿、去摸，还会放在嘴里咬、尝，或者放在耳边听、凑到鼻子前闻。他们会积极地运用感官去探索、了解新鲜事物，还常常喜欢寻根刨底，不但要知道"是什么"而且还要探究"为什么"，如：为什么鸟会飞？为什么不这样
思维具体形象，根据事物的表面属性概括分类	4—5岁的儿童的思维具有具体形象的特点，在理解成人语言时，时常凭借自己的具体经验，如教师说"一滴水，不起眼"，儿童则理解成了"一滴水，肚脐眼"。这时期的儿童在已有感性经验的基础上，开始能对具体事物进行概括分类，但概括的水平还很低。其分类是根据具体事物的表面属性（如颜色、形状）、功能或情景等。如：把苹果、桃、梨归为一类，认为这些水果可以吃，吃起来水分多；把太阳、卷心菜归为一类，认为这些都是圆形的；把玉米、香蕉归为一类，认为这些都是黄色的
对事物的理解能力逐渐增强	4—5岁的儿童对事物的理解能力开始增强，在时间概念上，能分辨什么时间该做什么事情；在空间概念上，能区别前后、中间、最先、最后等位置；在数量上，能自如地数出1～10。对物体类别的概念也有初步的认识，会区别轻重、厚薄、粗细等。部分儿童还能分清左右，能把物品从大到小摆成一排。初步理解周围世界中，表面的、简单的因果关系，如：能够明白种花若不浇水，花就会枯死的道理
能独立表述生活中的各种事物	4—5岁的儿童已能清晰地谈话，词汇开始丰富，喜欢与家人及同伴交谈。能够独立地讲故事或叙述日常生活中的各种事物，但有时讲话会断断续续，因为儿童还不能记清事物现象和行为动作之间的联系。他们还会根据不同对象的理解水平调整自己的语言，如：对小妹妹说"爸爸走了"，对妈妈说"爸爸去商店买吃的东西了"。有时他们也能表述相当复杂的句子："我还没来得及把蛋糕放在桌子上，小红就把它吃掉了。"
具有丰富、生动的想象力	4—5岁的儿童活泼、好动，并且富于想象，难以分清假想和现实。他们常常会把看到的内容融入自己的想象，如：当儿童站在阳台上往下看，成人提醒他要当心，他会说："没关系，我会飞。"他们还喜欢假装做什么，常和想象中的伙伴一起玩，他们有时会"撒谎"，但并不是真正意义上的撒谎只是用想象代替现实
通过手、口、动作、表情进行表现、表达与创造	4岁的儿童喜欢唱歌，会拍打较容易的节奏，他们能说出至少6～8种颜色，喜欢涂涂画画，能用黏土或橡皮泥捏出一些形状和物体，如圆形、方形、西瓜、苹果、香蕉等，有时还会捏出人像或动物的形象。这一时期的儿童在表达自己的想法时，经常要用手势、表情一起帮助表达与创造

⚙ 设计思考

（1）授课中通过怎样的情境导入课程最合适，你会怎么做？

（2）能不能准备一些具体真实的消防器材？还可以准备什么内容增强幼儿认知呢？

（3）如果你授课，教学流程有哪些？你会怎么做？

（4）你觉得课件中哪些地方需要与课程设计配合？

效 果 展 示 ▌▌▶

效果展示详见图 3-1-1 所示。

图 3-1-1　效果展示

任务实施

一、制作母版

1. 封面封底母版

（1）打开 PowerPoint 2013，新建文件，保存文件名为"认识消防器材.pptx"，如图 3-1-2 所示。

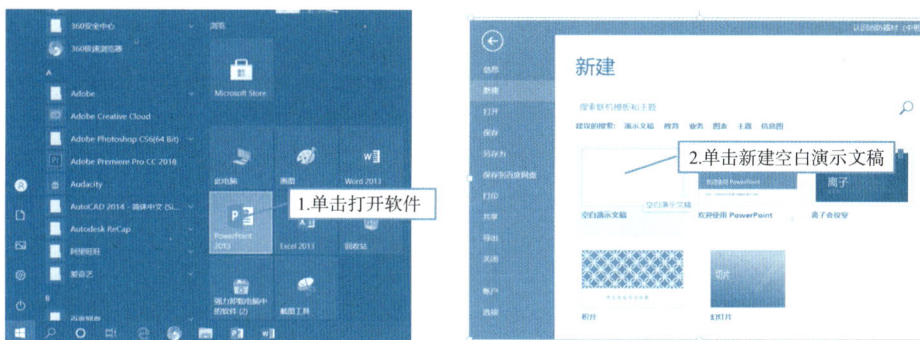

图 3-1-2 新建空白演示文稿

（2）单击"设计"→"幻灯片大小"，选择"宽屏（16∶9）"，设置演示文稿大小，如图 3-1-3 所示。

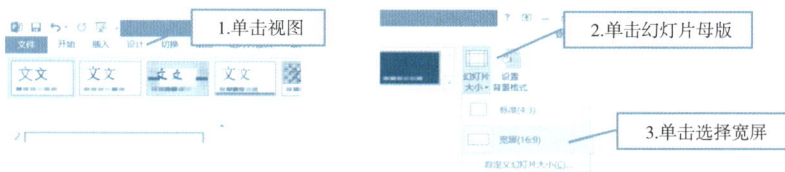

图 3-1-3 设置页面大小

（3）单击"视图"→"幻灯片母版"，进入幻灯片母版编辑页面，如图 3-1-4 所示。

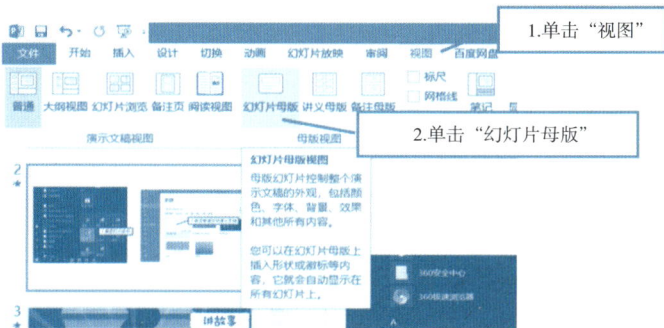

图 3-1-4 进入幻灯片母版编辑页面

103

（4）单击幻灯片母版编辑页面左侧中的"标题幻灯片"，如图3-1-5所示。

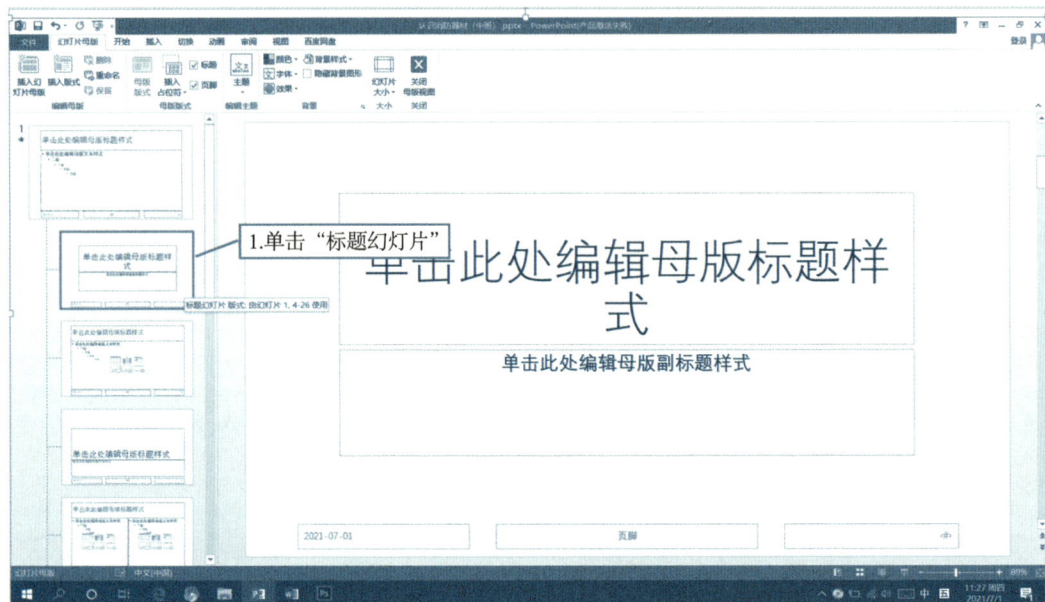

图3-1-5　进入幻灯片母版编辑页面

（5）单击"插入"→"图片"，在弹出对话框中选择"背景.jpg"，如图3-1-6所示。

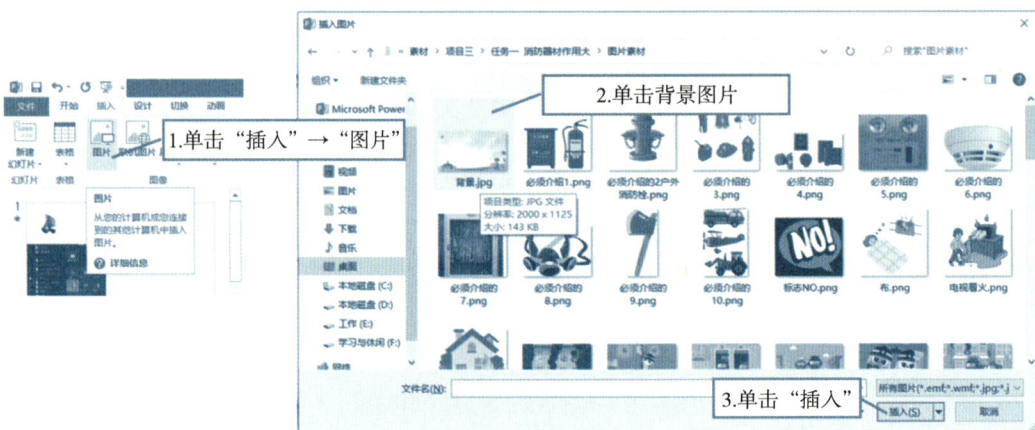

图3-1-6　插入图片

（6）调整图片的位置与大小，使图片与幻灯片大小相等，放置在幻灯片中间，如图3-1-7所示。

（7）单击图片"格式"→"下移一层"→"置于底层"，将图片放置在幻灯片的最底层，如图3-1-8所示。

（8）选中副标题文本框，删除；选中主标题文本框，单击"绘图工具"→"文本填充"→"深红"，将"主标题"字体颜色改为"深红"，如图3-1-9所示。

图 3-1-7 调整图片大小

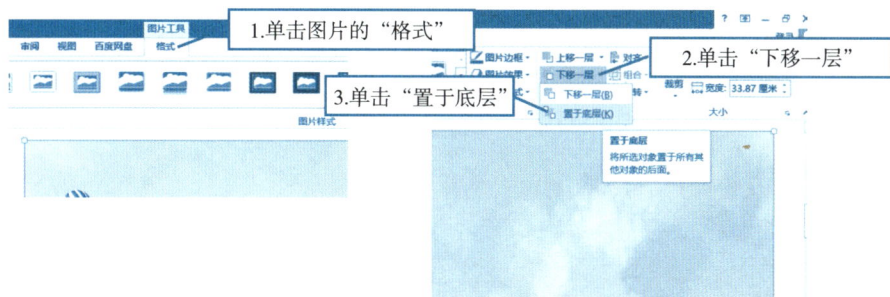

图 3-1-8 将图片置于底层

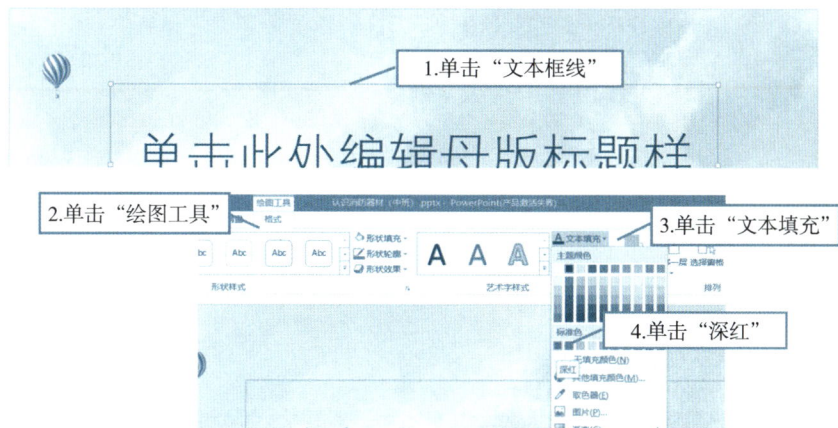

图 3-1-9 设置主标题

（9）单击"开始"→"字体"，将主标题字体改为"Aa 奇幻马戏团"。

2. 内容页面母版

（1）单击幻灯片母版编辑页面左侧中的"标题幻灯片"，如图 3-1-10 所示。

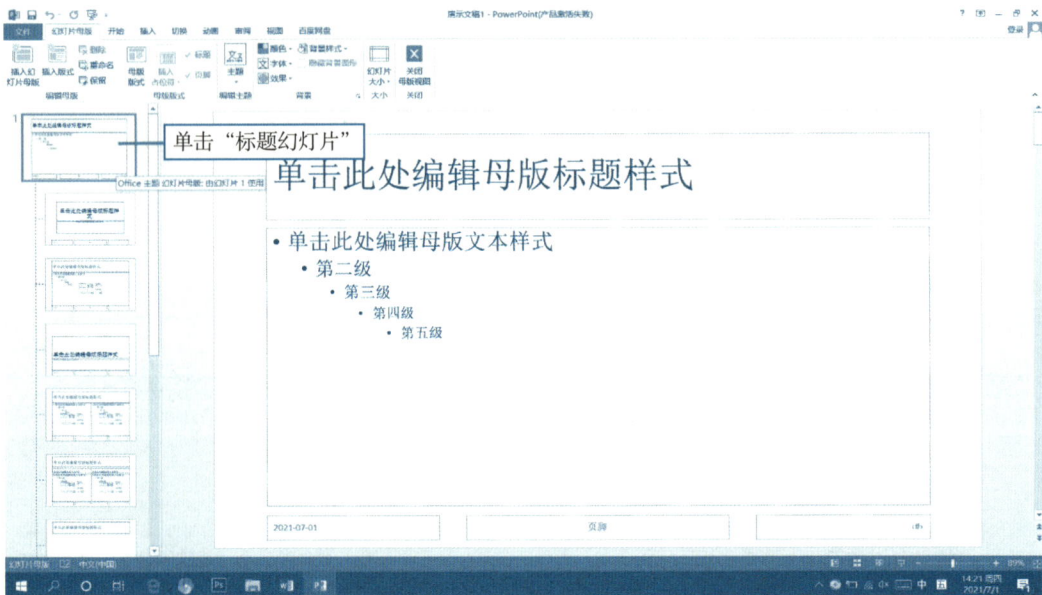

图 3-1-10　进行内容幻灯片母版编辑页面

（2）按上面的方法，将"背景.jpg"设置在最底层，将"标题文本框"的文字颜色设置为"深红"，字体设置为"字心坊初恋物语"，如图 3-1-11 所示。

图 3-1-11　内容幻灯片母版设置效果

（3）单击"幻灯片母版"→"关闭母版视图"，回到幻灯片编辑窗口，如图 3-1-12 所示。

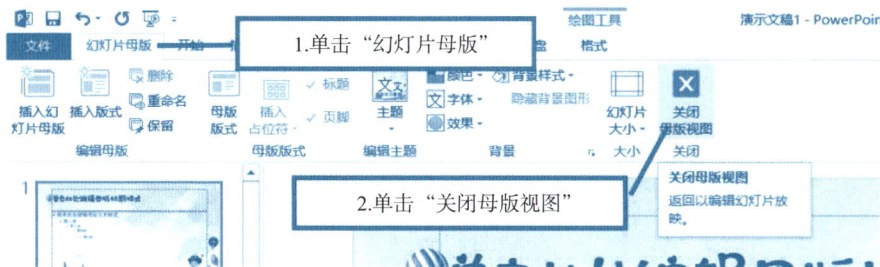

图 3-1-12　关闭母版视图

二、制作封面与封底

（1）单击左侧大纲视图的第一张幻灯片，单击右侧编辑的标题，输入文字"认识消防器材"，如图 3-1-13 所示。

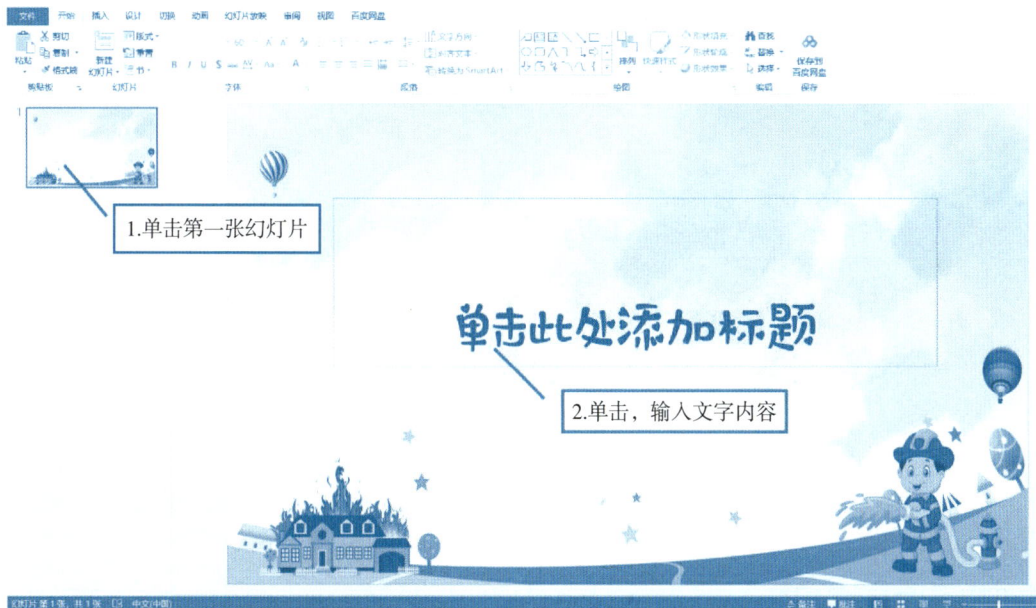

图 3-1-13　输入封面文字内容

（2）在页面的左上角插入"卡通灭火器.png"文件，如图 3-1-14 所示。

（3）用鼠标右键单击大纲视图的标题幻灯片，在弹出的快捷菜单中选择"复制幻灯片"，如图 3-1-15 所示。

（4）修改文本框内的文字，输入"谢谢！"，如图 3-1-16 所示。

插入图片

图 3-1-14　插入图片

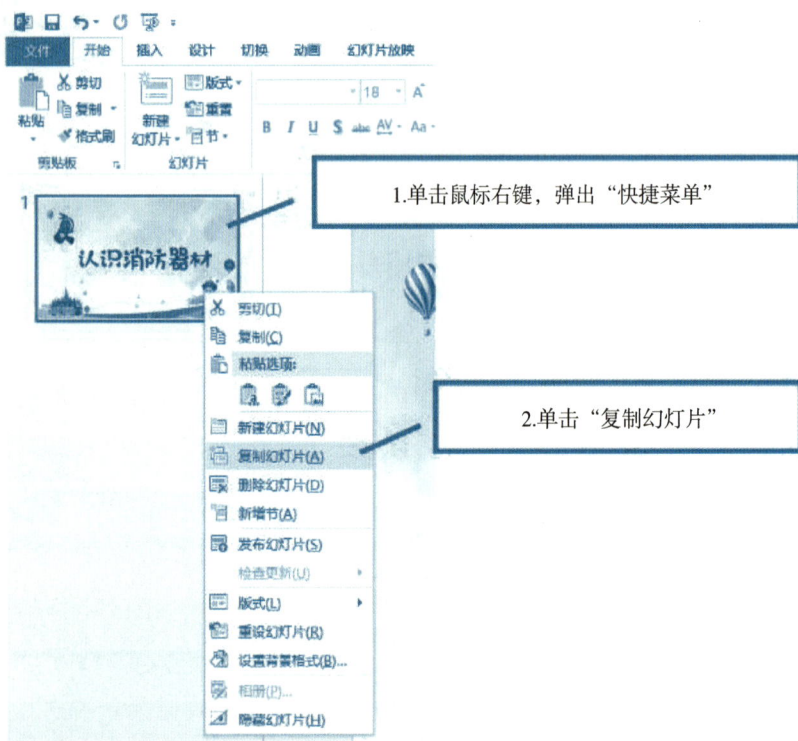

1.单击鼠标右键，弹出"快捷菜单"

2.单击"复制幻灯片"

图 3-1-15　复制幻灯片

图 3-1-16　制作封底

三、制作课程导入

（1）用鼠标右键单击大纲视图的标题幻灯片，在弹出的快捷菜单中选择"新建幻灯片"，如图 3-1-17 所示。

图 3-1-17　新建幻灯片

（2）插入图片"故事 1.jpg"，将图片置于底层，如图 3-1-18 所示。

（3）在标题文本框中输入文字"讲故事"，设置标题文本框，高为"2 厘米"，宽为"7 厘米"，如图 3-1-19 所示。

图 3-1-18　插入故事绘本图片

图 3-1-19　插入故事绘本图片

（4）将标题文本框填充"白色"，设置字体"居中"，移动到页面的右上角，如图 3-1-20 所示。

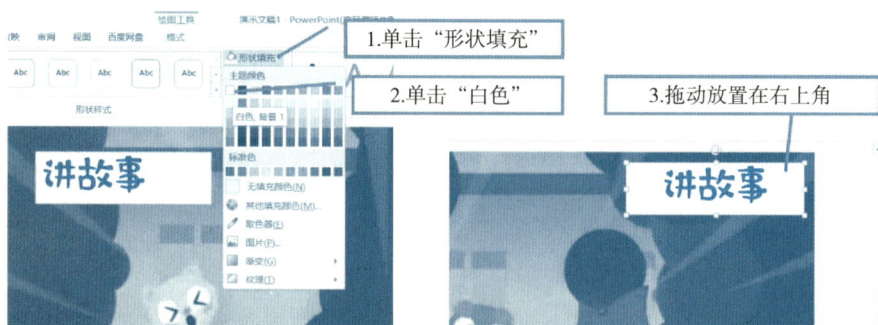

图 3-1-20　设置标题文本框

（5）将内容文本框填充"白色"，设置字体为"华文中宋""居中""32 磅""深红""双倍行距"；输入故事内容，移动到页面的下方，如图 3-1-21 所示。

· 动物乐园着火了，小动物们纷纷呼叫"救命！"。

图 3-1-21　设置内容文本框

（6）插入图片"其他消防器材.png"，裁剪出喇叭部分，放在内容文本框左下角，如图 3-1-22 所示。

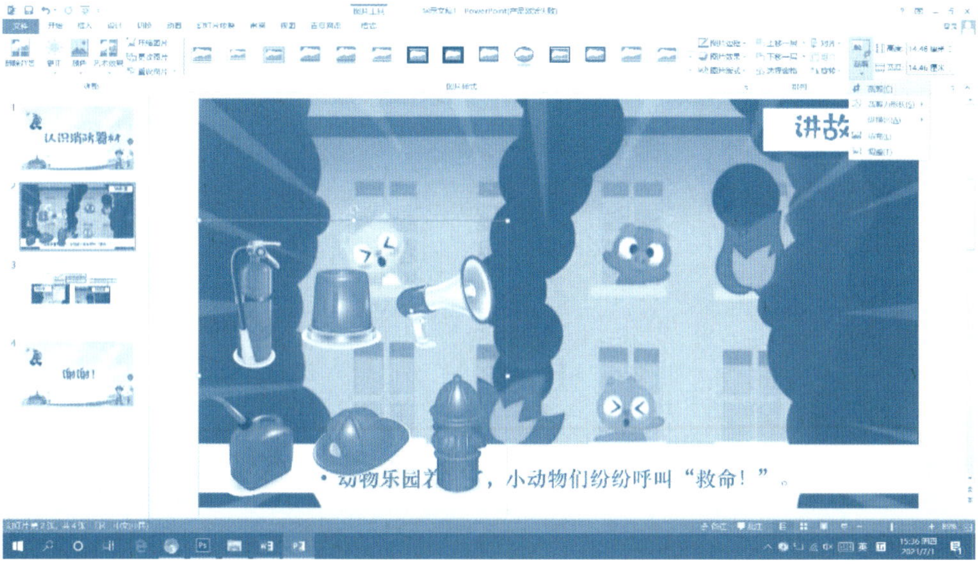

图 3-1-22　裁剪图片

（7）用鼠标右键单击大纲视图中第二张幻灯片，在弹出的快捷菜单中选择"复制幻灯片"；单击绘本图片"故事 1.jpg"，删除；插入"故事 2.jpg"，将"故事 2.jpg"图片置于底层，更换文本框内的文字内容，如图 3-1-23 所示。

（8）通过上述步骤，讲故事的所有幻灯片就做好了，效果如图 3-1-24 所示。

消防员们得到消息，马上着装集合。

图 3-1-23　更换图片与文字

消防员们得到消息，马上着装集合。

消防车们拉响警报，启动出发。

哎呀！现场情况紧急呀！快快伸出云梯。

打开水阀，向大火开水！

小动物们安全通过云梯。

大火扑灭了，消防车和小动物们都高兴得笑了。

图 3-1-24　讲故事部分幻灯片

联想与思考 ◀◀◀▶

有其他课程导入的方法吗？请写下来。

四、制作讲授内容

（1）用鼠标右键单击大纲视图的讲故事最后一张幻灯片，在弹出的快捷菜单中选择"新建幻灯片"。

（2）在新建的幻灯片中插入"圆角矩形"，适当调整圆角弧度，置于底层，填充"白色",如图 3-1-25 所示。

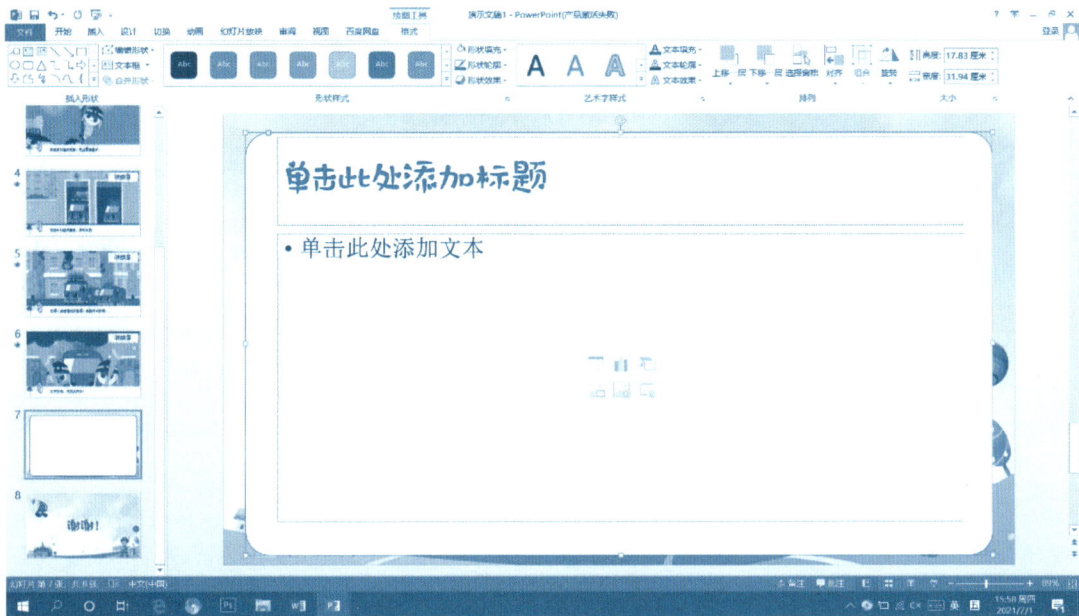

图 3-1-25　插入"圆角矩形"

（3）插入图片"卡通灭火器.png",放置在"圆角矩形"的左上角,在标题文本框中输入文字"提问:";在内容文本框中输入文字"在故事里谁的功劳大呀?",插入绘本图片"消防车"和"消防员",如图 3-1-26 所示。

图 3-1-26　制作"提问幻灯片"

（4）依照以上方法，制作讲授环节的其他幻灯片，如图3-1-27所示。

图3-1-27　其他讲授部分的幻灯片

五、制作练习内容

（1）用鼠标右键单击大纲视图中讲授环节的最后一张幻灯片，在弹出的快捷菜单中选择"复制幻灯片"。

（2）将标题文字内容改为"做一做"，将内容文字改为"可以把灭火器当玩具吗?"，如图3-1-28所示。

图3-1-28　讲授部分的幻灯片

（3）插入一个"横排文本框"，插入"☑☒"两个符号，设置符号为"红色""华文中宋""80号"，如图3-1-29所示。

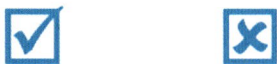

图3-1-29　插入符号

（4）依照以上方法，制作练习环节的其他幻灯片，如图3-1-30所示。

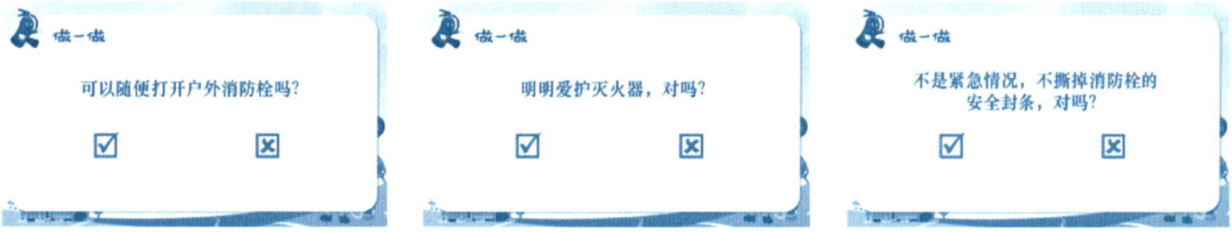

图3-1-30　制作练习环节的其他幻灯片

六、保存课件

单击"文件"→"保存"。

知识总结

（1）课件的组成通常需要封面、封底和内容。

（2）PowerPoint可以修改图片大小、颜色、排列、裁剪、边框等。

（3）常见的图片文件格式都能在PPT中使用，其中".png"格式支持透明背景图片格式。

举一反三

（1）将制作完成的课件转入手机中，试着在手机中查看课件，并看看手机中使用什么App打开了课件文件。

（2）打开文件夹"项目三"→"任务一"→"作业"，根据提供的素材，制作题目为"认识交通标志"的小班授课课件，以文件名为"作业1　认识交通标志.pptx"上交至课程平台作业中。

自我评价

将本任务的自我学习评价与反馈填入表3-1-3中。

表3-1-3 自我评价与反馈表

任务内容	掌握程度			
	了解	理解	掌握	熟练
新建演示文稿				
制作幻灯片母版				
在幻灯片中插入图片、修改图片				

素养能量

幼儿园教师的专业理念与师德在职业理解和认识上的要求：

（1）贯彻党和国家教育方针、政策，遵守教育相关法律、法规。

（2）理解幼儿保教工作的意义，热爱学前教育事业，具有职业理想和敬业精神。

（3）认同幼儿园教师的专业性和独特性，注重自身专业发展。

（4）具有良好职业道德修养，为人师表。

（5）具有团队合作精神，积极开展协作与交流。

职业拓展 ▶▶▶

幼儿园秋季教育教学计划与工作安排详见表3-1-4所列。

表3-1-4 幼儿园秋季教育教学计划与工作安排

八月份	十一月份
1. 教室环境布置	1. 幼儿早操赛
2. 完成各类计划的制订工作	2. 教师舞蹈业务学习
九月份	十二月份
1. 稳定新生情绪，加强常规培养	1. 幼儿美术作品展
2. 开展走访活动	2. 家长元旦联谊半日活动
3. 完成幼儿早操的新授工作	来年一月份
4. 开展"教师节""国庆节""中秋季""重阳节"主题活动	1. 学期结束工作
十月份	2. 教学检查
1. 结合"国庆节""重阳节"开展爱国、敬老的美德教育	3. 填写幼儿评估报告单
2. 开展教师读书工程活动	4. 资料积累整理

任务二　小班科学活动《我和蔬菜交朋友》课件制作

任务清单：3－2

任务情境

秋天到了，幼儿园的蔬菜园里长满了各种各样的蔬菜，小班的老师要带小朋友们去蔬菜园里劳动实践了。在这之前，先上一堂课，让小朋友们认识菜园里的蔬菜吧。请你设计并制作课件。

任务目标

（1）熟知 PowerPoint 软件对象排列、组合、对齐等知识并会操作。

（2）熟知 PowerPoint 软件插入、设置音频的知识并会操作。

（3）学会结合幼儿园小班认知水平与科学发展要求设计课件。

（4）根据幼儿特点，增强融汇幼儿多领域教学而进行课件设计的意识。

任务要求

（1）课前熟悉小班年龄阶段科学发展的目标和教育建议，熟悉学习目标，与同学讨论课件的设计要素。

（2）课中学会使用 PowerPoint 软件进行对象合并、对齐、组合、旋转、颜色修改、插入音频等基本操作。

（3）课后完成练习，做到举一反三，巩固所学。

（4）学习本任务的线上课程。

配套线上课程

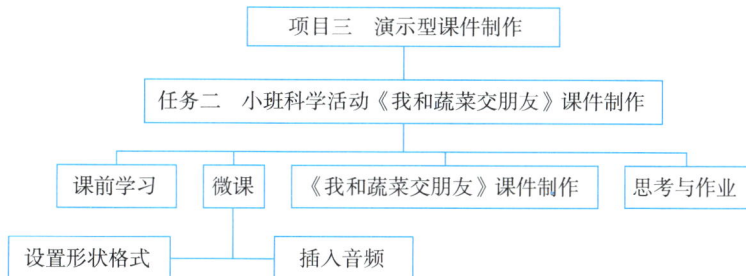

```
          ┌──────────────────────────┐
          │  项目三　演示型课件制作      │
          └──────────────────────────┘
     ┌──────────────────────────────────────┐
     │  任务二　小班科学活动《我和蔬菜交朋友》课件制作 │
     └──────────────────────────────────────┘
  ┌────────┐ ┌────┐ ┌───────────────────┐ ┌──────────┐
  │ 课前学习 │ │微课│ │《我和蔬菜交朋友》课件制作│ │ 思考与作业 │
  └────────┘ └────┘ └───────────────────┘ └──────────┘
  ┌──────────┐              ┌──────────┐
  │ 设置形状格式 │            │ 插入音频  │
  └──────────┘              └──────────┘
```

课前学习

（1）复习 3—4 岁幼儿科学发展目标及教育建议，见表 3－2－1 所列。

（2）在网络中查找与蔬菜相关的素材或知识，下载保存。

表 3－2－1　3—4 岁幼儿科学发展目标与教育建议

科学探究	
目标 1 亲近自然，喜欢探究	1. 喜欢接触大自然，对周围的很多事物和现象感兴趣。 2. 经常问各种问题，或好奇地摆弄物品
教育建议	1. 经常带幼儿接触大自然，激发其好奇心与探究欲望。如：为幼儿提供一些有趣的探究工具，用自己的好奇心和探究积极性感染和带动幼儿。和幼儿一起发现并分享周围新奇、有趣的事物或现象，一起寻找问题的答案。通过拍照和画图的方式保留、积累有趣的探索与发现。 2. 真诚地接纳、多方面支持和鼓励幼儿的探索行为。如：鼓励并认真对待幼儿的问题，引导他们猜一猜、想一想，有条件时和幼儿一起做一些简易的调查或有趣的小实验。容忍幼儿因探究而弄脏、弄乱，甚至破坏物品的行为，可引导他们活动后做好收拾整理工作。多为幼儿选择一些能操作、多变化、多功能的玩具材料或废旧材料，在保证安全的前提下，鼓励幼儿拆装或动手自制玩具
目标 2 具有初步的探究能力	1. 对感兴趣的事物能仔细观察，发现其明显特征。 2. 能用多种感官或动作去探索物体，关注动作所产生的结果
教育建议	1. 有意识地引导幼儿观察周围事物，学习观察的基本方法，培养观察与分类能力。如：支持幼儿自发的观察活动，对其的发现表示赞赏。教师通过提问等方式，引导幼儿思考并对事物进行比较性观察和连续观察，引导幼儿在观察和探索的基础上，尝试进行简单的分类、概括。如：根据运动方式给动物分类，根据生长环境给植物分类，根据外部特征给物体分类，等等。 2. 支持和鼓励幼儿在探究的过程中积极动手、动脑寻找答案或解决问题。如：鼓励幼儿根据观察或发现提出值得继续探究的问题，或成人提出有探究意义且能激发幼儿兴趣的问题。又如：皮球、轮胎、竹筒等物体滚动时都走直线吗？怎样让橡皮泥球浮在水面上？等等。支持和鼓励幼儿大胆联想、猜测问题的答案，并设法验证。如：玩风车时，鼓励幼儿猜测风车转动方向及速度快慢的原因和条件，并用实际行动去验证。支持和引导幼儿用适宜的方法探究、解决问题，或为自己的想法收集证据。如：想知道院子里有多少种植物，可以进行实地调查；想知道球在平地上还是在斜坡上滚得快，可以动手试一试；想证明影子的方向与太阳的位置有关，可以做个小实验进行验证；等等。 3. 鼓励和引导幼儿做简单的计划和记录，并与他人交流分享。如：与幼儿共同制订调查计划，讨论调查对象、步骤和方法等，也可以和幼儿一起设法用图画、箭头等标识呈现计划。鼓励幼儿用绘画、拍照、做标本等办法记录观察和探究的过程与结果，注意要让记录有意义。通过记录帮助幼儿丰富观察经验、建立事物之间的联系和分享发现。支持幼儿与同伴合作探究与分享交流，引导他们在交流中尝试整理、概括自己探究的成果，体验合作探究和发现的乐趣。如：一起讨论和分享自己的问题与发现，一起想办法验证猜测和收集资料

（续表）

科学探究	
目标 3 在探究中认识 周围事物和现象	1. 认识常见的动植物，能注意并发现周围的动植物是多种多样的。 2. 能感知和发现物体、材料的软硬、光滑和粗糙等特性。 3. 能感知和体验天气对自己生活和活动的影响。 4. 初步了解和体会动植物对人类的贡献
教育建议	1. 支持幼儿在接触自然、生活中的事物和现象中积累有益的直接经验与感性认识。如：与幼儿一起通过户外活动、参观考察、种植和饲养活动，感知生物的多样性和独特性，以及生长发育、繁殖和死亡的过程。给幼儿提供丰富的材料和适宜的工具，支持幼儿在游戏过程中探索并感知常见物质、材料的特性和物体的结构特点。 2. 引导幼儿在探究中思考，尝试进行简单的推理和分析，发现事物之间明显的关联。如：引导幼儿根据常见物质、材料的特性和物体的结构特点，推测和证实它们的用途。又如：有坡度的屋顶有利于雨水流下，不同用途的车辆有不同的结构，等等。 3. 引导幼儿关注和了解自然、科技产品与人们生活的密切关系，逐渐懂得热爱、尊重、敬畏自然。如：结合幼儿的生活需要，引导他们体会人与自然、动植物的依赖关系，动植物对自己生活的贡献，季节变化与生活的关系，常见灾害性天气给人们生产和生活带来的影响，人们的生活方式和习惯与自然环境的关系，等等。与幼儿一起讨论常见科技产品的用途和弊端，如：汽车等交通工具给生活带来的方便和对环境的污染等

⚙ 设计思考

　　这个课件授课的主要目标是什么？请你写下来。

效果展示 ▰▰▰▶

效果展示详见图 3-2-1 所示。

图 3-2-1　效果展示

任务实施

一、制作母版

1. 封面封底母版

（1）打开"PowerPoint 2013"，新建文件，保存文件名为"我和蔬菜交朋友.pptx"。

（2）单击"设计"→"幻灯片大小"，选择"宽屏（16∶9）"，设置演示文稿大小。

（3）单击"视图"→"幻灯片母版"，进入幻灯片母版编辑页面。

（4）单击幻灯片母版编辑页面左侧中的"内容幻灯片"（第一张）。

（5）单击"插入"→"图片"，在弹出的对话框中选择"背景.jpg"，调整图片的大小，使图片与幻灯片大小相等，并将图片置于底层。

（6）单击"图片工具"→"对齐"→"左右居中"→"上下居中"，使图片对齐放置在幻灯片的中间，如图 3-2-2 所示。

（7）单击"幻灯片母版"→"关闭母版视图"，回到幻灯片编辑窗口。

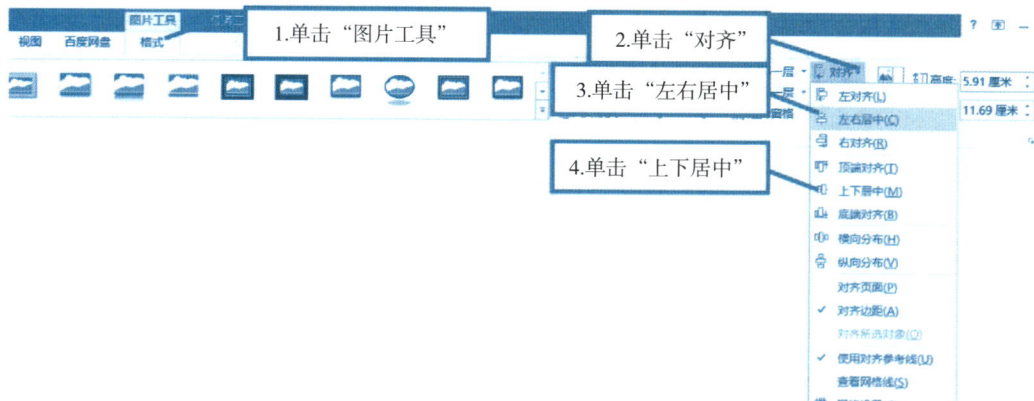

图 3-2-2　图片对齐居中

二、制作封面与封底

1. 制作封面

（1）在第一张幻灯片内插入图片"男孩.png""盘子.png"，如图 3-2-3 所示。

图 3-2-3　插入图片

（2）单击选中盘子图片，按下"Shift"键，单击选中"男孩.png"图片，单击"图片工具"→"组合"→"组合"，将两张图片组合在一起，如图 3-2-4 所示。

（3）插入"白菜.png""白萝卜.png""胡萝卜.png""黄瓜.png""辣椒.png""茄子.png""南瓜.png"共 7 张图片（如图 3-2-5 所示），并对这些图进行层次排列、大小修改、旋转等操作。

（4）按下"Shift"键，选中以上 7 张图片。

图 3-2-4 组合图片

图 3-2-5 插入蔬菜图片

（5）单击页面的"主标题"，输入文字"我和蔬菜交朋友"，设置字体颜色为"橙色""着色 2"，字号为"90 磅"，字体为"字心坊童梦奇缘 W"；在"副标题"中输入文字"幼儿园小班科学活动"，设置字体颜色为"橙色""着色 2""深色 25％"，字号为"32 磅"，字体为"华文中宋"，如图 3-2-6 所示。

图 3 - 2 - 6 插入标题

（6）选中主标题，单击鼠标右键弹出快捷菜单，单击"设置形状格式"，并找到"右侧设置形状格式"面板，如图 3 - 2 - 7 所示。

图 3 - 2 - 7 打开"设置形状格式"面板

（7）在右侧"设置形状格式面板"中，单击"文本选项"→"文本效果"，阴影设置为预设中的"右下斜偏移"；选择发光颜色为"白色"，发光大小为"5 磅"，透明度为"0％"，如图 3 - 2 - 8 所示。

2. 制作封底

复制标题幻灯片，在复制的幻灯片中删除副标题，修改主标题内的文字为"谢谢！"，插入图片"女孩. png"，放置在盘子的左侧，如图 3 - 2 - 9 所示。

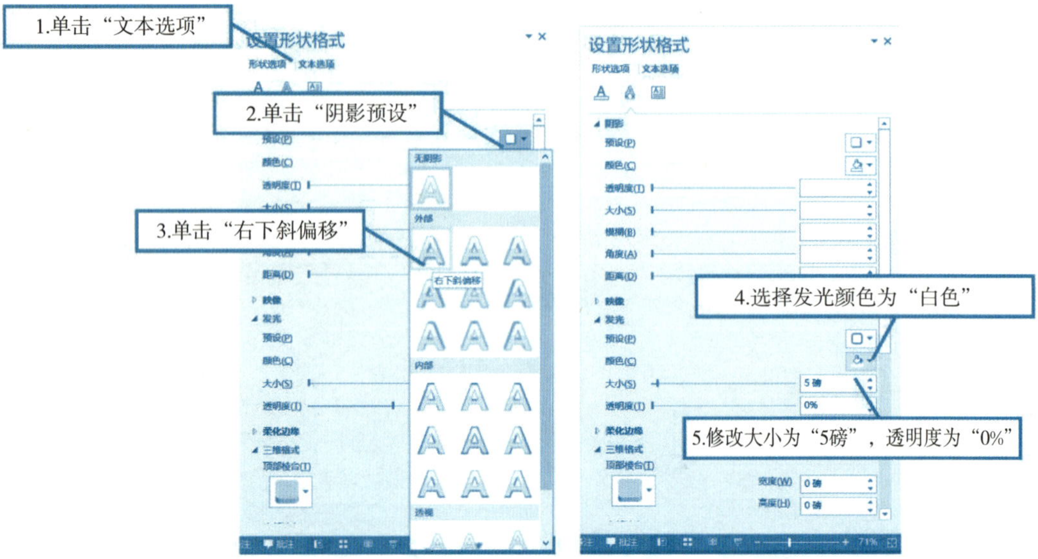

图 3-2-8　修改主标题的文字效果

图 3-2-9　制作封底

三、制作课程导入

（1）用鼠标右键单击大纲视图的"标题幻灯片"，在弹出的快捷菜单中选择"新建幻灯片"。

（2）在新建的幻灯片中插入"圆角矩形"，并将圆角的弧度加大，输入文字"课程导入"，将字体设置为"白色""方正粗黑宋简体""28磅""阴影"，如图3-2-10所示。

（3）单击标题添加文字"听一听　辨一辨"，字体设置为"字心坊萌心体""66磅"

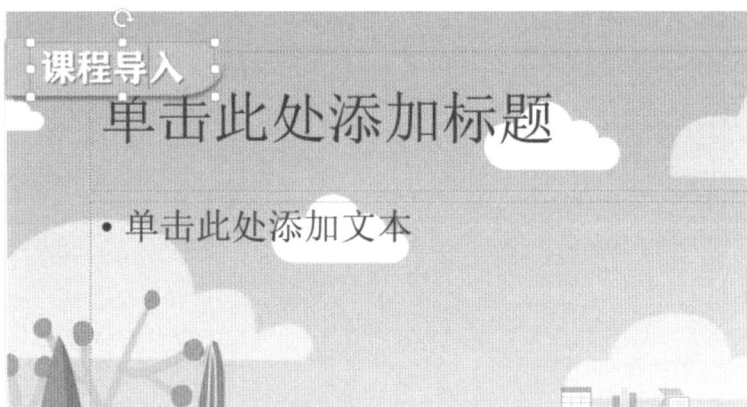

图 3 - 2 - 10　添加课程导入标志

"右下斜偏移""阴影"；选择发光颜色为"白色"，发光大小为"5 磅"，透明度为"0％"，如图 3 - 2 - 11 所示。

图 3 - 2 - 11　添加标题文字

（4）单击内容添加谜语文字内容（在文字素材"谜语．docx"中）"一顶小伞　落在林中　一旦撑开　再难收拢"。字体设置为"华文中宋""加粗""40 磅"，字体颜色为"橙色""着色 2""深色 25％"，字体设置为"1.5 倍行距"，居中放置，如图 3 - 2 - 12 所示。

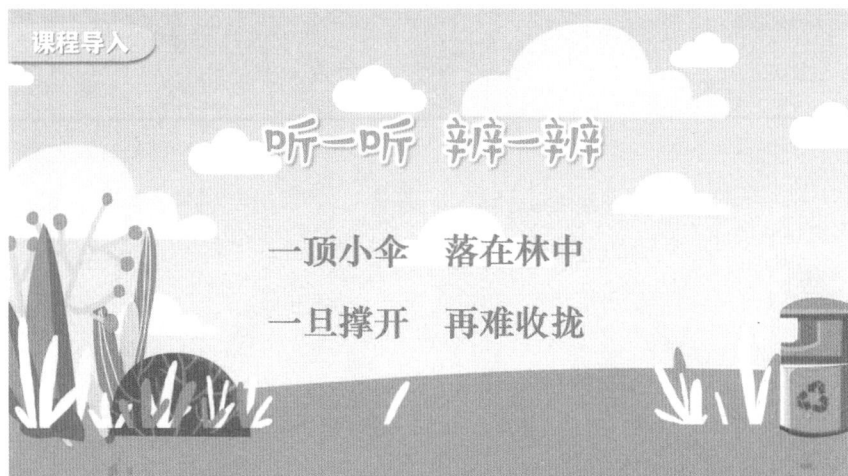

图 3 - 2 - 12　添加内容文字

（5）单击"插入"→"音频"→"PC 上的音频"，在弹出的对话框中找到"蘑菇谜语.mp3"，插入音频，设置开始为"单击时"，如图 3-2-13、图 3-2-14 所示。

图 3-2-13　添加蘑菇谜语音频

图 3-2-14　添加音频效果图

（6）按照上述步骤，新建幻灯片，做如图 3-2-15 所示的幻灯片。

图 3-2-15　制作其他课程导入幻灯片

联想与思考 ▸▸▸

　　试着做一下插入联机音频和录制音频。如果你想把上课现场的音频录制插入课件中，应该怎样做呢？

四、制作讲授内容

　　（1）复制幻灯片，修改"课程导入"部分的文字为"课程讲授"，如图 3-2-16 所示调整内容。

图 3-2-16　课程讲授页面内容

　　（2）单击幻灯片上的蘑菇图片，单击"动画"→"退出"→"消失"，给蘑菇图片设置消失动画效果，如图 3-2-17 所示。

　　（3）单击"动画窗格"→"开始"→"单击时"，给蘑菇图片设置动画触发方式，如图 3-2-18 所示。

　　（4）插入图片"蘑菇伞.png"，放置在盖住原蘑菇图片的位置，给蘑菇伞图片设置动画效果为"进入"→"淡出"，动画触发方式为"与上一动画同时"，如图 3-2-19 所示。

　　（5）插入图片"草地蘑菇.png""鲜艳蘑菇.png"两张图片，分别放至如图 3-2-20所示的两个位置，给两张图片设置动画效果为"进入"→"淡出"，动画触发方式为"单击时"。

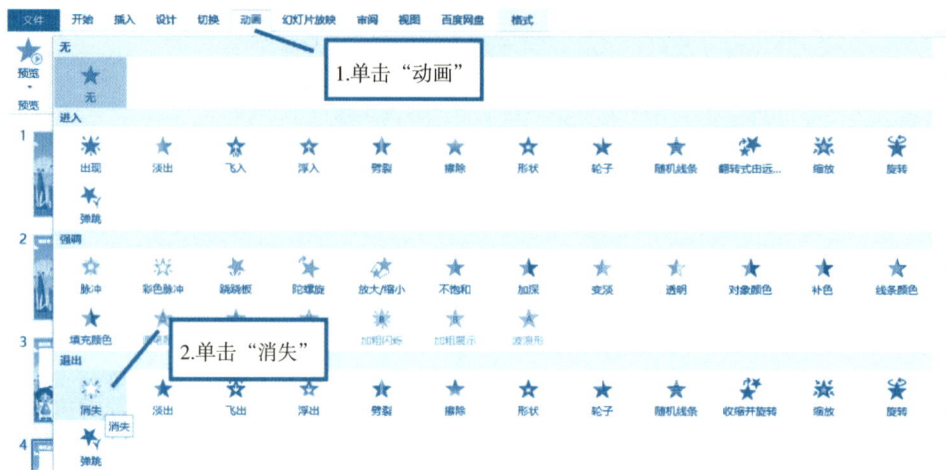

图 3-2-17 设置动画效果

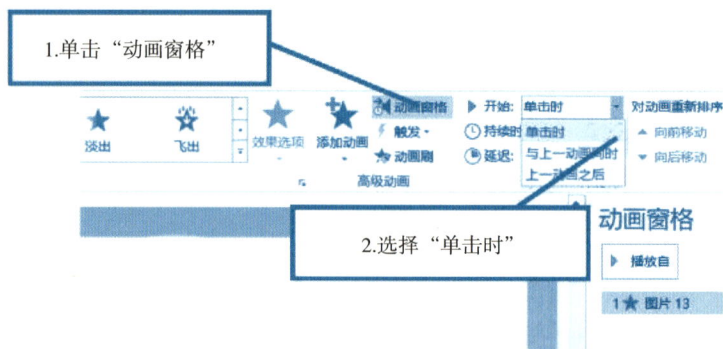

图 3-2-18 动画触发方式

图 3-2-19 添加"蘑菇伞"

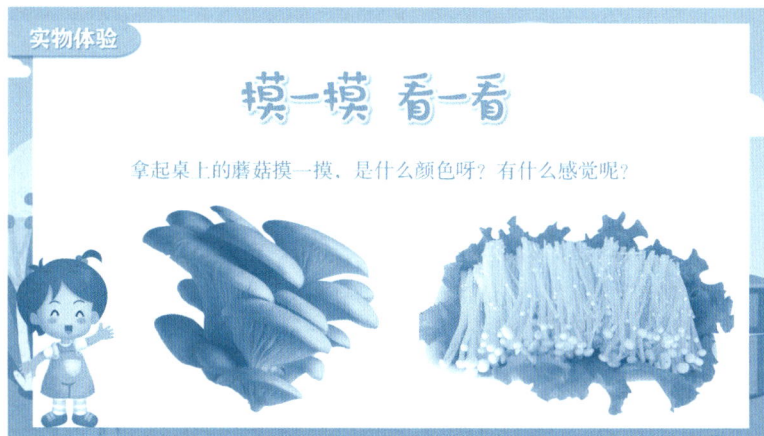

图 3-2-20   添加两张图片

（6）复制幻灯片，修改"课程讲授"部分的文字为"实物体验"，按照上述方法，删除或添加内容，达到如图 3-2-21 所示效果。

图 3-2-21   制作实物体验幻灯片

（7）按上述办法，完成其他蔬菜介绍的课件内容，如图 3-2-22 所示。

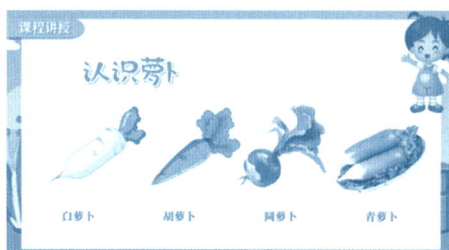

（a）幻灯片一

（b）幻灯片二

（c）幻灯片三　　　　　　　　　　（d）幻灯片四

（e）幻灯片五　　　　　　　　　　（f）幻灯片六

（g）幻灯片七

图 3-2-22　制作其他蔬菜幻灯片

五、保存课件

单击"文件"→"保存"。

知识总结

（1）对象对齐的作用有：对齐、居中、有规律分布，还可以对齐参考线。

（2）PowerPoint 对象动画效果有进入、强调、退出等方式，每种方式地设置都有不同的效果。

（3）可以给动画设置不同的触发方式，触发方式通常还可以与动画播放时间结合，播放时可达到不同的效果。

（4）一个对象上可以添加多个动画效果，多个动画的播放顺序决定播放的效果。

（5）动画播放可以添加声音。鼠标右键单击"动画窗格"中的"动画"，可以打开"效果选项"对话框，大部分动画的设置都可以在这个对话框里操作。

举一反三

（1）把每一个动画效果和相关设置都试试，看看它们有什么不同。

（2）打开文件夹"项目三"→"任务二"→"作业"，根据提供的素材，制作题目为"民族服饰"的大班授课课件，文件名为"作业2　民族服饰.pptx"，完成后上交到课程平台作业中。

自我评价

将本任务的自我学习评价与反馈填入表3-2-2中。

表3-2-2　自我评价与反馈表

任务内容	掌握程度			
	了解	理解	掌握	熟练
对象组合、对齐				
给对象添加动画效果				
修改文本的效果				

素养能量

幼儿园教师如何正确评价幼儿

1. 给予正面评价

幼儿年龄尚小，认知水平低，未形成对自己的正确认识和评价，往往需要通过成人对自己的评价来认识自己。因此，幼儿园教师的评价应以积极、正面的为主，以发展的眼光来看待幼儿，相信每个幼儿都能在教师的帮助下得到成长，如"你做得不错""你今天比昨天有进步""加油"等。千万不能用消极负面的语言来评价幼儿，如"你这个猪脑子""你没长腿啊"等损伤幼儿人格的语言来评价幼儿。

2. 对幼儿的行为进行评价

教师的评价要做到"对事不对人"。"对事"是指教师重在评价幼儿的某一行为是否合乎规范，如"我不喜欢你把垃圾扔得到处都是"，是对幼儿扔垃圾的行为进行否定，使幼儿知道什么样的行为是不好的，进而引导幼儿形成良好的行为习惯。这样的评价可以保护幼儿的自尊心和自信心，激发幼儿参与活动的兴趣。而"对人"可能是对幼儿的人格进行评价，如"你怎么这么笨，说这么多遍了，还是乱扔玩具"，这样的评价会伤害幼儿的自尊心，打击幼儿参与活动的积极性，使幼儿变得自卑、胆小，无法通过活动获得相应的成长。

职 业 拓 展 ▮▮▮▶

幼儿园中秋节活动方案

一、活动目标

（1）了解中秋节的来历和有关习俗。
（2）在共同品尝和分享月饼的气氛中，体验节日的快乐。

二、活动准备

（1）每位幼儿带一个月饼。
（2）准备有关中秋、月亮的古诗，关于中秋的故事，歌曲《爷爷为我打月饼》。
（3）民间故事《嫦娥奔月》。

三、活动时长

活动时长为 30 分钟。

四、活动过程：

（1）展示月饼，引出话题。
（2）小朋友先讨论。

提问：这是什么？有没有小朋友知道啊？——那小朋友们知道月饼是拿来干什么的呢？——大家知道什么时候吃月饼吗？——你们知道中秋节是哪一天吗？

（3）介绍中秋节的来历，让幼儿知道中秋节又叫团圆节。

提问：你们知道中秋节是怎么来的吗？（讲述中秋节的来历）

补充：每年农历的八月十五，是我国传统的中秋佳节。这时不仅是一年的秋季，而且正好是的秋季的中期，所以就被称为中秋。在中国的农历里，一年分为四季，每季又分为孟、仲、季三个部分，因而中秋也被称为仲秋。每年农历八月十五的月亮比其他几个月的满月更圆、更明亮，所以又被叫作月夕或八月节。在中秋之夜，人们望着天空上又圆又亮的月亮，很自然地就会盼望和家人团聚。远在他乡的游子，也借中秋节寄托自己对故乡和亲人的思念之情。所以，中秋又称团圆节。

（4）朗读《静夜思》。

（5）介绍中秋的民间故事（放《嫦娥奔月》视频）及中秋节的有关习俗。

提问：你们喜欢过中秋节吗？中秋节都吃些什么呢？分享月饼，观察月饼的外形，知道月饼又圆又大，表示团圆的意思，又表示圆满、丰收之意。

通过分享月饼，幼儿进一步体验节日的快乐。吃完月饼后，问幼儿中秋节为什么要吃月饼呢？

　　补充：传说元朝末年，统治者为了维持摇摇欲坠的腐朽统治，不准民间私藏铁器，规定十户人共同用一把菜刀，百姓怨声载道。这时英雄人物张士诚为了反抗压迫，号召人民起义，就在中秋节前，在每个月饼中夹一张字条，约定了起义时间。到了中秋之夜，人们掰开月饼，见到传单，就纷纷行动起来了。明清时代，吃月饼是为了纪念反元的人民起义，这就是为什么到了中秋要吃月饼的习俗。

　　除了吃月饼，中秋还有其他的习俗吗？

　　（6）讲解月亮的变化。

　　提问：中秋节的月亮是怎样的？——小朋友们，月亮除了是圆的以外，还有什么形状呀？——为什么要把月饼做成圆形呢？从上弦月变成满月再变成下弦月，可以清楚地看到月亮盈亏的变化过程。（播放歌曲《爷爷为我打月饼》）

　　（7）集体品尝月饼。

　　（8）活动结束。

任务三 中班科学活动《谁咬了我的大饼》课件制作

任务清单：3-3

任务情境

国庆节马上要到了，中班老师要带领小朋友们一起布置教室。这个过程中会用到一些几何形状的手工板，为了更好地相互配合，先给小朋友们上一堂认识几何图形的课程。请你设计并制作课件。

任务目标

（1）熟知 PowerPoint 软件添加母版幻灯片编号、音频剪辑、动画设置等知识并会操作。

（2）结合中班幼儿认识几何图形的特点和要求设计课件。

（3）增强主动融汇符合幼儿认知特点的音频、动画、图形、文字等多媒体属性进行课件设计的意识。

任务要求

（1）课前熟悉中班年龄阶段认识几何形体的特点、目标、方法，熟悉学习目标，与同学讨论课件的设计要素。

（2）课中学会使用 PowerPoint 软件进行音频的插入、剪辑等设置，学会在一个对象上添加多个动画，并根据要求进行设置等操作。

（3）课后完成练习，做到举一反三，巩固所学。

配套线上课程

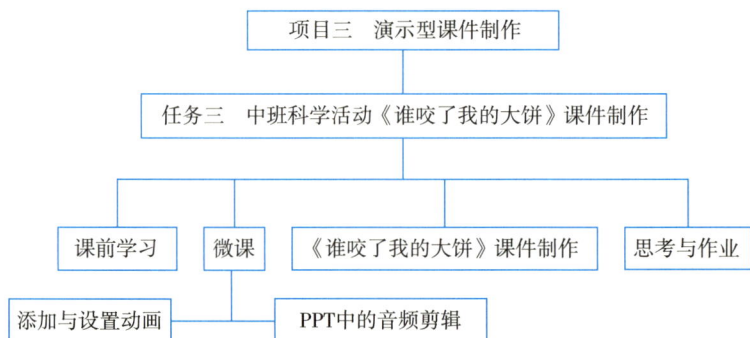

```
        项目三  演示型课件制作
                |
  任务三  中班科学活动《谁咬了我的大饼》课件制作
                |
    ┌───────┬────────┬──────────┐
  课前学习  微课  《谁咬了我的大饼》课件制作  思考与作业
    |       |
 添加与设置动画 ── PPT中的音频剪辑
```

课前学习

一、幼儿认识几何形体的特点

1. 从粗略的感知到精细的辨认

幼儿早期认识形体只注意到外部轮廓，不善于区别图形的细微差别。比如，3—4岁幼儿画图形时，往往只能画出近似的样子，没有曲直之分；4岁以后，能区分曲线、直线；6—7岁能较准确区分常见的图形，并掌握一些图形的基本特征。

2. 从把几何形体与实物等同，到把几何形体与实物做比较，再到把几何形体作为区分物体的标准

2—3岁的幼儿认识几何形体时，会把几何形体理解为他们熟悉的物体，例如，见到圆形说是饼干。通过教学，小班幼儿能说出圆形、正方形、三角形名称。中班幼儿能把几何形体与他们熟悉的实物做比较，说出圆形像镜子等。大班幼儿能把几何形体作为物体形状的标准形式去描述，说出物体的某个部分的形状像哪种几何形体。

3. 认识图形经历了从配对到指认再到命名的过程

配对是指找到与给定的范例图形相同的图形。指认是指按照成人口述图形的名称，找到相应的图形。命名是指说出给定图形的名称。

二、认识几何形体的目标

1. 小班

（1）认识圆形、正方形、三角形，知道这些图形的名称和基本特征。
（2）能够不受图形颜色、大小的影响，按照圆形、正方形、三角形进行分类。

2. 中班

（1）认识长方形、椭圆形、梯形，知道这些图形的名称和基本特征。
（2）能够不受图形颜色、大小、摆放位置等的影响，正确地辨认图形。
（3）会按照图形的不同进行分类。
（4）能够运用学过的平面图形进行简单的拼合活动。

3. 大班

（1）认识球体、正方体、长方体、圆柱体，知道这些形体的名称和基本特征。
（2）能够根据形体的特征进行分类。
（3）能够区分平面图形和立体图形。

三、认识平面图形的方法

1. 运用视觉、触觉感知图形

幼儿以充分感知图形、获得有关图形的感性经验为基础，再配合语言的表达，达到认

识图形的目的。因此，在幼儿园教学中一定要用感官感知的方法，让幼儿看一看、摸一摸，从观察物体到逐步抽象出平面图形，并用正确的语言表述出来，观察步骤具体如下。

（1）观察物体的面，感知物体面的轮廓。

（2）出示与物体的平面形状相似的几何图形，介绍其名称、特征。

（3）出示颜色、大小、摆放形式不同的图形，辨认图形时不受图形颜色、大小、摆放位置等的影响。

2. 运用重叠比较法认识图形

在已经认识了某些图形的基础上，可以把要认识的新图形与已认识的相近图形重叠，找出相同点与不同点，从而掌握新的图形的名称和特征。这种方法一般适用于中班幼儿。

3. 通过对图形的分割与拼合，幼儿认识图形之间的关系

分割，就是把一个平面图形分成两个或两个以上的图形，可以分成两个或两个以上相等的图形，也可以分成两个或两个以上不相等的图形。拼合就是把两个或两个以上图形拼合成一个图形。幼儿通过分割与拼合的操作活动，感知图形之间的关系。

4. 通过操作或游戏等活动，巩固对图形的认识

幼儿初步认识的平面图形，可以通过让幼儿动手操作或游戏等活动，加深对图形的认识，并进一步调动幼儿学习的积极性，常见的活动有以下几种。

（1）给平面图形涂色。

（2）折、剪、画图形。

（3）图形分类。

（4）数图案中的图形。

（5）寻找图形以及与图形相似的物体。

（6）用平面图形拼成物体的样子或有情节的画面。

⚙ 设计思考

（1）这个课件授课的主要目标是什么？请你写下来。

（2）课件设计中，你会使用哪些方法加强巩固中班小朋友对平面图形的认知？授课之前要准备些什么？

效果展示 ▰▰▰▶

效果展示详见图 3-3-1 所示。

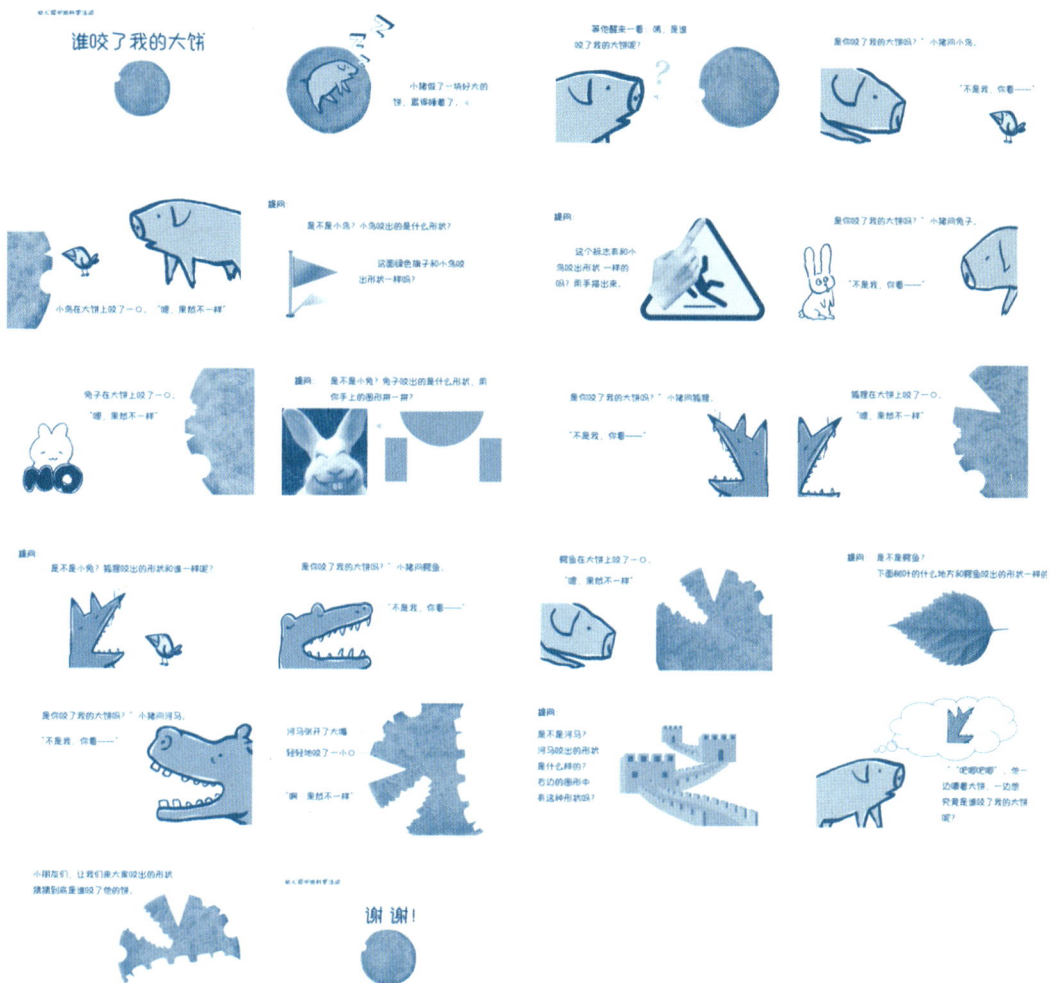

图 3-3-1　效果展示

任务实施

一、制作母版

（1）打开 PowerPoint 2013，新建文件，保存文件名为"谁咬了我的大饼.pptx"。

（2）单击"设计"→"幻灯片大小"，选择"宽屏（16：9）"，设置演示文稿大小。

（3）单击"视图"→"幻灯片母版"，进入幻灯片母版编辑页面。

（4）单击幻灯片母版编辑页面左侧中的"内容幻灯片"（第三张）。

（5）单击"插入"→"文本框"，在页面左上角绘制"横排文本框"，调整文本框大小，输入文字"认识平面图形"，设置为"字心坊小呀小布丁体""18 磅""黑色""置于底层"，如图 3-3-2 所示。

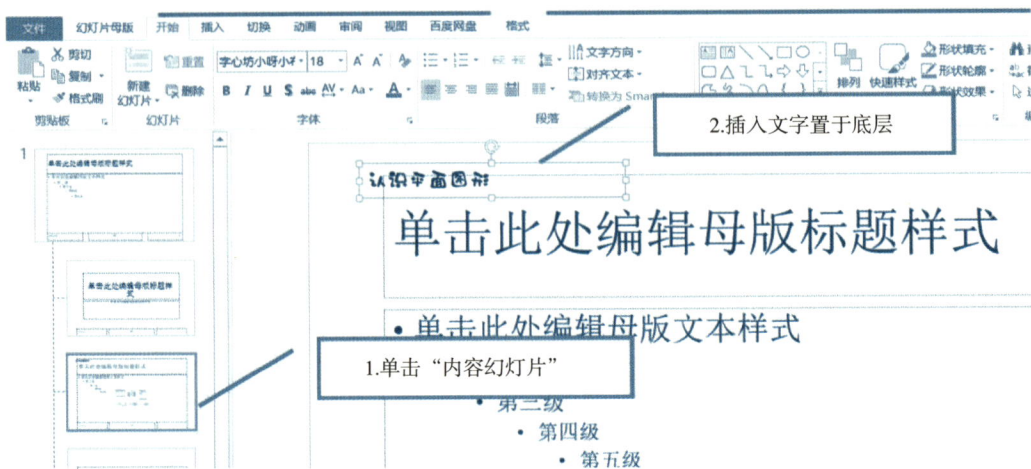

图 3-3-2　母版添加文字

（6）单击幻灯片母版的第一页，单击"母版版式"，在弹出的对话框中单击"日期""页脚"，去除这两项内容，再单击"确定"，使幻灯片不要显示这两项内容，如图 3-3-3 所示。

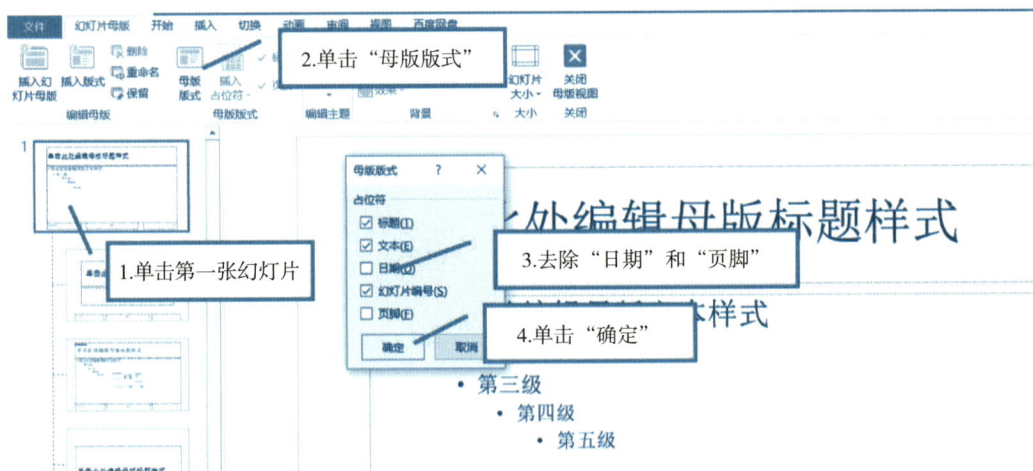

图 3-3-3　不显示"日期"和"页脚"

（7）单击"插入"→"幻灯片编号"，在弹出的对话框中勾选"幻灯片编号"；再单击"全部应用"，选中幻灯片编号，移动到右下角，修改字体为"右对齐""18 磅""字心坊小呀小布丁体""18 磅""黑色"，如图 3-3-4 所示。

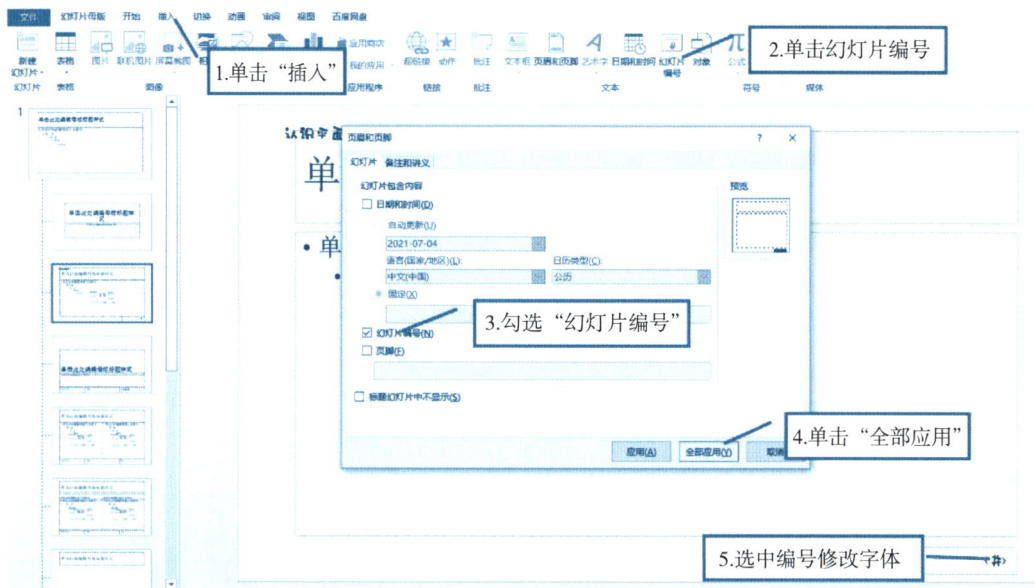

图 3-3-4　设置幻灯片的格式

（8）删除母版中标题幻灯片编号框。

（9）单击"幻灯片母版"→"关闭母版视图"，回到幻灯片编辑窗口。

二、制作封面与封底

1. 制作封面

（1）在首页幻灯片主标题中输入文字"谁咬了我的大饼"，字体设置为"字心坊萌喵体""80 磅""黑色""居中"；在副标题中输入文字"幼儿园中班科学活动"，字体设置为"阿桐制作""24 磅""黑色""居中"，放置在页面左上角，如图 3-3-5 所示。

幼儿园中班科学活动

谁咬了我的大饼

图 3-3-5　插入文字

（2）插入图片"大饼.png"，单击"图片工具"→"格式"→"颜色"→"设置透明色"，使鼠标箭头变成刻刀图形。用刻刀图形单击大饼图片的白色部分，将图片改成透明背景，如图 3-3-6 所示。

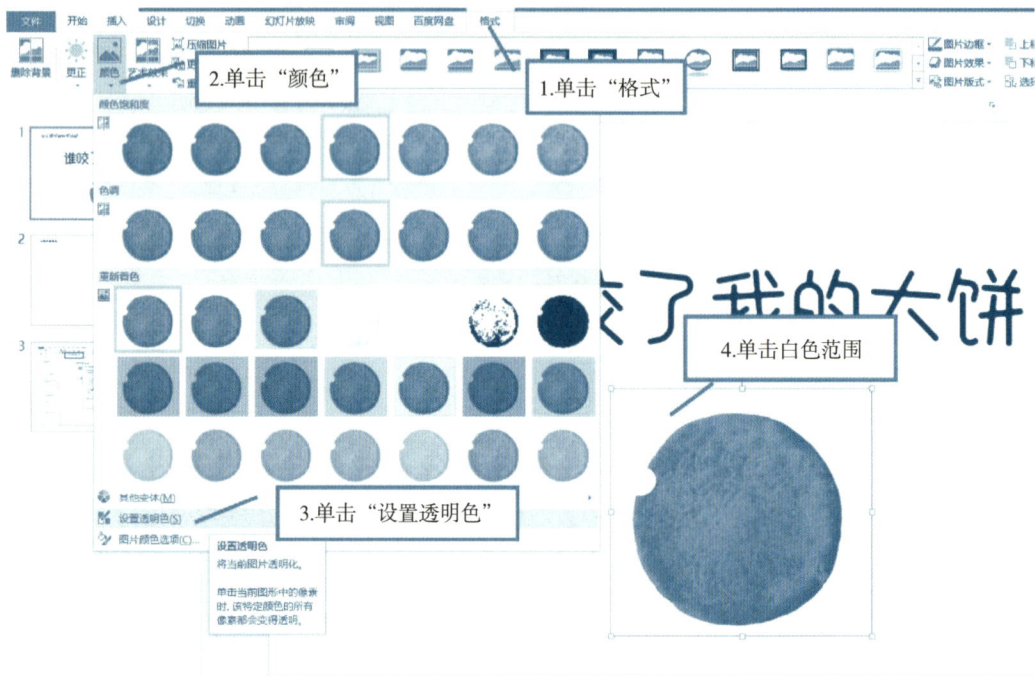

图 3-3-6　插入文字

（3）单击"插入"→"形状"→"爆炸形1"，绘制两个图形，放置在主标题的右上角，如图 3-3-7 所示。

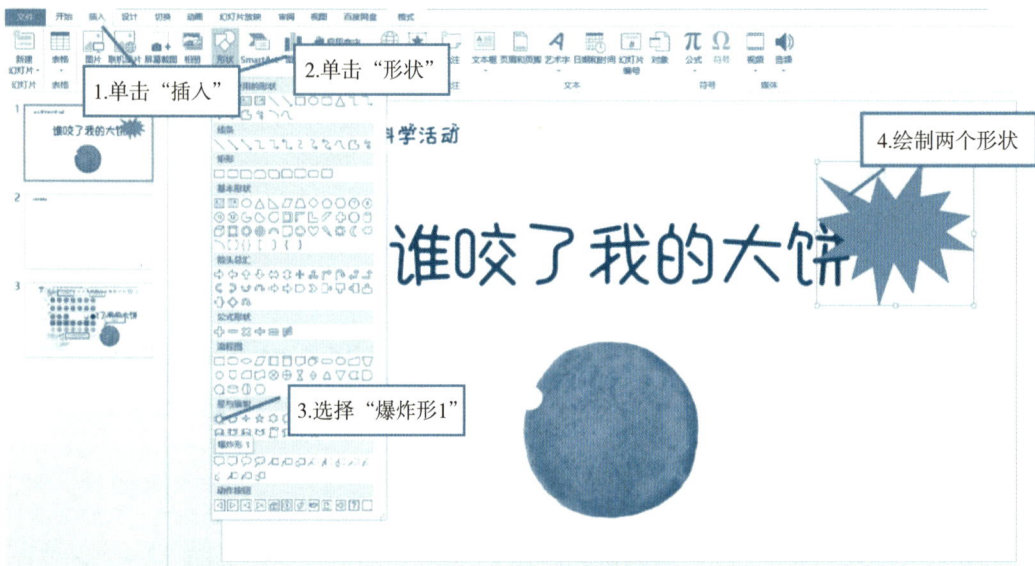

图 3-3-7　插入形状

（4）单击两个图形，"形状填充"设置为"白色"，"形状轮廓"设置为"无轮廓"，并"置于顶层"。

（5）选中音频标志，单击"插入"→"音频"→"PC上的音频"，在弹出的对话框中选择文件"饼干嘎吱声.mp3"；再单击"音频工具"→"播放"→"剪裁音频"，在弹出的对话框中设置音频入点时间为"00：02"，设置音频出点时间为"00：03.00"，如图3-3-8所示。

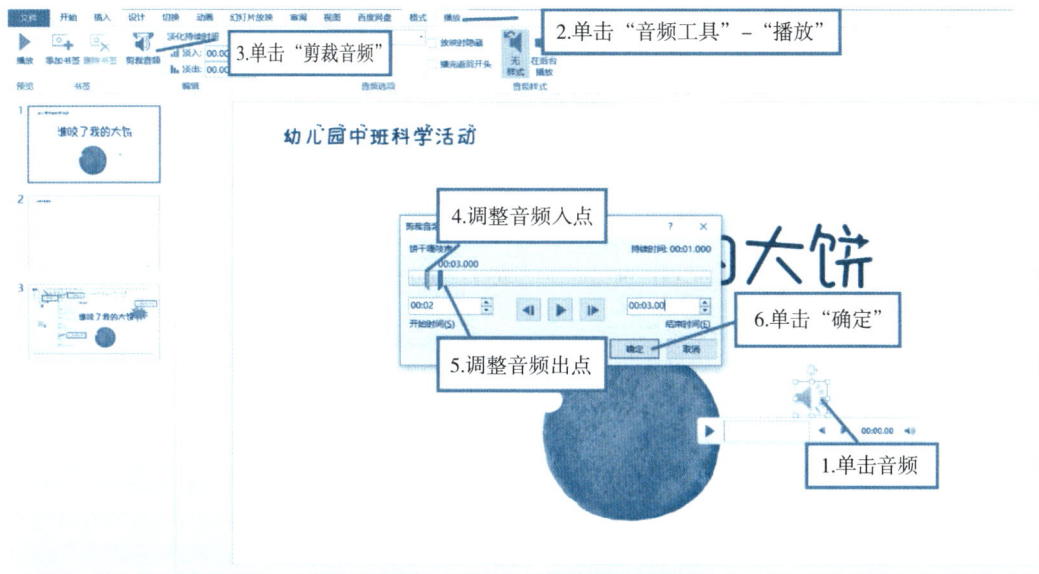

图 3-3-8　剪裁音频

（6）设置音频开始为"自动"，勾选"放映时隐藏"，如图3-3-9所示。

图 3-3-9　设置音频

（7）按下"Shift"键，选中两个"爆炸形1"图形，单击"动画"；在动画预设里，选择进入动画"出现"；单击"动画窗格"，框选两个爆炸图形，设置开始为"与上一动画同时"如图3-3-10所示。

（8）为两个图形设置延迟时间为"00.30"，单击"播放自"按钮，查看播放效果，如图3-3-11所示。

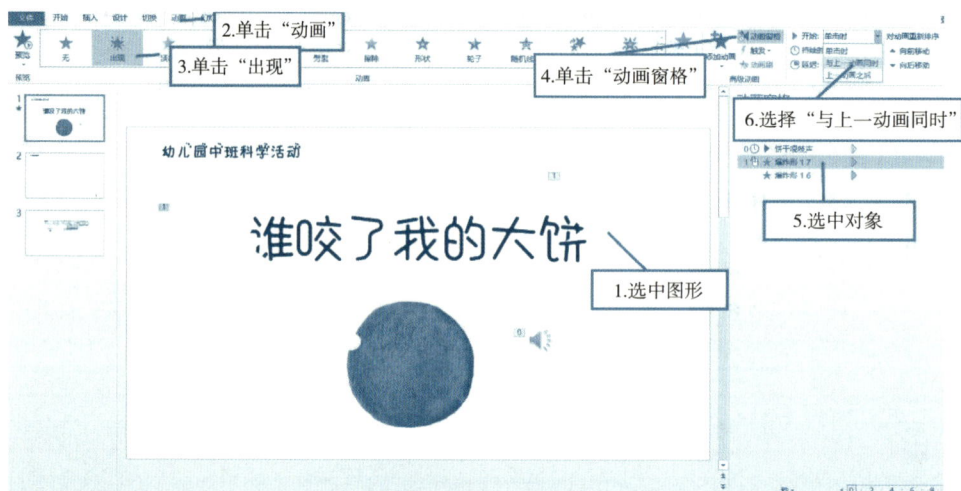

图 3-3-10 设置动画

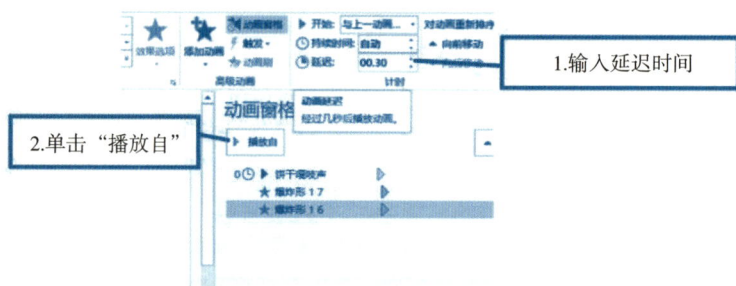

图 3-3-11 设置延迟时间

2. 制作封底

复制标题幻灯片，删除两个爆炸图形，在复制的幻灯片中修改主标题内的文字为"谢谢!"，修改音频入点为"00：00.00"，修改音频出点为音频结束点，如图 3-3-12 所示。

图 3-3-12 制作封底

联想与思考 ▸▸▸

还有什么方法可以删除"大饼.png"图片背景？如果图片很复杂，用什么方法可以得到你要的部分图案？

三、制作讲授内容

（1）复制幻灯片，删除"标题文本框"，在内容文本框输入文字"小猪做了一块好大的饼，累得睡着了。"，字体设置为"字心坊萌喵体""36 磅""黑色""首行缩进 2.5 厘米"。插入图片"小猪和大饼.jpg"，放在页面左下角；插入图片"睡觉.png"，复制两个，再如图 3-3-13 所示调整内容。

图 3-3-13　课程讲授页面内容

（2）插入"猪打呼的声音.mp3"，设置声音开始为"自动""放映时隐藏"，音频入点为"00：00.40"；选择三张"睡觉.png"图片，单击"动画"→"进入"→"出现"；在"动画窗格"中，设置猪打呼的声音动画开始为"与上一动画同时"，设置三张图片动画开始为"上一动画之后"，第二张设置延迟"00.30"，第三张设置延迟"00.70"，如图 3-3-14 所示。

图 3-3-14 设置动画效果

（3）复制幻灯片，将内容文字修改为"等他醒来一看：咦，是谁咬了我的大饼呢？"；插入图片"提问的小猪.jpg""大饼.jpg"；插入文本框，在框内输入符号"？"""，将符号设置字体为"Algerian""166号""橙色""着色2""淡色40％"，如图3-3-15所示。

图 3-3-15 插入图片与符号

（4）插入声音"疑问声音.mp3"，为问号、单引号添加"进入"→"出现"动画，设置动画开始为"与上一动画同时"，为问号、单引号添加"强调"→"彩色脉冲"动画；设置动画开始为"与上一动画同时"，设置延迟"00.10"，设置疑问声音动画开始为"与上一动画同时"，调整动画的顺序，如图3-3-16所示。

（5）按照上述方法，更换图片与声音，制作以下内容，如图3-3-17所示。

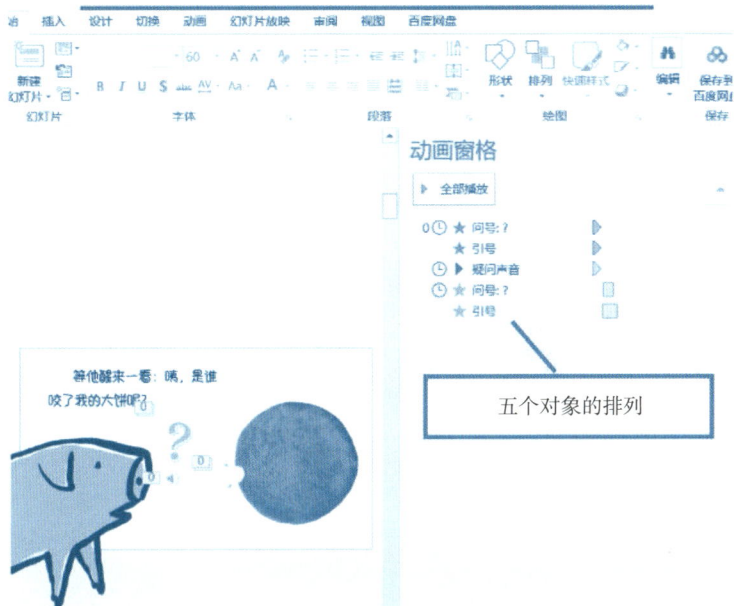

图 3-3-16　设置动画的顺序

是你咬了我的大饼吗？"小猪问小鸟。

"不是我，你看——"

（a）幻灯片一

小鸟在大饼上咬了一〇。"嗯，果然不一样。"

（b）幻灯片二

是你咬了我的大饼吗？" 小猪问兔子。

"不是我，你看——"

(c) 幻灯片三

兔子在大饼上咬了一〇。

"嗯，果然不一样。"

(d) 幻灯片四

是你咬了我的大饼吗？" 小猪问狐狸。

"不是我，你看——"

(e) 幻灯片五

狐狸在大饼上咬了一口。

"嗯，果然不一样。"

(f) 幻灯片六

是你咬了我的大饼吗？" 小猪问鳄鱼。

"不是我，你看——"

(g) 幻灯片七

鳄鱼在大饼上咬了一口。

"嗯，果然不一样。"

(h) 幻灯片八

是你咬了我的大饼吗？"小猪问河马。

"不是我，你看——"

(i) 幻灯片九

河马张开了大嘴……

轻轻地咬了一小〇……

"啊……果然不一样。"

(j) 幻灯片十

小猪的肚子饿得"咕咕"叫，"啊呜"，他也在大饼上咬了一〇。

(k) 幻灯片十一

"吧唧吧唧"，他一边嚼着大饼，一边想：究竟是谁咬了我的大饼呢？

(l) 幻灯片十二

图 3 - 3 - 17　制作故事其他内容的幻灯片

四、制作提问内容

（1）新建幻灯片，在标题文本框中输入文字"提问："，字体设置为"字心坊萌喵体""36 磅""黑色"；在内容文本框里输入文字"是不是小鸟？小鸟咬出的是什么形状？这面绿色旗子和小鸟咬出的形状一样吗？"，并插入图片"旗子.png"，如图 3 - 3 - 18 所示。

提问：

是不是小鸟？小鸟咬出的是什么形状？

这面绿色旗子和小鸟咬出的形状一样吗？

图 3 - 3 - 18　制作提问

（2）复制幻灯片，修改内容文本框并输入文字"这个标志和小鸟咬出的形状一样吗？用手描出来。"。插入图片"安全标志.png""手.png"，给"手"添加"进入"→"出现"→"等边三角形路径动画"，"手"动画开始为"单击时"，"等边三角形路径动画"开始为"上一动画之后"，持续时间为 09.70，如图 3 - 3 - 19 所示。

（3）按照上述方法，制作其他提问内容，如图 3 - 3 - 20 所示。

（4）单击选中大纲中的七张提问环节的幻灯片，调整它们的位置，分别放在第 6、7、10、13、16、19、22 张。

图 3-3-19 制作手的动画

提问： 是不是小兔？
兔子咬出的是什么形状，用
你手上的图形拼一拼？

（a）幻灯片一

提问： 是不是狐狸？
狐狸咬出的形状和谁一样呢？

（b）幻灯片二

提问： 是不是鳄鱼？

下面树叶的什么地方和鳄鱼咬出的形状一样？

（c）幻灯片三

提问：

是不是河马？

河马咬出的形状

是什么样的？

右边的图形中

有这种形状吗？

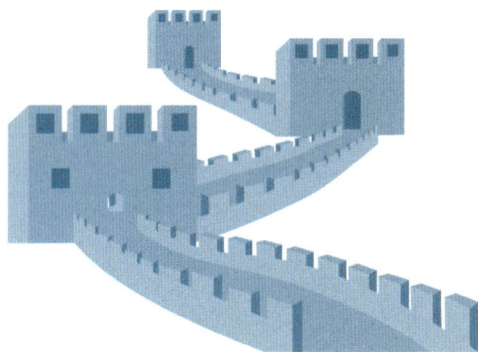

（d）幻灯片四

小朋友们，让我们来看大家咬出的形状，

猜猜到底是谁咬了他的饼？

（e）幻灯片五

图 3-3-20 制作其他幻灯片

五、设置幻灯片切换

（1）单击选中第一张幻灯片，单击"切换"→"平移"→"全部应用"，将所有幻灯片的切换方式设置为"平移"，如图 3-3-21 所示。

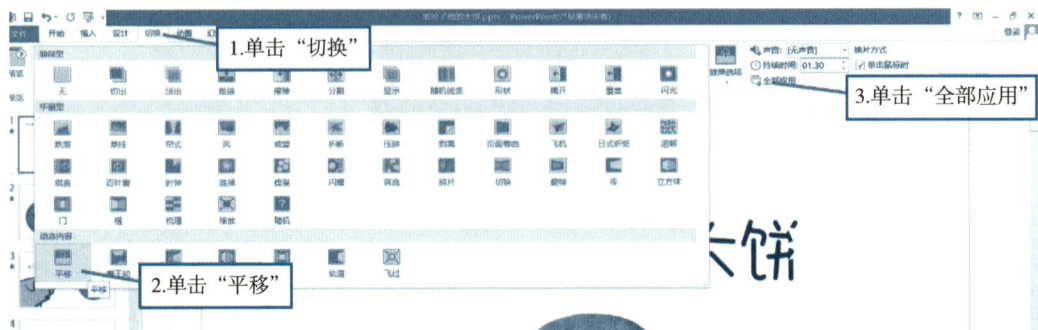

图 3-3-21　设置切换方式

（2）单击"幻灯片放映"→"从头开始"，播放所有幻灯片。

六、保存课件

单击"文件"→"保存"，课件保存成功。

知识总结

（1）音频入点指声音开始播放的时间点，音频出点指声音结束播放的时间点。

（2）音频在工具播放设置了自动，仍须根据播放的实际需求在动画中设置开始。

（3）在一个对象上添加多个动画时，要注意每个动画的开始方式、持续时间和延迟的设置。

（4）快捷键"F5"指从头开始播放幻灯片，快捷键"Shift＋F5"指从当前幻灯片开始播放。

举一反三

（1）把音频的剪裁与项目二中所讲的音频加工方法对比一下，说说在哪种情况下会使用 PPT 中的音频剪裁，在哪种情况下会使用音频编辑软件进行加工？

（2）打开文件夹"项目三"→"任务三"→"作业"，根据提供的素材，制作题目为"小树叶找妈妈"的大班授课课件，文件名为"作业 3　小树叶找妈妈.pptx"，上交至课程平台作业中。

自我评价

将本任务的自我学习评价与反馈填入表 3-3-1 中。

表 3-3-1　自我评价与反馈表

任务内容	掌握程度			
	了解	理解	掌握	熟练
裁剪音频				
对象添加多个动画效果				
设置幻灯片切换方式				

素养能量

幼儿园教师爱心格言

（1）热爱孩子是教师生活中最主要的东西。

（2）知识不存在的地方，愚昧就自命为科学；教师不存在的地方，无知就变成了聪慧。

（3）教师施爱宜在严爱与宽爱之间。

（4）用千百倍的耕耘，换来桃李满园香。

（5）爱每一个孩子，他们的成长是我最大的快乐！

（6）用真诚的心去温暖孩子们，伴随他们成长。

（7）牵着孩子们的手，快乐地迎接每一天！

（8）热心对待工作，真心呵护幼儿。

（9）让我们一起走近孩子、理解孩子、倾听孩子、欣赏孩子、鼓励孩子，使孩子拥有一个快乐的童年！

（10）关爱每一个孩子，他们的成长是我最大的快乐！

（11）爱是沟通心灵的钥匙，愿我的爱心时时伴随孩子健康成长。

（12）用金子般的爱心收获纯洁的欢笑与真诚，感受彼此心灵的贴近。

（13）让我们一起为孩子撑起一片纯净的蓝天，为孩子开辟一块快乐的土地。

（14）爱我们的每一个孩子，因为在爱的天平上，每个人都是平等的。

（15）我们的每一个孩子都是好孩子。

（16）关爱童心，感受真爱，欣赏童趣。

（17）一年最美是春季，一生最美是奉献，播撒教师所有的爱，让孩子们茁壮成长。

（18）用眼去看孩子的世界，用心去听孩子的世界。走进孩子的世界和他们共同生活，共同游戏，做他们的好朋友。

（19）让星星撒满整个夜空，让孩子填满整个心胸。

（20）当你埋怨学生太笨的时候，你也该自问：什么叫诲人不倦？

任务四　小班语言活动《轮子歌》课件制作

任务清单：3 - 4

🔷 任务情境

小班小朋友已经入学一个月了，有的小朋友方言口音还很重。为了做好普通话推广，也为以后的教学沟通打下基础，小班老师要花费一段时间开展语言教育活动，培养小朋友能听懂普通话和会说普通话，能集中倾听及说出自己想说的话。下面请你设计并制作相关课件。

✏️ 任务目标

（1）熟知 PowerPoint 软件视频剪辑与设置、图形合并、动画设置等知识并会操作。

（2）会结合小班幼儿语言教育的目标和内容设计课件。

（3）具备结合幼儿全面发展的教育理念设计课件的意识。

🔷 任务要求

（1）课前熟悉小班语言教育的目标、幼儿学习语言的特点，与同学讨论课件的设计要素。

（2）课中学会使用 PowerPoint 软件进行视频的插入、剪辑、动画等设置，学会多个图形对象合并操作。

（3）课后完成举一反三，巩固所学，学习本任务的线上课程。

🌐 配套线上课程

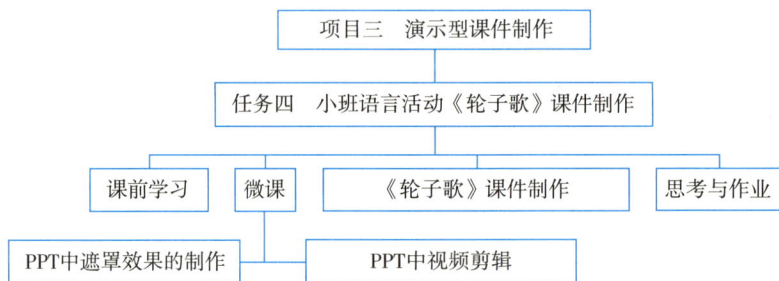

```
                    项目三　演示型课件制作

              任务四　小班语言活动《轮子歌》课件制作

      课前学习    微课    《轮子歌》课件制作    思考与作业

    PPT中遮罩效果的制作        PPT中视频剪辑
```

✏️ 课前学习

一、幼儿学习语言的特点

1. 在主动模仿中学习语言

幼儿对周围环境中的语言刺激特别敏感，并有一种强烈的自发学习说话的积极性。这种语言模仿，最初是在日常生活中自然而然地进行的。只要幼儿有兴趣和需求，可以随时随地进行模仿学习，如模仿成人之间的交谈，影视、广播中人物的语言、广告词，等等。其中，模仿最多的是身边关系最亲密的成人或同伴的语言。

2. 在交往活动中练习语言

幼儿学习语言的过程往往和幼儿的交往活动密切联系，幼儿在各种交往活动中学习语言、进行语言实践，积累了丰富的语言知识和听说经验，使其语言得以较快地发展。

3. 在逐步积累中发展语言

幼儿学习和掌握语音、词汇、句子，都需要一个循序渐进、逐步积累的过程，从无到有，从不理解到部分理解再到完全理解，积少成多，逐步提高。

4. 语言学习存在着个体差异

幼儿学习语言的过程是极具个性特征的过程。不同幼儿在语言学习的速度、效果等方面均表现出不同的特点，不同幼儿在运用语言进行交际的积极性方面也表现出不同的特点。

二、幼儿语言教育的总目标与小班阶段目标

1. 总目标

幼儿语言教育的总目标，是幼儿语言教育所期望的最终结果，是幼儿语言教育的总任务要求，具体内容包括以下几点。

（1）乐意与人交谈，讲话礼貌。

（2）注意倾听对方讲话，能理解日常用语。

（3）能够清楚地说出自己想说的话。

（4）喜欢听故事、看图书。

（5）能够听懂和会说普通话。

2. 小班阶段目标

（1）谈话活动

① 学会安静地听同伴说话，不随便插嘴。

② 喜欢与同伴交谈，愿意在集体面前讲话。

③ 能够听懂并愿意说普通话。

④ 在教师的引导下，能够围绕主题谈话，能用短句表达自己的意思。

⑤ 初步学会常见的交往语言和礼貌用语。

（2）讲述活动

① 能够按照要求去感知讲述内容。

② 理解内容简单、特征鲜明的实物、图片和情景。

③ 愿意在集体面前讲述。

④ 能够正确地说出讲述内容的主要特征或主要事件。

⑤ 能够安静地听老师和同伴讲述，并用眼睛注视讲述者。

（3）听说游戏

① 乐于参加游戏活动，在游戏中大胆地说话。

② 发准某些难发的音，初步掌握方位词及人称代词，学会正确运用动词。

③ 学会按照游戏规则运用简单句说话。

④ 养成在集体活动中倾听别人讲话的习惯，能听懂并理解简单的游戏规则。

（4）文学活动

① 喜欢欣赏文学作品，愿意参加文学活动，对文学作品的语言感兴趣。

② 能初步感受文学作品的语言美，知道故事、诗歌和散文是不同体裁的文学作品。

③ 初步理解文学作品的情节内容或画面情景，能用语言、动作、表情等方式表达自己对文学作品的理解。

④ 学会在文学作品原有基础上扩充想象，仿编诗歌、散文中的一句或续编故事结尾。

（5）早期阅读活动

① 喜欢阅读，知道阅读的基本方法，能初步看懂简单儿童绘本的主要内容。

② 能用口头语言将儿童绘本的主要内容说出来，开始感受语言和其他符号的转换关系。

③ 对文字感兴趣，能在成人的启发下认读简单的文字。

④ 能以描画图形的方式练习基本笔画。

三、幼儿语言教育的内容

1. 普通话教育

推广普通话是我国的语言政策之一，幼儿期又是进行普通话教育的关键期。因此，普通话是幼儿语言学习的重要内容，具体包括：教幼儿按照普通话的语音规范正确发音，帮助幼儿丰富词汇、正确理解和运用词汇，指导幼儿按照普通话的表达方式说话，等等。

2. 口语交际训练

幼儿口语交际训练的内容也可以分为对话训练和独白训练两个部分。对话训练主要通过日常会话、谈话活动等两种活动进行。独白训练主要通过看图讲述、实物讲述、情境讲述等活动进行。

3. 文学作品教育

幼儿很喜欢文学作品，所以文学作品教育一直是幼儿语言教育的一项重要内容。文学作品教育对于幼儿身心发展的促进作用是全方位的，教师要从多个角度挖掘其教育功能，充分发挥文学作品教育的作用。

4. 早期读写教育

幼儿的早期读写教育不同于一般意义上的书面语读写教育，它不包括识字、写字内容。幼儿读写教育主要是为幼儿提供一些读写书面信号的经验，如阅读和理解书面图画或符号的经验、翻书及看书的经验、将书面信息和口头语言相互转换的经验、执笔和运笔的经验等，其直接目的是为幼儿进入小学后正式学习读写书面文字做准备。

⚙ 设计思考

（1）这个课件授课的主要目标是什么？请你写下来。

（2）幼儿园语言教育活动有哪几种类型？如果你是授课老师，你打算用哪种类型进行课程设计？

（3）本次授课需要提前准备哪些教具？

效 果 展 示 ▶

效果展示详见图3-4-1所示。

图3-4-1 效果展示

任 务 实 施

一、处理素材

依据项目二中任务四的方法，在文件"轮子视频.avi"内，依次添加字幕，添加效果如图3-4-2所示，导出视频名为"轮子视频.avi"。主要字幕为："一个轮子什么车？一个轮子独轮车。二个轮子什么车？两个轮子自行车。三个轮子什么车？三个轮子三轮车。四个轮子什么车？四个轮子是汽车。许多轮子什么车？许多轮子是火车。"

图 3-4-2　视频添加字幕

二、制作母版

（1）打开 PowerPoint 2013，新建文件，保存文件名为"轮子歌.pptx"。

（2）单击"设计"→"幻灯片大小"，选择"宽屏（16：9）"，设置演示文稿大小。

（3）单击"视图"→"幻灯片母版"，进入幻灯片母版编辑页面。

（4）单击幻灯片母版编辑页面左侧中的"内容幻灯片"（第一张），如图 3-4-3 所示。

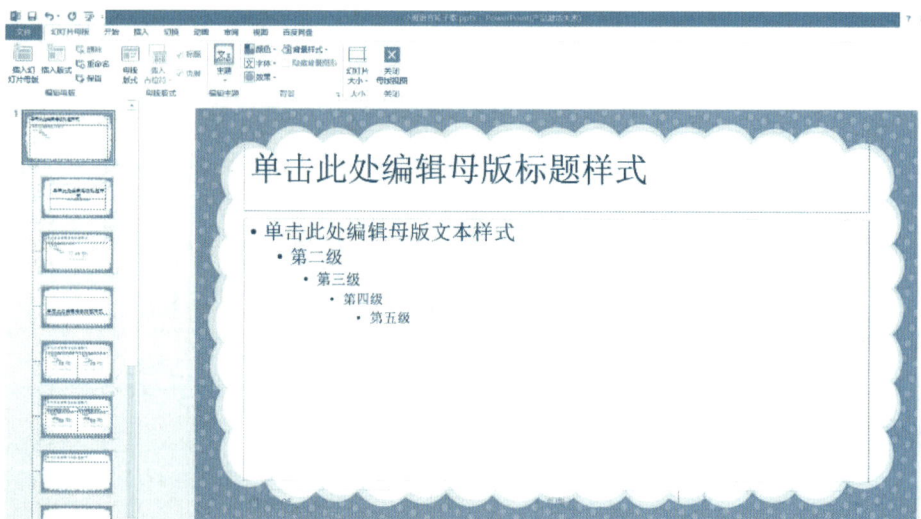

图 3-4-3　单击"内容幻灯片"（第一张）

（5）单击"插入"→"图片"，插入"背景.jpg"，调整图片大小为幻灯片大小，置于底层。

（6）单击"幻灯片母版"→"关闭母版视图"，回到幻灯片编辑窗口。

三、制作封面与封底

1. 制作封面

在首页幻灯片主标题处输入文字"轮子歌",字体设置为"字心坊童年体""115 磅""居中",字体 RGB 设置为"240,124,78",文字阴影设置为"右下斜偏移",文字发光设置为"蓝色""5 磅""发光""着色 1";在副标题中输入文字"幼儿园小班语言活动"中,字体设置为"字心坊童年体""32 磅""居中""白色""背景 1""深色 50%",放置在页面左上角。插入"红发女孩.png""棕发女孩.png""铅笔.png"三张图片,分别移在左下角、右上角、右下角,如图 3-4-4 所示。

图 3-4-4 封面效果

2. 制作封底

复制标题幻灯片,修改主标题内的文字为"谢谢!",删除封面的图片;再插入六个小朋友的图片,图片大小修改成宽为"5.80 厘米"、高为"5.80 厘米",再按下"Shift"键选中所有图片并组合,如图 3-4-5 所示。

图 3-4-5 封底效果

四、制作讲授内容

（1）新建幻灯片，标题文本框内输入文字"认识各种车　跟着老师说一说"，字体设置为"字心坊童年体""36 磅""黑色""居中"，移至页面左上角。在内容文本框输入文字"一个轮子什么车？一个轮子独轮车。"，字体设置为"华文中宋""24 磅""黑色""居中"，放在页面正下方。插入图片"棕发女孩.jpg"，放在页面右下角；插入图片"花边框.png"，放在页面中间，置于底层；插入图片"独轮车.png"，放在页面中间，如图3-4-6所示。

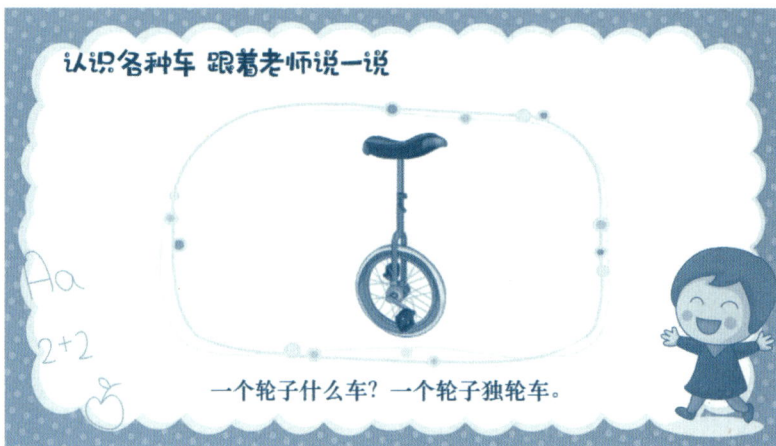

图 3-4-6　标题内容幻灯片的效果

（2）给独轮车图片设置进入动画"翻转式由远至近"，动画开始为"与上一动画同时"，给内容文本框设置强调动画"波浪形"，动画开始为"与上一动画同时"。

（3）依照上述方法，制作其他四张幻灯片，如图3-4-7所示。

（a）幻灯片一

（b）幻灯片二

（c）幻灯片三

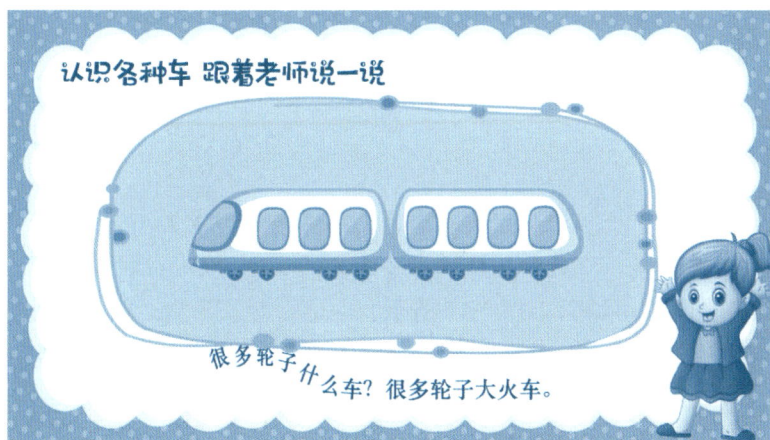

（d）幻灯片四

图 3－4－7　其他幻灯片的效果

（4）复制幻灯片，将标题文本框文字修改为"学轮子歌"，插入文件"视频边框.jpg"单击"图片格式"→"颜色"→"设置透明色"，单击视频边框的白色区域后删除，并置于底层。如图3-4-8所示。

图3-4-8 插入视频边框

（5）单击"插入"→"视频"→"PC上的视频"，在弹出的对话框中选择文件"轮子视频.avi"，如图3-4-9所示。

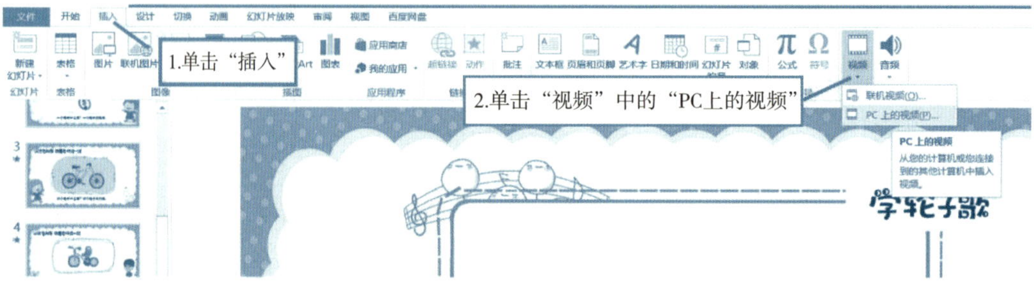

图3-4-9 插入视频

（6）裁剪视频上下的黑色部分，调整视频大小为视频边框大小，如图3-4-10所示。

（7）将视频下移一层，使其放在视频边框图片的下方，单击"视频工具"→"播放"，选择视频"开始为自动"，如图3-4-11所示。

（8）插入"圆角矩形"，使其大小和圆角与视频边框内边缘一致，填充颜色如图3-4-12所示。

（9）插入矩形，使其大小大于视频边框外边缘，填充黑色，下移一层，如图3-4-13所示。

图 3-4-10　调整视频大小

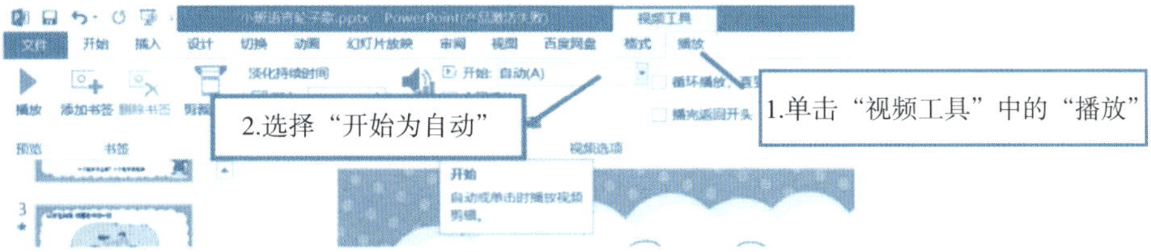

图 3-4-11　调整视频开始方式

图 3-4-12　插入圆角矩形

图 3-4-13　插入矩形

　　（10）按下"Ctrl"键，单击"矩形"再单击"圆角矩形"，选中两个图形；之后单击"绘图工具"→"合并开关"→"剪除"，将不在圆角矩形的部分删除，如图 3-4-14 所示。

图 3-4-14　剪除圆角矩形

　　（11）选择剪除剩下的图形，填充"白色"，去除"边框"，置于视频边框与视频之间，如图 3-4-15 所示。

　　（12）插入音频文件"儿童欢快音乐.mp3"，设置播放"开始为自动"，放映时隐藏。

图 3 - 4 - 15　修改剪除剩下的图形

五、设置幻灯片切换

单击幻灯片首页，设置幻灯片切换为"单击时"，并全部应用。

六、保存课件

单击"文件"→"保存"，课件保存完成。

联想与思考 ▶▶▶

以上步骤中圆角矩形与矩形剪除后的制作效果，是不是与 Photoshop 中的遮罩相似？

知识总结

（1）视频插入后，可设置视频插入的方式为"单击"或"自动"，视频可以按插入时的大小播放，也可设置为全屏播放。

（2）图形合并可以形状与形状之间、形状与图片之间、形状与文字之间、图片与文字之间进行，合并方式有联合、组合、拆分、相交、剪除。

（3）图形合并的效果与层次的灵活使用可以再现遮罩效果。

举一反三

（1）搜索素材，试着做形状与形状之间、形状与图片之间、形状与文字之间、图片与文字之间的合并。

（2）打开文件夹"项目三"→"任务四"→"作业"，根据提供的素材，制作题目为"我会保护眼睛"的中班授课课件，以文件名为"作业4　我会保护眼睛.pptx"，上交到课程平台作业中。

自我评价

将本任务的自我学习评价与反馈填入表3-4-1中。

表3-4-1　自我评价与反馈表

任务内容	掌握程度			
	了解	理解	掌握	熟练
插入视频				
设置视频				
图形的合并				

素养能量

幼儿园教师沟通能力的提高

幼儿教育是我国基础教育的有机组成部分，担负着培养祖国未来人才的艰巨任务，是全面提高我国人口素质的关键环节之一。幼儿与教师的相互作用是在幼儿园教育过程中进行的。幼儿进入幼儿园后，首先就需要教师与幼儿沟通。没有沟通，就没有相互作用。沟通是一种相互理解，彼此接纳对方的观点、行为，创造彼此新关系的动力，是在双向交流中彼此互相协调的默契。教师沟通能力的强弱，对幼儿教育有着直接的影响。

职业拓展 ▮▮▮▶

幼儿园小班教师给家长的开学寄语

亲爱的家长朋友：

您好！欢迎加入某某幼儿园，我们全体幼儿园职工热忱欢迎您的宝宝开始幼儿园丰富多彩的学习与生活。为了让宝宝尽快适应幼儿园新学期生活，以下的温馨提示希望您能够积极配合。

（1）刚刚开学的几天，少数幼儿可能出现对家庭生活的依赖和对幼儿园生活的不适应，请您多引导孩子回忆幼儿园里和老师、小朋友在一起愉快游戏的场景。家长首先要克服自身的焦虑不安情绪，开开心心地送孩子上幼儿园，用积极乐观的情绪感染和鼓舞孩子，引起他们对幼儿园新生活的向往。

（2）进一步培养幼儿生活自理能力，尽量按幼儿园的作息时间安排幼儿的游戏和生活。共同教育他们遵守集体生活守则，鼓励他们在幼儿园里获得更大的进步。

（3）新学期，如果幼儿的情况和您的联系方式有变化，请及时与本班教师沟通，以利于家园之间的密切配合。

（4）请主动配合幼儿园落实晨检、缺勤请假等制度，全方位做好幼儿园的防病防疫工作。

（5）继续加强与幼儿园、教师的沟通与交流，有合理化建议及时向教师或幼儿园园长反映。

（6）必须坚持按时送孩子上幼儿园。为了保障孩子的安全请家长积极配合幼儿园接送制度，按时接送幼儿，如有特殊情况需别人代为接送孩子时，务必事先与本班老师联系和说明。

孩子的发展是我们工作的动力，家长的满意是我们不懈的追求，我们愿与家长朋友一起共擎一方蓝天，让每一个孩子在我们的努力下健康成长。

某某幼儿园小班全体教师

某年某月某日

任务五　大班社会活动《长大以后做什么》课件制作

任务清单：3-5

◆ 任务情境

为做好国庆节的宣传，培养小朋友们的爱国情怀，幼儿园准备开展国庆亲子游学活动。游学活动中有一项关于职业的国庆亲子活动，要求幼儿与家长共同完成。为做好前期准备工作，幼儿园要求每个班对职业进行一次教学活动，现在开始准备吧。

◆ 任务目标

（1）熟知 PowerPoint 软件综合使用多种媒体素材的知识并会操作。

（2）掌握结合大班幼儿社会教育的目标与途径的课件设计。

（3）具备多种媒体相互融汇、互用其长的课件设计意识。

◆ 任务要求

（1）课前熟悉中班社会学习的特点、大班幼儿社会教育的目标，与同学讨论课件的设计要素。

（2）课中学会插入 GIF 动画、选择窗格、对象重命名、路径动画、设置音视频等操作。

（3）课后完成举一反三，巩固所学，学习本任务的线上课程。

◆ 配套线上课程

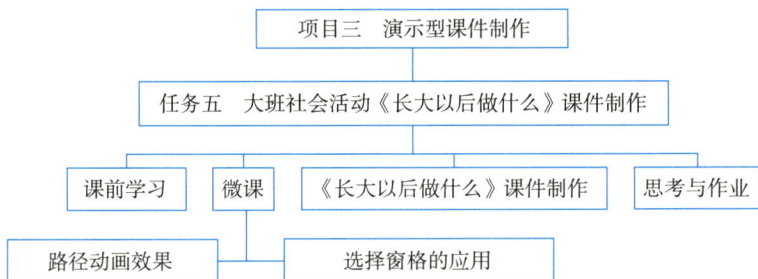

```
                    项目三　演示型课件制作

           任务五　大班社会活动《长大以后做什么》课件制作

     课前学习    微课    《长大以后做什么》课件制作    思考与作业

         路径动画效果            选择窗格的应用
```

◆ 课前学习

一、幼儿社会学习的特点

幼儿自身的心理特点和社会本身的特殊性，决定了幼儿社会学习有其特定的学习特点，了解这些特点，有利于教师更好地实施幼儿社会教育。

1. 随机性和无意性

要从一个"自然人"发展成为一个"社会人"，就必然要认识周围环境，与人交往。幼儿每天都在观察、模仿、学习父母、教师、同伴等的行为、举止、态度。也就是说，幼儿可以在许多活动中随机地、无意地进行社会学习。这就为教师进行社会教育提供了广阔的空间和多样的机会，教师应在各种活动中利用不同时机对幼儿进行有意识的引导。

2. 长期性和反复性

幼儿处在人生的初始阶段，其身心发展尚不成熟，各种行为还不稳定，特别是一些良好的行为习惯、自我意识等正在形成中，可塑性、可变性较大，所以，幼儿的社会学习有长期性和反复性的特点。在幼儿社会教育中，教师必须要有高度的责任心、耐心、细心地对幼儿加以引导。

3. 实践性和情感性

幼儿社会学习是把外在的道德规范、准则变为自己的行为准则，使自己逐渐适应周围的社会生活，成为"社会人"的过程。因为幼儿的思维是具体形象的，所以这个过程需要在实践中实现。在与他人的交往中，幼儿通过成人和同伴的评价，强化自己的体验，从而调节自己的行为，把别人肯定、认可的准则、行为留下来。因此，幼儿的社会学习具有实践性和情感体验性。在幼儿社会教育中，幼儿必须重视实践活动，让幼儿得到更好的感受、体验，也是更好地实现社会化的过程。

二、幼儿语言教育的总目标与小班阶段目标

1. 总目标

《幼儿园教育指导纲要》（以下简称《纲要》）提出了社会领域的教学目标，在于引导幼儿顺利进入集体生活、养成良好的习惯，包括：

（1）能够主动地参与各种活动，有自信心。

（2）乐意与人交往，学习互助合作和分享，有同情心。

（3）理解并遵守日常生活中基本的社会行为规则。

（4）能够努力做好力所能及的事，不怕困难，有初步的责任感。

（5）爱父母、长辈、老师和同伴，爱集体，爱祖国。

2. 大班阶段目标

（1）初步了解自己的成长和成人过程中，家人、长辈、老师为此付出的劳动，激发幼儿爱父母、爱长辈及爱老师的情感。

（2）初步学会控制自己的情绪和行为，初步学会在紧急情况下做出的应变。

（3）了解自己所在的幼儿园，初步懂得要为幼儿园做有益的事情，培养幼儿初步的集体荣誉感和责任感。

（4）主动、准确地使用礼貌用语，以恰当的方式与他人交往。

（5）主动照顾、关心中班和小班的小朋友。

（6）了解周围的社会生活，初步了解各社会机构成员的劳动内容及其与人们生活的关系，激发尊敬、热爱劳动者的情感。

（7）初步了解我国的民族和主要物产，激发爱祖国的情感。

（8）初步了解国家间的友好往来，激发爱好和平的情感。

（9）初步学会分辨是非，懂得向好的榜样学习，激发初步的爱憎感。

（10）能遵守各种行为规则，初步学会用规则要求自己或他人的行为，喜爱从事力所能及的劳动，初步懂得爱惜劳动成果、爱惜公物。

（11）初步感知家乡的自然环境和人文景观，了解我国主要的自然环境和人文景观，引发对民族文化的兴趣及保护自然、社会环境的初步意识。

（12）初步感知世界著名的人文景观及优秀艺术精品，培养对世界文化的兴趣。

三、幼儿社会教育内容的范围

幼儿社会教育的内容主要涉及社会学、伦理学、地理学、经济学、文化学、心理学、历史学等学科的知识，这些学科中最粗浅、最基本的知识是幼儿社会教育内容的选择重点。社会领域教育内容可分为以下四个相互联系的方面。

1. 人际关系

人际关系是指幼儿在与周围环境中人的交往过程中形成的相互关系，主要包括交往态度、交往规则、交往技能以及交往中形成的自我意识、他人意识和相互关系。

2. 社会环境

社会环境在幼儿园阶段是指物质要素，即幼儿生活中经常接触的社会机构、生活设施、社会事件及其中的社会角色。

3. 社会规则

社会规则是指与社会要求相符合的从事社会活动、处理社会关系必须依循的一般要求。如举止要文明、待人要礼貌，不随便打扰别人、损害别人的利益，遵守公共秩序、爱护环境等。

4. 社会文化

社会文化是指生活中稳定的价值取向、行为方式、精神风貌及其多种表现形式，如文化古迹、风土人情、传统节日、民歌民谣、民间工艺、优秀历史人物等。同时，适当地向幼儿介绍其他主要国家和民族的优秀文化，让他们感知人的多样性和相似性，学习以理解、尊重、平等的态度对待差异。

四、幼儿语言教育的途径

1. 游戏活动

游戏活动是幼儿进行社会性教育的有效途径。在游戏情境中，幼儿身体力行，积累有关社会经验，使自己逐渐成为"社会人"。

2. 教学活动

教学活动是幼儿获得社会知识、社会技能和发展社会情感的重要途径。教学活动的目的不仅在于系统知识的传授，更主要的在于让幼儿在与教师、同伴、环境相互作用中进行体验、感受，以期获得知识、发展能力和情感。

3. 劳动

组织幼儿劳动是向幼儿进行爱劳动教育的最基本的途径。只有幼儿亲自投入劳动才能养成劳动习惯，体会到劳动成果的来之不易，懂得爱惜劳动成果和尊重别人的劳动。在劳动过程中，幼儿的意志品质、集体责任感、合作技能和勤劳勇敢的性格均能得到较好的发展。

4. 生活活动和节日娱乐活动

幼儿园生活活动是满足幼儿生理需要的活动，在其中幼儿要掌握一定的生活技能和适应集体生活的规则，在幼儿自身需要和客观要求交互作用下，获得适应社会生活的能力，锻炼幼儿的独立性。

5. 参观游览

参观游览是根据教育目标组织幼儿到幼儿园以外的地方参观自然现象和社会现象。能让幼儿直接深入社会生活，感知社会生活的丰富内容，激发幼儿的情感，使幼儿理解相关的社会行为规范，实践相关的社会行为。

⚙ 设计思考

（1）这个课件授课的主要目标是什么？请你写下来。

（2）幼儿园语言教育活动有哪几种类型？如果你是授课老师，你打算用哪种类型设计课程呢？

效 果 展 示 ◀◀▶

效果展示详见图 3-5-1 所示。

图 3-5-1　效果展示

任 务 实 施

一、制作母版

（1）打开 PowerPoint 2013，新建文件，保存文件名为"长大以后做什么.pptx"。

（2）单击"设计"→"幻灯片大小"，选择"宽屏（16：9）"，设置演示文稿大小。

（3）单击"视图"→"幻灯片母版"，进入幻灯片母版编辑页面。

（4）单击幻灯片母版编辑页面左侧中的"首页幻灯片"（第二张），插入图片"背景.jpg"，如图 3-5-2 所示。

（5）单击幻灯片母版编辑页面左侧中的"空白幻灯片"（第八张）。单击"背景样式"→"纯色填充"→"打开颜色"→"浅蓝色"。如图 3-5-3 所示。

（6）单击"幻灯片母版"→"关闭母版视图"，回到幻灯片编辑窗口。

图 3-5-2　设置"首页幻灯片"(第二张)

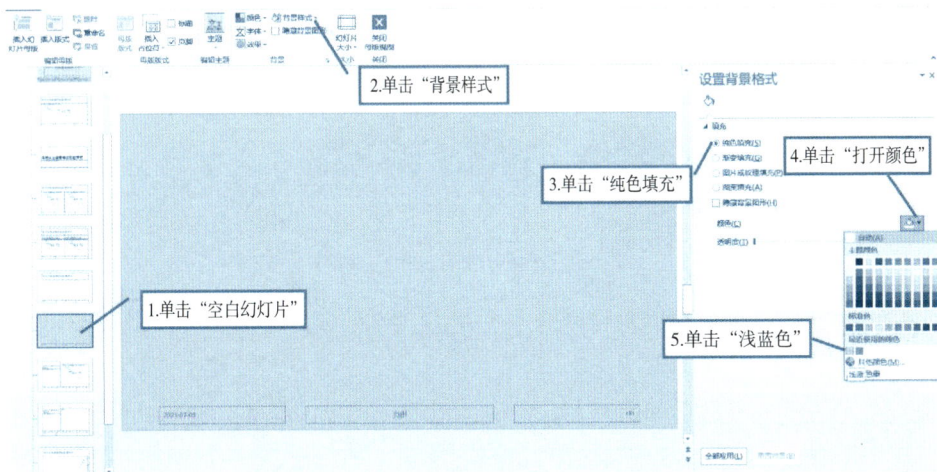

图 3-5-3　设置"空白幻灯片"(第八张)

二、制作封面与封底

1. 制作封面

(1) 插入图片"边框.png",放在页面中间,在首页幻灯片副标题中输入文字"幼儿园大班社会活动",字体设置为"演示悠然小楷""32 磅""居中",颜色为"黑色"。主标题中输入文字"长大以后做什么",字体设置为"微软雅黑""96 磅""居中""加粗",颜色为"蓝色""着色 1""深色 50％";复制主标题文本框,选中下一层,设置文本边框为"橙色""10 磅""圆形端点"、"棱台"联接类型,如图 3-5-4 所示。

(2) 依次插入图片"圆形.png""双蘑菇.png""气球女孩.png""长发女孩.png",调整大小,如图 3-5-5 所示放置在合适位置。

图 3-5-4　设置空白幻灯片

图 3-5-5　封面效果

2. 制作封底

复制标题幻灯片，修改主标题内的文字为"谢谢！"，如图 3-5-6 所示。

图 3-5-6　封底效果

三、制作讲授内容

（1）新建幻灯片，修改版式为"空白"，依次插入图片"看书的女孩.png""一起上学的女孩.png""蒲公英.gif""草地.png"；插入文本框，输入文字"在春天的原野上，绿草油油，男孩和女孩正在草地上快乐地嬉戏玩耍。女孩发现了一朵美丽的蒲公英。"，字体为"微软雅黑""24磅""黑色""首行缩进1.27厘米""1.5倍行距"，置于底层，适当调整每张图片的大小和位置，播放查看该张幻灯片的效果，注意GIF文件的旋转位置和显示位置，效果达到图3-5-7所示。

图3-5-7　新建幻灯片效果

（2）按照上述方法，做好如图3-5-8所示的幻灯片。

（a）幻灯片一

（b）幻灯片二

（c）幻灯片三

（d）幻灯片四

（e）幻灯片五

（f）幻灯片六

（g）幻灯片七

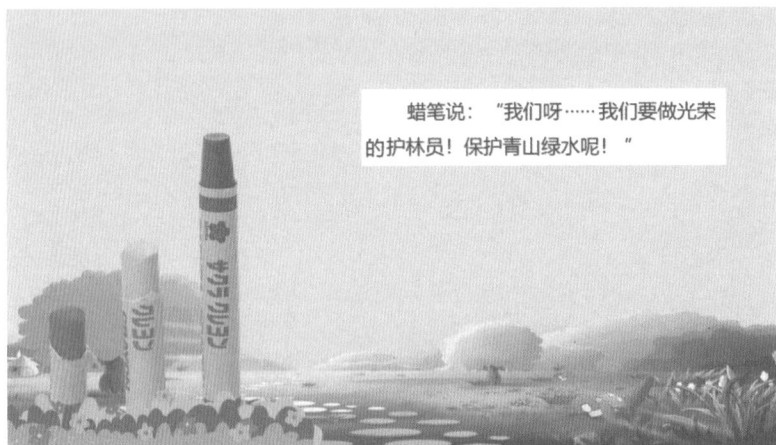

男孩和女孩来到了草地，他们拿出蜡笔，把美丽的蒲公英和欢乐的小鱼画在了图画本上，他们一起问蜡笔："蜡笔，蜡笔，长大以后你们想做什么？"

（h）幻灯片八

蜡笔说："我们呀……我们要做光荣的护林员！保护青山绿水呢！"

（i）幻灯片九

蜡笔说："看来我还要学习，长大好好当护林员。"

（j）幻灯片十

（k）幻灯片十一

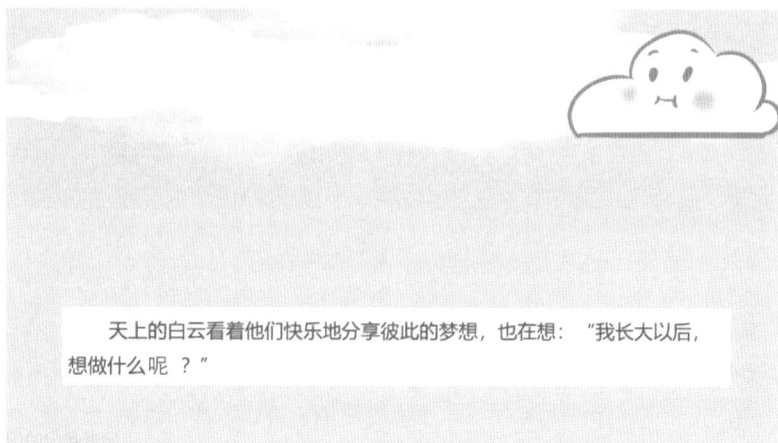

（l）幻灯片十二

（m）幻灯片十三

图 3-5-8　其他幻灯片效果

（3）新建幻灯片，插入"文本框"，输入文字"蒲公英说：'我不知道！'女孩说：'那我们一起来了解吧！'"，设置字体"微软雅黑""24磅""黑色""首行缩进1.27厘米""1.5倍行距"；依次插入图片"蒲公英.gif""草地.png"，放在合适的位置；插入视频文件"中国空军飞行员.avi"，修改大小，设置视频播放为"自动"，置于底层，修改幻灯片位置为第6张，如图3-5-9所示。

图3-5-9 插入视频效果

（4）按照上述方法，做好第11张、第14张幻灯片，其中第11张插入视频文件"我国首艘国产航空母舰.avi"，设置视频播放为"自动""全屏播放"；第14张插入视频文件"一日护林员.avi"，设置视频播放为"自动"，如图3-5-10所示。

（a）视频效果一

（b）视频效果二

图 3-5-10　其他视频效果

四、设置幻灯片切换

设置所有幻灯片的切换方式为"动态内容"→"旋转"，效果选项为"自右侧"，换片方式为"单击鼠标时"。

五、保存课件

单击"文件"→"保存"，保存好了上述幻灯片。

联想与思考 ▐▐▐▶

动画文件类型有 GIF 文件和 SWF 文件，这两种文件类型在幻灯片中插入的方法有什么不同？可以使用 Photoshop 软件加工 GIF 文件，那么用什么软件加工 SWF 文件呢？

知识总结

（1）"选择窗格"可以做对象的选择、隐藏、重命名等操作，选择窗格的灵活应用在幻灯片的制作中非常重要。

（2）插入 GIF 动画，要注意插入时的位置与播放时的位置，插入后要进行播放查看效果，不合适处要进行调整。

（3）一张幻灯片上有多种媒体时，要考虑画面的统一性、趣味性、科学性。

举一反三

（1）搜索素材，试着做。

（2）打开文件夹"项目三"→"任务五"→"作业"，根据提供的素材，制作题目为"妈妈，我爱你"的中班授课课件，以文件名为"作业5 妈妈，我爱你.pptx"，上交到课程平台作业中。

自我评价

将本任务的自我学习评价与反馈填入表3-5-1中。

表3-5-1 自我评价与反馈表

任务内容	掌握程度			
	了解	理解	掌握	熟练
打开选择窗格				
设置对象的显示与隐藏				
插入GIF动画				

素养能量

幼儿园教师违反职业道德行为处理办法

第一条 为规范幼儿园教师职业行为，保障教师、幼儿的合法权益，根据《中华人民共和国教育法》《中华人民共和国未成年人保护法》《中华人民共和国教师法》《教师资格条例》和《新时代幼儿园教师职业行为十项准则》等法律法规和制度规范，制定本办法。

第二条 本办法所称幼儿园教师包括公办幼儿园、民办幼儿园的教师。

第三条 本办法所称处理包括处分和其他处理。处分包括警告、记过、降低岗位等级或撤职、开除。警告期限为6个月，记过期限为12个月，降低岗位等级或撤职期限为24个月。是中共党员的，同时给予党纪处分。

其他处理包括给予批评教育、诫勉谈话、责令检查、通报批评，以及取消在评奖评优、职务晋升、职称评定、岗位聘用、工资晋级、申报人才计划等方面的资格。取消相关资格的处理执行期限不得少于24个月。

教师涉嫌违法犯罪的，及时移送司法机关依法处理。

第四条 应予处理的教师违反职业道德行为如下：

（一）在保教活动中及其他场合有损害党中央权威和违背党的路线方针政策的言行。

（二）损害国家利益、社会公共利益，或违背社会公序良俗。

（三）通过保教活动、论坛、讲座、信息网络及其他渠道发表、转发错误观点，或编造散布虚假信息、不良信息。

（四）在工作期间玩忽职守、消极怠工，或空岗、未经批准找人替班，利用职务之便兼职兼薪。

（五）在保教活动中遇突发事件、面临危险时，不顾幼儿安危，擅离职守，自行逃离。

（六）体罚和变相体罚幼儿，歧视、侮辱幼儿，猥亵、虐待、伤害幼儿。

（七）采用学校教育方式提前教授小学内容，组织有碍幼儿身心健康的活动。

（八）在入园招生、绩效考核、岗位聘用、职称评聘、评优评奖等工作中徇私舞弊、弄虚作假。

（九）索要、收受幼儿家长财物或参加由家长付费的宴请、旅游、娱乐休闲等活动，推销幼儿读物、社会保险或利用家长资源谋取私利。

（十）组织幼儿参加以营利为目的的表演、竞赛活动，或泄露幼儿与家长的信息。

（十一）其他违反职业道德的行为。

第五条　幼儿园及幼儿园主管部门发现教师存在第四条列举行为的，应当及时组织调查核实，视情节轻重给予相应处理。作出处理决定前，应当听取教师的陈述和申辩，调查了解幼儿情况，听取其他教师、家长委员会或者家长代表意见，并告知教师有要求举行听证的权利。对于拟给予降低岗位等级以上的处分，教师要求听证的，拟作出处理决定的部门应当组织听证。

第六条　给予教师处理，应当坚持公平公正、教育与惩处相结合的原则；应当与其违反职业道德行为的性质、情节、危害程度相适应；应当事实清楚、证据确凿、定性准确、处理恰当、程序合法、手续完备。

第七条　给予教师处理按照以下权限决定：

（一）警告和记过处分，公办幼儿园教师由所在幼儿园提出建议，幼儿园主管部门决定。民办幼儿园教师由所在幼儿园提出建议，幼儿园举办者做出决定，并报主管部门备案。

（二）降低岗位等级或撤职处分，公办幼儿园由教师所在幼儿园提出建议，幼儿园主管部门决定并报同级人事部门备案。民办幼儿园教师由所在幼儿园提出建议，幼儿园举办者做出决定，并报主管部门备案。

（三）开除处分，公办幼儿园在编教师由所在幼儿园提出建议，幼儿园主管部门决定并报同级人事部门备案。未纳入编制管理的教师由所在幼儿园决定并解除其聘任合同，报主管部门备案。民办幼儿园教师由所在幼儿园提出建议，幼儿园举办者做出决定并解除其聘任合同，报主管部门备案。

（四）给予批评教育、诫勉谈话、责令检查、通报批评，以及取消在评奖评优、职务晋升、职称评定、岗位聘用、工资晋级、申报人才计划等方面资格的其他处理，按照管理权限，由教师所在幼儿园或主管部门视其情节轻重作出决定。

第八条　处理决定应当书面通知教师本人并载明认定的事实、理由、依据、期限及申诉途径等内容。

第九条　教师不服处理决定的，可以向幼儿园主管部门申请复核。对复核结果不服的，可以向幼儿园主管部门的上一级行政部门提出申诉。

对教师的处理，在期满后根据悔改表现予以延期或解除，处理决定和处理解除决定都应完整存入人事档案及教师管理信息系统。

第十条　教师受到处分的，符合《教师资格条例》第十九条规定的，由县级以上教育行政部门依法撤销其教师资格。

教师受处分期间暂缓教师资格定期注册。依据《中华人民共和国教师法》第十四条规定丧失教师资格的，不能重新取得教师资格。

教师受记过以上处分期间不能参加专业技术职务任职资格评审。

第十一条　教师被依法判处刑罚的，依据《事业单位工作人员处分暂行规定》给予降低岗位等级或者撤职以上处分。其中，被依法判处有期徒刑以上刑罚的，给予开除处分。教师受到剥夺政治权利或者故意犯罪受到有期徒刑以上刑事处罚的，丧失教师资格。

第十二条　公办幼儿园、民办幼儿园举办者及主管部门不履行或不正确履行师德师风建设管理职责，有下列情形的，上一级行政部门应当视情节轻重采取约谈、诫勉谈话、通报批评、纪律处分和组织处理等方式严肃追究主要负责人、分管负责人和直接责任人的责任：

（一）师德师风长效机制建设、日常教育督导不到位；

（二）师德失范问题排查发现不及时；

（三）对已发现的师德失范行为处置不力、方式不当或拒不处分、拖延处分、推诿隐瞒的；

（四）已作出的师德失范行为处理决定落实不到位，师德失范行为整改不彻底；

（五）多次出现师德失范问题或因师德失范行为引起不良社会影响；

（六）其他应当问责的失职失责情形。

第十三条　省级教育行政部门应当结合当地实际情况制定实施细则，并报国务院教育行政部门备案。

第十四条　本办法自发布之日起施行。

项目四 互动型课件制作

幼儿园教师是幼儿学习活动的支持者、合作者、引导者。在幼儿园的整个教育过程中，教师需要全程与幼儿互动。通过游戏与学习活动，幼儿与自己内在的可能性进行对话与碰撞，使幼儿的新旧知识发生联系，形成新的概念和新的图式，促进自身知识的构建。

知识目标

- 了解幼儿园互动型课件制作基础
- 了解幼儿园互动型课件制作设计方法
- 了解 PowerPoint 软件高级操作知识

能力目标

- 能够熟练使用 PowerPoint 软件设置动画、触发器、超链接
- 掌握幼儿园互动型课件制作设计的主要原则，并在制作中应用
- 掌握幼儿园互动型课件制作的一般流程与方法

情感目标

- 具备以幼儿为中心、教师为引导的理念进行课件设计的意识
- 具备交互的科学性、完整性意识
- 具备主动探索、互动的艺术性的意识

任务一 大班社会活动《来做垃圾分类》课件制作

任务清单：4－1

任务情境

为做好垃圾分类工作，保护环境，造福人类，幼儿园将持之以恒推进生活垃圾分类教育，不断增强小朋友垃圾分类意识，让小朋友从小养成垃圾分类的好习惯。大班将于下周开展垃圾分类活动，在此之前，先给小朋友们上一次强化知识的课程。

任务目标

（1）熟知 PowerPoint 软件动画触发器的知识，并会操作。

（2）掌握结合幼儿园社会教育方法，厘清步骤，设计课件。

（3）具备师生科学性交互的意识。

任务要求

（1）课前熟悉大班社会教育的方法，了解学习目标，与同学讨论课件的设计要素。

（2）课中学会使用 PowerPoint 软件设置动画、触发器，达到教学过程中师生基本互动目标。

（3）课后完成举一反三，巩固所学。

（4）学习本任务的线上课程。

配套线上课程

```
┌─────────────────────────┐
│   项目四  交互型课件制作   │
└─────────────────────────┘
            │
┌───────────────────────────────────────┐
│ 任务一  大班社会活动《来做垃圾分类》课件制作 │
└───────────────────────────────────────┘
     │        │              │              │
┌────────┐ ┌────┐ ┌──────────────────┐ ┌──────────┐
│ 课前学习 │ │微课│ │《来做垃圾分类》课件制作│ │ 思考与作业 │
└────────┘ └────┘ └──────────────────┘ └──────────┘
        │      │
   ┌─────────┐ ┌──────────────┐
   │ 设置触发器 │ │  修改对象名称   │
   └─────────┘ └──────────────┘
```

课前学习

幼儿社会教育的特殊方法是社会领域教育的独特方法。

1. 移情训练法

移情训练法指通过描述幼儿的现实生活事件或故事、表演情景等手段，引导幼儿理解和分享别人的情绪、情感的体验，使幼儿在日后生活中，对他人类似的情绪情感产生习惯性的理解并做出反应。

运用移情训练法的要求是：

（1）选择适合的情绪情感。

（2）引导幼儿辨认情绪情感。

（3）采用多种方式，引导幼儿进行情感追忆和换位体验，使幼儿回忆相关情感从而理解、分享他人的情感。

（4）引导的实际做法包括应用性操作和表演性练习，如说出关心话、制作礼物等。

2. 角色扮演法

角色扮演法是指创设现实社会中的某些情景，让幼儿扮演一定的社会角色，从而掌握自己承担的角色所应遵循的社会行为规范和道德要求的方法。

运用角色扮演法的要求是：

（1）围绕教育目标创设情景，要求生动，有代表性。

（2）所选角色应符合幼儿的接受水平和表演技能。

（3）注意角色行为的学习和锻炼。

角色扮演法的一般步骤是：创设情景—启发思考—讨论明理—学习表演。

3. 观察学习法

观察学习法是指幼儿通过观察学习而获得相应的社会行为的方法，幼儿园社会教育中观察的主要对象是现实的社会生活事件、影视作品、儿童的表演等。

运用观察学习法的要求是：

（1）要根据幼儿社会性发展水平和特点设计容易引起幼儿关注的行为模式。

（2）要给幼儿记忆、思考的机会。

（3）提供让幼儿从实践中可以观察的行为模式。

（4）引导幼儿对良好的模式行为给予积极的态度与评价，对不良行为进行改变与消除。

观察学习法的一般步骤是：注意—记忆—行为复出—强化或调节。

4. 社会认知冲突训练法

社会认知冲突训练法是指教师创设能够诱发社会认知冲突的客观情境，不急于向幼儿陈述正确的道德规范和要求，而让幼儿在争论、辩解和表述中去主动探索，并寻求解决办法。幼儿在解决冲突中，须考虑自己以及同伴的动作、观点，在经历冲突和解决冲突后，教师通过概括给幼儿留下深刻印象，以取得良好教学效果。

运用社会认知冲突训练法要求是：

（1）围绕教育目标创设诱发幼儿认知冲突的情境。

（2）鼓励幼儿积极思考和发表看法。

（3）让幼儿有充分的时间进行讨论。

（4）教师对幼儿见解进行概括、小结。

社会认知冲突训练法的一般步骤是：创设诱发认知冲突的情境—观察思考—讨论—概括。

5. 价值澄清法

价值澄清法是让幼儿在活动中直接思考一些价值选择的途径，使他们对社会活动和周围的人产生积极的态度，然后付诸外部行动的方法。价值澄清法在幼儿社会领域教育中常用的三种具体教育方法是澄清应答法、价值表决法和价值排队法。

运用这种方法的要求是：

（1）围绕教育目标提供尽可能多项的选择内容。

（2）让幼儿自由选择并积极思考。

（3）让幼儿公开表示自己的选择，希望得到大家的认可。

（4）让幼儿根据自己的选择去行动。

价值澄清法的一般步骤是：列举选择途径—思考和想象后果—自由选择—体验情感—强化行为。

6. 陶冶教育法

陶冶教育法是利用环境条件、生活氛围及教师本身的言行举止，对幼儿进行积极感化、熏陶，发挥潜移默化的影响作用的方法。它主要是利用人际关系、行为环境、社会风气、情感氛围等来"陶情""冶性"、培养幼儿良好社会品德、社会行为与亲社会情感。这类方法以环境陶冶和艺术感染法为多。环境陶冶法是通过优美的自然环境、良好的社会环境和教育者有意识创设的教育情境，对幼儿进行社会性培养的教育方法。

运用环境陶冶法的要求是：

（1）根据教育目标设置教育环境。

（2）注重幼儿的感受与体验。

7. 陶冶教育法

艺术感染法是利用音乐、绘画等艺术形式的感染力，渗透幼儿心灵，激发幼儿的情感，并使之化作行动的一种教育方法。

运用艺术感染法的要求是：

（1）选择优秀、合适的艺术作品。

（2）引导幼儿体会作品的思想感情。

（3）鼓励幼儿表达对作品的感受。

（4）带领幼儿进行艺术实践。

艺术感染教学模式的主要步骤是：感知欣赏作品—讨论明理—联想深化—艺术实践—小结。

活动方案

一、活动目标

（1）能够懂得垃圾分类的意义。

（2）知道垃圾的各种分类，会做常见生活垃圾的分类投放。

（3）能够在日常生活中学习垃圾分类投放，提高分析、分类、比较的能力。

二、重点、难点

（1）重点：掌握幼儿垃圾的简单分类方法，懂得垃圾分类的意义。

（2）难点：生活垃圾如何分类处理。

三、活动准备

（1）知识准备：小朋友能分辨颜色、符号，可以把物体的图片与实物相联系。

（2）物质准备：四种颜色的垃圾桶、各种物品的模型、评价用的 yes 和 no 标志，一些表达感情的音乐，课件 PPT。

四、活动过程

1. 引出课题

（1）播放《佩奇，来做垃圾分类》视频。

（2）播放完后，提出问题：他们在说什么呀？引导幼儿回答，观察有多少人能回答，有多少人不能回答，根据人数调整授课内容与节奏。

（3）提出今天的主要问题：垃圾怎样分类？

2. 学习垃圾分类知识

（1）说明不同分类的标志图形。

（2）说明不同分类的标志颜色和垃圾桶颜色。

（3）说明日常生活垃圾怎样分类（触发图形动画，让图形进入相应的垃圾桶，明示小朋友投放的方法）。

（4）穿插图形、颜色、物品的提问，引导幼儿回答，增强记忆。

3. 练习垃圾分类

（1）先在 PPT 课件中通过互动课件判断物品应该投放在哪个垃圾桶。

（2）然后分组，让幼儿把物品模型放入正确的垃圾桶里。

（3）对幼儿的练习及时表扬和纠正。

4. 概括垃圾分类价值观及意义

（1）总结幼儿的练习情况，通过表扬激发幼儿对垃圾分类的价值取向。

（2）说明垃圾分类的意义。

五、活动延伸

（1）请幼儿去查找一些不能确认分类的垃圾的资料，把垃圾分类桶放置活动室一角，帮助幼儿继续在日常生活中学习分类处理垃圾。

（2）鼓励幼儿教会家长垃圾分类的知识。

六、活动评析

1. 设计意图

在本次活动中，主要通过颜色、图形标志与实物的联系完成垃圾分类投放知识的教学，并通过 PPT 互动练习与实物练习巩固知识。活动设计主要考虑幼儿了解事物的直观性及幼儿对互动的学习兴趣，采用直观形象的 PPT 作为互动游戏吸引幼儿的注意力，能使幼儿对内容产生极大的关注；同时，物品分类的操作性、实践性很强，能让幼儿在亲身体会中获得有关垃圾的知识。

本活动侧重于幼儿的认知和技能，主要是为了幼儿了解分类垃圾桶，学会垃圾分类投放。

2. 效果分析

本教学活动采用社会教学中的观察学习法，将步骤设定为注意—记忆—行为复出—强化。让幼儿知道了垃圾分类的知识，学会不同垃圾的分类投放方法。活动中，运用的视频、动画、游戏互动、实验的教学方法使课堂气氛十分活跃，幼儿的思维活跃，发言积极；分组教学给了幼儿更多的发言机会；垃圾分类实物投放练习的设计更给了幼儿主动参与及继续思考的机会，教学效果甚好。

⚙ **设计思考**

你觉得互动型课件中的互动可以体现在哪些方面？

◖ **效 果 展 示** ▥▶

效果展示详见图 4-1-1 所示。

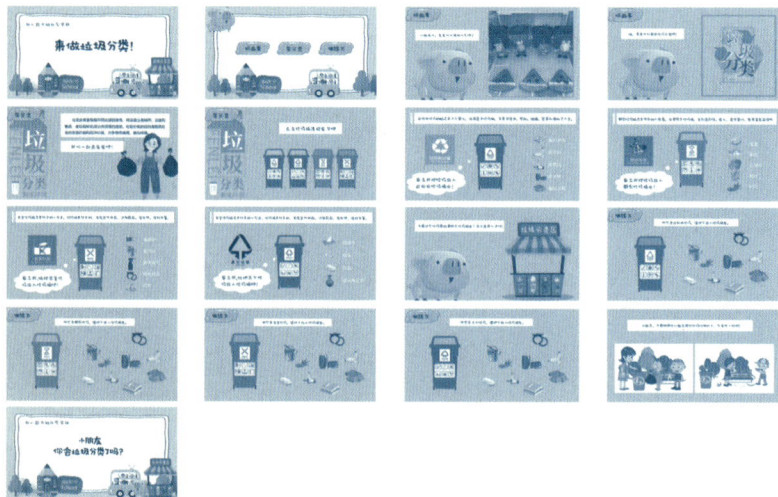

图 4-1-1　效果展示

任务实施

一、制作母版

（1）打开 PowerPoint 2013，新建文件，保存文件名为"来做垃圾分类.pptx"。

（2）单击"设计"→"幻灯片大小"，选择"宽屏（16∶9）"，设置演示文稿大小。

（3）单击"视图"→"幻灯片母版"，进入幻灯片母版编辑页面。

（4）单击幻灯片母版编辑页面左侧中的"首页幻灯片"（第二张），插入图片"背景.jpg"，将图片置于底层，如图 4-1-2 所示。

（5）单击幻灯片母版编辑页面左侧中的"空白幻灯片"（第八张）。单击"背景样式"→"纯色填充"，选择"金色""着色 4"，如图 4-1-3 所示。

（6）单击"幻灯片母版"→"关闭母版视图"，回到幻灯片编辑窗口。

图 4-1-2 "首页幻灯片"母版编辑页面

图 4-1-3 "空白幻灯片"母版编辑页面

二、制作封面、目录页与封底

1. 制作封面

单击左侧大纲视图的第一张幻灯片，单击右侧编辑的标题，输入文字"来做垃圾分类！"，字体设置为"字心坊初恋物语""80磅""黑色""居中"；副标题输入文字"幼儿园大班社会活动"，字体设置为"字心坊夏梦手书""28磅""黑色""居中"；插入图片"小猪图片一.png""垃圾车.png"等，适当调整大小，放置在页面右下角，如图4-1-4所示。

图4-1-4　封面效果

2. 制作目录

复制幻灯片，删除主标题与副标题与图片，另插入图片"按钮.png""星星.gif"，插入"文本框"，输入文字"听故事"，字体设置"字心坊夏梦手书""36磅""黑色""居中"，将两个图片与文本框组合。将组合复制两个，修改文字内容分别为"学分类""做练习"，插入图片"小猪图一.png"，适当调整大小和方向，放置页面左上角，调整当前幻灯片的位置为第二张目录页，如图4-1-5所示。

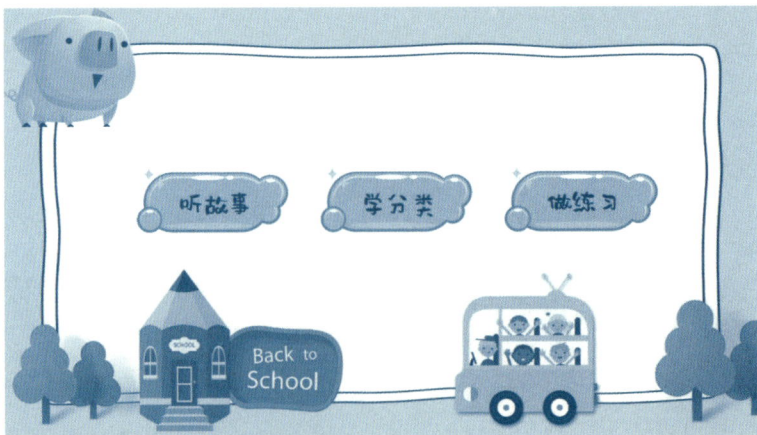

图4-1-5　目录页效果

3. 制作封底

复制封面幻灯片，将主标题文字改为"小朋友，你会垃圾分类了吗?"。文字分两行显示，修改字体大小为"54 磅"，如图 4-1-6 所示。

图 4-1-6　封底效果

三、制作听故事内容

（1）新建幻灯片，设置版式为"空白"，复制目录页中的组合，修改文字内容为"听故事"，放置在页面左上角，如图 4-1-7 所示。

图 4-1-7　听故事页面制作

（2）插入图片"小猪图一.png"，适当调整大小和方向，放置页面左下角，插入"文本框"，输入文字"小朋友们，看看他在说什么呀？"，字体设置为"字心坊夏梦手书""24磅""黑色""居中"，将"文本框"填充"白色"，去除"边框"；插入视频文件"小朋友，一起来学习垃圾分类吧.mp4"，适当调整视频窗口大小，设置播放开始为"单击时"，如图4-1-8所示。

图4-1-8　听故事页面效果

（3）复制幻灯片，将文本框文字修改为"哦，原来他们在说垃圾分类呀！"，删除视频文件，插入图片"宣传图.png"，调整至适当大小，放置在页面右侧，如图4-1-9所示。

图4-1-9　提出问题页面效果

四、制作讲授内容

（1）复制幻灯片，将组合内的文字修改为"学分类"，删除图片文件，修改文本框内的文字为"我们一起来学学吧！"；再插入一个文本框，输入垃圾分类的意义的说明文字，字体设置为"微软雅黑""20磅""首行缩进1.27厘米""1.5倍行距"；插入图片"妈妈.png"，适当调整大小，放置在页面右下角；插入图片"分类宣传.png"，适当调整大小，放置在页面的左侧，如图4-1-10所示。

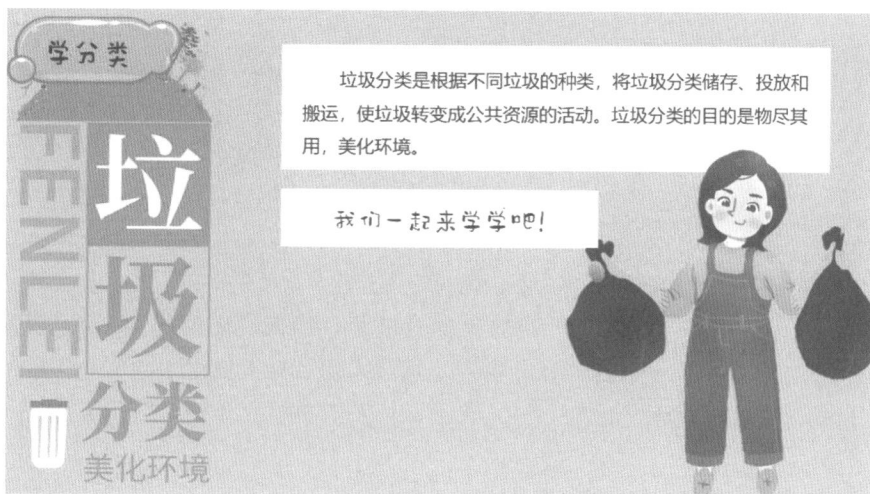

图4-1-10　垃圾分类的意义内容幻灯片

（2）复制幻灯片，删除图片文件，修改文本框内的文字为"认识垃圾分类要求、标志、垃圾桶"，删除另一个文本框，插入图片"垃圾桶.png"，适当调整大小，如图4-1-11所示。

图4-1-11　进入学习幻灯片

（3）复制幻灯片，删除组合、图片，修改文本框内的文字为图中所示内容，插入图片"标志.png"，裁剪其他标志，剩余可回收垃圾标志，如图 4-1-12 所示。

图 4-1-12　插入分类标志

（4）插入图片"垃圾桶.png"，裁剪其他垃圾桶，插入"支形标注"，适当调整大小，放在垃圾桶图片旁边，输入文字"单击我把垃圾放入可回收垃圾桶中！"，字体设置为"字心坊夏梦手书""32磅""黑色""居中"，如图 4-1-13 所示。

图 4-1-13　插入分类垃圾桶

（5）插入五种物品的图片，适当调整大小，插入"文本框"，输入物品名称，放置在页面右侧，如图 4-1-14 所示。

（6）单击第一种物品"书本"的图片，设置路径动画"转弯"，将显示出的动画路径线条水平旋转，使动画由右向左运动；再用鼠标右键单击"路径"，选择"编辑顶点"，如图 4-1-15 所示。

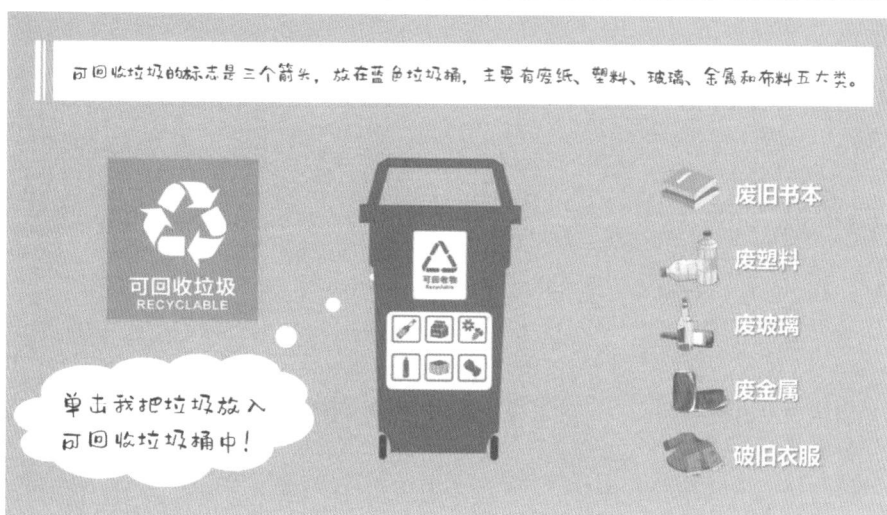

图 4-1-14　插入物品与名称

图 4-1-15　设置物品动画

（7）拖动"黑色锚点"，改变路径轨迹，如图 4-1-16 所示。

（8）单击选中的书本图片，打开动画窗格，单击"触发"→"单击"，选择"垃圾桶"图片，如图 4-1-17 所示。

（9）依次选中其他图片，打开"动画窗格"，设置触发为"单击垃圾桶图片"，并将其他图片的动画开始设置为"与上一动画同时"；组合物品名称的所有文本框，添加进入动画"出现"，设置动画开始为"与上一动画同时"，如图 4-1-18 所示。

（10）插入图片"四种颜色.png"，裁剪其他颜色图案，留下蓝色可回收垃圾图案，置于顶层；添加进入动画"淡出"，设置动画开始为"上一动画之后"，如图 4-1-19 所示。

图 4-1-16　调整路径方向和轨迹

图 4-1-17　动画的触发设置

图 4-1-18　其他对象的动画设置

图 4-1-19 颜色标志的动画设置

（11）按照上述方法，制作另外三种分类的授课内容，如图 4-1-20 所示。

（a）幻灯片一

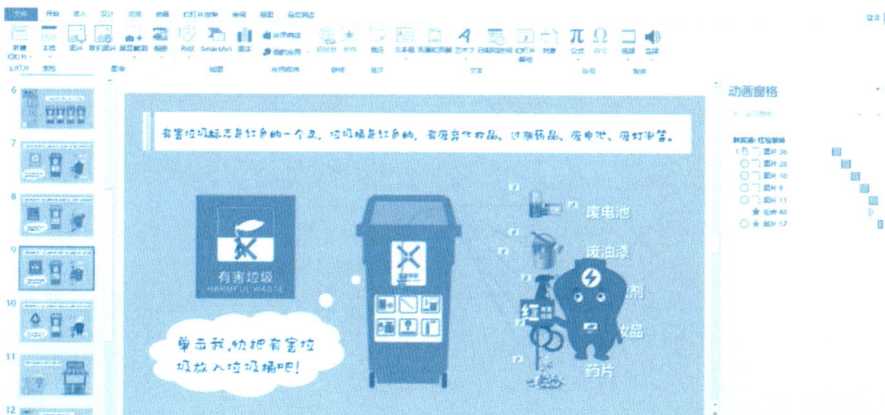

（b）幻灯片二

(c) 幻灯片三

图 4-1-20　其他学习幻灯片效果

五、制作练习内容

（1）新建幻灯片，插入"文本框"，输入文字"下面这些垃圾要放在哪个垃圾桶里？我们来选一选吧！"，字体设置为"字心坊夏梦手书""24 磅""黑色""居中"，插入图片"小猪图一.png""垃圾车.png"，适当调整大小和位置，如图 4-1-21 所示。

图 4-1-21　导入练习幻灯片

（2）复制幻灯片，插入组合，修改文字内容为："做练习"，修改文本框内容为"哪些是可回收垃圾，请把它放入垃圾桶里。"，插入可回收垃圾桶、各种物品图片，如图 4-1-22所示。

（3）单击"酒瓶"图片，添加"转弯"路径动画，调整"路径方向"和"锚点"，使

图 4 - 1 - 22　练习幻灯片效果

酒瓶动画进入到垃圾桶中，设置触发器为"单击酒瓶图片"；插入音频文件"表扬声音 . mp4"，设置开始为"与上一动画同时"；触发器为"单击酒瓶图片"，动画播放顺序放在酒瓶动画之下。

（4）按照上述方法，将其他物品图片全部加上动画、声音、设置触发器，如图 4 - 1 - 23 所示。

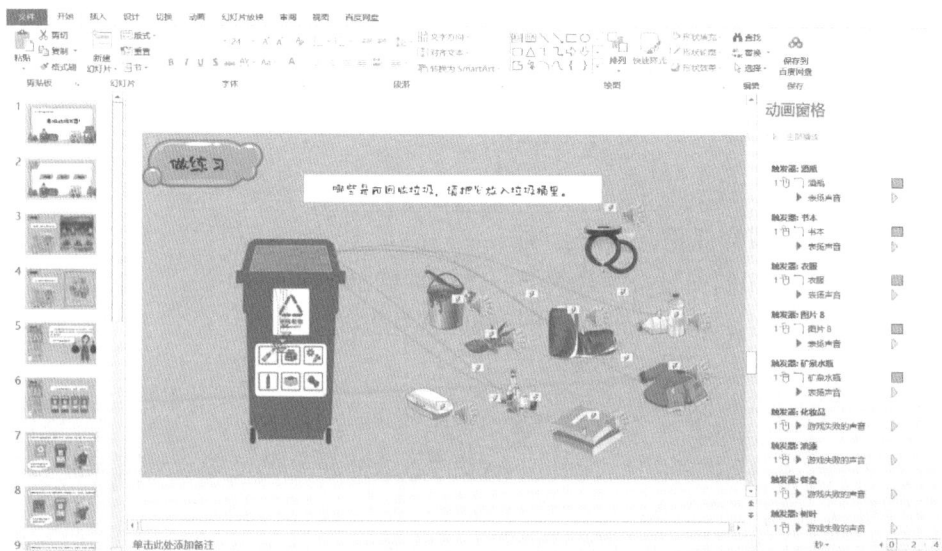

图 4 - 1 - 23　插入符号

（5）播放动画查看效果，确保每一件可回收物品单击时均能放入垃圾桶，并发出表扬的声音；其他物品单击时不动，发出游戏失败的声音。

（6）新建"幻灯片"，插入"文本框"，输入文字"小朋友，下面哪两个小朋友在扔垃圾时做对了，你来说一说吧！"，插入图片"正确扔垃圾方法 . jpg""错误扔垃圾方法 . jpg"；

插入"文本框",输入"√"符号,将符号设置进行动画"出现"设置触发器为单击正确扔垃圾图片;插入声音"表扬.mp4",设置动画开始为"与上一动画同时",触发器为单击正确扔垃圾图片,如图 4-1-24 所示。

图 4-1-24　练习巩固幻灯片

(7) 播放动画查看效果,确保两张图片在单击时均显示符号,同时发出相应的声音。

六、保存课件

单击"文件"→"保存",文件就保存好了。

知识总结

(1) 课件的互动要与课程设计相适应。
(2) PowerPoint 可以通过动画触发器的设置达到互动的效果。
(3) 互动可以添加动画、声音、符号等媒体强化互动的效果。

举一反三

(1) 在本课件制作"做练习"部分,物品的动画的触发还可以设置成其他触发方法吗?试着自己做一下。
(2) 打开文件夹"项目四"→"任务一"→"作业",根据提供的素材,制作题目为"我的幼儿园"的小班授课课件,以文件名为"作业1　我的幼儿园.pptx",上交到课程平台作业中。

自我评价

将本任务的自我学习评价与反馈填入表 4-1-1 中。

表 4 - 1 - 1　自我评价与反馈表

任务内容	掌握程度			
	了解	理解	掌握	熟练
设置动画的触发器				
一个触发器下添加多个对象的动画				
修改路径动画的运动轨迹				
制作课内的课件	会	大部分会	有些不明白	不会
完成课后的举一反三	完成		没有完成	
与同学讨论了课件制作过程	是的		不是	
在学的过程中，帮助了其他同学	是的		不是	

素养能量

幼儿园教师应具有全面、正确地了解儿童发展的能力

教师应具有全面、正确地儿童发展的知识和全面、正确的了解儿童发展的能力，积极、适宜地把握儿童发展进程及其特点，这是一个教师对儿童进行有效教育、取得良好教育教学效果的前提。许多事实和经验也反复告诉我们，不了解或忽视儿童身心发展水平或特点，易造成师生交往中的误解和教育工作中的诸多矛盾、冲突、困难，甚至失误。全面、正确地认识儿童与儿童发展的能力主要指以下方面。

1. 正确地认识儿童与儿童发展

（1）儿童是独立的、积极主动的个体，有自主活动、独立活动和充分活动的能力和权利。

（2）儿童是完整的个体，其发展包括身体、认知、情感、社会性、个性等方面的全面发展。

（3）儿童是正在发展中的个体，具有充分、巨大的发展潜能。

（4）儿童在与周围环境、他人的积极主动的相互作用中不断成长、发展。

（5）儿童的发展具有个体差异，不同的儿童具有不同的身心发展特点、不同的优点和缺点。

2. 掌握儿童的学习和发展规律

儿童的学习和发展有其自身特点和规律。能否了解和把握儿童学习、发展规律是教师专业知识及能力的重要表现。教师也只有掌握并遵循这些儿童学习和发展的特点和规律，才可能取得教育的成功。

作为一个幼儿教师，需要了解和掌握幼儿发展的主要方面、学习的主要形式及其特点，儿童的这些方面都是怎么发展的，发展过程的主要规律、阶段和水平，儿童发展的主

要影响因素及其作用；教师还应该了解、懂得儿童是如何学习的，儿童怎样主动建构自身经验，在这个建构过程中外部经验又如何转化为儿童自己的经验，影响因素主要有哪些，教师应该如何有效地帮助和支持儿童的学习与发展，等等。

3. 在与儿童交往和教育过程中研究儿童发展

教师对儿童和儿童发展的知识，既可以来自书本的学习，还可以来自自身工作经验，来自自己与儿童的生活、交往和教育过程。因为它们直观、生动、鲜活，更有助于教师的理解和掌握。优秀教师的成功经验就是善于在经验中研究、学习，在经验中理解、把握儿童特点，在大量的日常交往、教育实践中研究儿童发展与学习规律，并锻炼、提升自己研究、分析、评价儿童的能力。因此，教师对儿童的研究与专业研究者对儿童的研究不仅在研究目的上有所不同，功能、内容、途径、方式与方法上也有所不同。教师主要是在与儿童的日常自然交往、生活、活动、教育过程中观察和了解儿童，思考、琢磨儿童的发展规律、水平、特点，尝试调控教育影响因素（如内容、环境、方式、手段等），并考察其可能的作用与影响。

任务二　大班综合活动《我的家乡——南昌》课件制作

任务清单：4-2

任务情境

幼儿园带领大班小朋友去南昌八一起义纪念馆开展了一次游学活动，回到幼儿园后，小朋友们非常兴奋，谈论了很久。为强化游学效果，增强小朋友们对自己家乡的自豪感和自信心，老师准备开展关于家乡的综合教育活动。

任务目标

（1）熟知 PowerPoint 超链接、触发器、动画高级设置等知识，并会操作。

（2）学会结合幼儿园综合教育实施要求，设计课件。

（3）具备培养幼儿对国家、家乡的自豪感的课件设计意识。

任务要求

（1）课前熟悉幼儿园综合教育课程的实施要求，与同学讨论课件的设计要素。

（2）课中学会使用 PowerPoint 软件进行超链接的基本操作，以及灵活使用超链接完成课件的交互。

（3）课后完成举一反三，巩固所学。

（4）学习本任务的线上课程。

配套线上课程

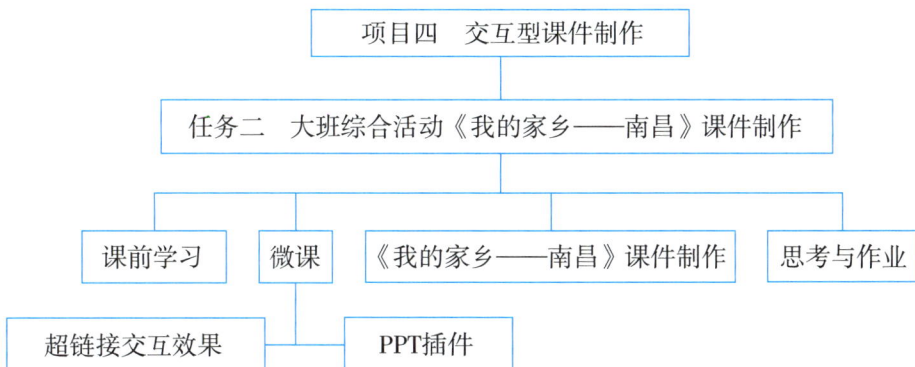

```
                    项目四　交互型课件制作

            任务二　大班综合活动《我的家乡——南昌》课件制作

     课前学习    微课    《我的家乡——南昌》课件制作    思考与作业

  超链接交互效果            PPT插件
```

课前学习

幼儿园综合教育课程的实施要求

幼儿园综合教育课程的实施必须全面考虑三个方面的综合和三个层次的综合。

一、实现三个方面的综合

（一）教育内容的综合

综合教育既保留了分科教学的基本形式，强调了学科特点和自身体系，理顺纵向关系，又强调了各科（领域）之间的联系与配合，加强了横向联系。

1. 教育内容的纵向整体性

教育内容的纵向整体性指的是同类或同领域内容的顺序性联系，强调把每一个后继经验建立在前面经验的基础之上，由浅入深、由近及远，表现在以下两个方面。

（1）强调各学科（领域）的系统性。必须按各学科（领域）自身规律合理地安排内容，例如，数学教育内容的安排，在数的认识方面必须是按这样的顺序：基数—序数—相邻数—数的组成—数的加减运算。

（2）重视同一内容（主题）在不同年龄阶段的整体性。例如，关于认识季节的内容在每个年龄班都必须开展，但每次的目标应区分出层次，由浅入深，从小班"让幼儿观察四季的明显特征，到中班"让幼儿了解四季的特征及其与人们生活的关系"，再到大班的"使幼儿获取有关季节与人类、动物、植物等关系的感性经验，形成四季的初步概念"。每次的目标既体现出层次性，又体现了内容之间的纵向整体性。

2. 教育内容的横向网络

教育内容的横向网络是指在不影响各学科（领域）系统性的前提下，各科之间加强联系与配合，按一定的主题，把相关领域的内容集中起来安排。例如，每年的三四月份，以"美丽的春天"这一主题为线索，把各学科（领域）中有关春天的内容组织起来，使各学科（领域）的内容相互配合、相互补充、相互促进，也使幼儿通过各种渠道获得有关春天的信息，同时又发展相应的语言、美术、音乐等能力。

3. 主题（话题）的选择

（1）以学科或领域为基础设计主题，多从科学、社会等领域考虑，如"落叶飘飘""冬天的动物""美丽的春天""新年到"等。

（2）以情感培养为主线设计主题，如"快乐""我喜欢""温馨的信"等。

（3）以社会生活事件为基础设计主题，如"交通事故发生了""台风来了"等。

（4）以幼儿自身的生活事件为基础设计主题，如"我们的新朋友""小兔子病了""接纳新生活"等。

（5）以提炼和概括的过程、原理或变化规律为基础设计主题，如"变""熟了""原因"等。

（二）教育手段、形式、方法的综合

综合教育主张综合运用多种教育手段、形式和方法，整合各种教育效果以取得整体的教育效应。

（1）综合教育课程的实施要求教师改变仅重视教学活动等弊端，充分运用教学、游戏、日常生活、家园配合等教育手段，强调多种手段的相互配合，发挥各自独特的作用。

（2）综合教育课程和实施要求老师根据教育目标及内容，灵活地运用统一活动、自选活动、自由活动及集体活动、小组活动和个别活动等形式组织、开展活动。

（3）综合教育课程的实施要求教师充分认识到幼儿的主体地位，重视采用多种方法，如操作、讨论、发现等，让幼儿动手、动脑、动口，让幼儿在做中学，在与环境、与物、与人的相互作用中获得发展。

（三）教育过程的综合

综合应贯穿于整个教育过程，具体表现在以下三个方面。

1. 教师的"教"与幼儿的"学"综合

教师如何"教"应充分地考虑幼儿如何"学"，因此，教师在方法的选用上，在语言的表达上，甚至在对幼儿提出的问题上，都一定要设身处地地站在幼儿园的角度上来考虑，以保证老师"教"的有效性和幼儿"学"的有效性。

2. 教育内容与环境创设综合

《幼儿园工作规程》明确指出，应"创设与教育相适应的良好环境"，综合教育课程的实施更要求教师充分利用和协调各方面的教育因素。在幼儿园里，环境这一教育因素对幼儿的影响是潜移默化的，幼儿身心发展的各个方面无一不受环境因素的影响。综合教育课程的实施要求教师改变环境布置一个学期不变的弊端，灵活地根据各个阶段的教育目标和教育内容，充分发挥幼儿在环境创设中的主体作用，使幼儿在参与环境创设的过程中学习，在活动中不断地受良好环境的熏陶。

3. 幼儿知识技能的获得、能力的培养和情感、社会性的发展综合

教育过程的最终的落脚点是促进幼儿身心全面和谐发展，对于任何一个教育内容、任何一项教育活动，教师都应该充分地挖掘其中可促进幼儿发展的因素。在知识技能方面，幼儿的特点决定了不能片面地追深和拔高。因此，教师应遵守幼儿身心发展的规律，从全人格人才培养的角度出发，重视幼儿能力和情感、社会性的培养。

二、实现三个层次的综合

（一）主题活动的综合

主题活动的综合是指每个阶段以某一主题的综合教育，使有关内容得以有机的结合，改革单科独进、课内外脱节等现象。主题活动的综合有以下三种组织架构类型。

1. 多学科综合

多学科综合即同一个主题下，重点教授各相关学科的知识。其特点是学科界限分明，多个学科，共同主题，顺序展开，学科教学。例如，主题活动"春天"，可以安排科学活动认识春天，语言活动讲有关春天的故事，美术活动画春天，音乐活动唱春天等。

2. 跨学科综合

跨学科综合即将课程中同类或相关的知识归纳起来，合并同类项并以跨越学科的内容作为课程重点。其特点是学科界限模糊，围绕主题，强调学科共同点，以培养思维能力和解决问题的能力为重点，具有整合性。例如，综合活动"火、防火与自我保护"，所涉及的领域有科学、社会、健康和语言，是明显的跨学科综合。

3. 超学科综合

超学科综合即完全超越学科的界限，课程以现实生活中的真实问题为核心，展开专项研究或探索。其特点是学科界限不存在，以现实问题为主题或焦点，内容由幼儿的兴趣、需要而设定，而不是任何学科指引而预先确定。例如，"方案教学法""生成课程"等。

（二）一日活动的综合

一日活动的综合是指把一日的各项活动组成连续的教育过程，不停留在相互分割的单个片段上，即半结构教学成非结构教学。其特点是淡化时间界限，强调各项活动的综合。强调寓教育于各项活动之中，充分发挥游戏活动与生活活动的教育价值。例如，"会变的影子"的活动，教师可以通过晨间活动（让幼儿给园内的大树、娃娃房、石凳等画影子）、科学实验（影子的产生）、故事欣赏（《小熊的影子》）、游戏活动（玩手影、彩子模特儿、踩影子）和生活活动（家长带幼儿在路灯下观察人影的变化）等一系列活动让幼儿了解影子。这样做，比单纯组织一个科学实验的教学活动效果好得多，既贴近幼儿生活，又符合幼儿好动、好玩的天性，更能激发幼儿对自然现象的好奇心和探索欲望。

（三）个别活动的综合

个别活动的综合是指每项活动应尽可能在各个部分自然的有机联系中进行，一环扣一环，层层递进。没有不涉及其他领域只能进行某个领域学习的活动，任何活动都可以实现领域间的渗透。例如，"火、防火与自我保护"的活动，改变了以往为认识"火"而认识"火"的单纯的常识教学，把科学领域、健康领域、社会领域和语言领域等内容有机地渗透进去，从对火的认识，到如何防火，再到火灾发生时如何自救和互救等环节。这样做能使幼儿在一个活动中获得更多的有益经验，这种渗透也是自然的。

教师如果能够在注重主题活动的综合、一日活动的综合的基础上注重个别活动的综合，将会使每个活动开展得更加生动、活泼，将会为孩子们赢得更多自然而宝贵的受教契机。

活动方案

一、活动目标

（1）从各个角度了解家乡，热爱自己的家乡，以家乡为荣，产生一种自豪感。
（2）能够运用已有的知识经验，用语言大胆连贯地介绍家乡。
（3）具备与老师和同学交流沟通的主动意识。

二、重点、难点

（1）重点：各个角度了解家乡。

（2）难点：以家乡为荣，产生一种自豪感。

三、活动准备

（1）知识准备：幼儿了解家乡的部分标志性景点和家乡的特点。

（2）物质准备：家乡宣传画、《我的家乡——南昌》绘本、剪刀、双面胶、油画棒、彩笔、小旗、导游证若干、音乐、南昌话童谣、课件PPT。

四、活动过程

1. 引出课题

（1）教师做导游，并出示导游证。

（2）幼儿说出游学中走过的景点，谈谈自己的想法。

（3）教师问幼儿："现在咱们家乡的景色越来越美，全国各地的小朋友都到咱们家乡来旅游啦，旅行社想在咱们班挑选一批小导游。下面请大家积极介绍家乡，出色者将颁发小导游证，你们愿意当导游吗？"

2. 授课部分

（1）一起观看视频，定点提出三个景点的问题，引导幼儿回答，观察有多少人能回答，有多少人不能回答，根据人数调整授课内容与节奏。

（2）教师引导幼儿在说的过程中，裁剪出《我的家乡——南昌》绘本中相应有图片，并涂上相应的颜色，贴在绘本上。

（3）教师可以请幼儿扮演小导游，带领大家观看景点，并引导其他幼儿回答，增强记忆。

（4）教师请幼儿扮演饭店主人，带领其他幼儿品尝家乡美食。

3. 结束部分

（1）总结评述。表扬幼儿表现都很不错，不仅学习了如何当小导游，还熟悉了我们美丽的家乡。

（2）情感教宣。我们家乡特产丰富，名胜古迹众多，城市建设、发展日新月异，高楼越来越多，马路也越来越宽，每一个地方都是一处风景。大家回家要向父母夸一夸我们美丽的家乡。

（3）欣赏和学唱南昌话童谣。

五、活动评析

1. 设计意图

在本次活动中，综合社会、语言、美术等领域方面的教学，将游学的具体实践知识与图、画、语言的抽象知识进行一次交汇，使幼儿的知识建构巩固成功。

PPT互动练习主要配合老师的引导和幼儿自主的探索，其设计主要考虑幼儿已熟知的景点与视频图片的抽象的结合。通过PPT的链接功能达到各个知识点之间的跳转，满足授课的需求。

2. 效果分析

本教学活动综合了教学领域的横向网络，让幼儿在做中学、学中做，使幼儿动脑、动手、动口更好地结合，也让幼儿在与图、声、物、人的相互作用中获得发展。

活动中，教师运用角色扮演的方法使课堂气氛十分活跃，幼儿主动参与积极性高，发言大胆，教学效果好。

⚙ 设计思考

（1）这个课件的互动主要体现在哪些环节？请你写下来。

（2）在授课过程中怎样通过课件突破重点和难点？

（3）根据以上的活动方案，你会怎样设计课件？

效 果 展 示 ▮▮▮▶

效果展示详见图 4-2-1 所示。

图 4-2-1 效果展示

![任务实施] 任 务 实 施

一、制作母版

（1）打开 PowerPoint 2013，新建文件，保存文件名为"我的家长——南昌.pptx"。

（2）单击"设计"→"幻灯片大小"，选择"宽屏（16∶9）"，设置演示文稿大小。

（3）单击"视图"→"幻灯片母版"，进入幻灯片母版编辑页面。

（4）单击幻灯片母版编辑页面左侧中的"首页幻灯片"（第二张），插入图片"背景.jpg"，使图片置于底层，如图 4-2-2 所示。

图 4-2-2　"首页幻灯片"（第二张）

（5）单击幻灯片母版编辑页面左侧中的"空白幻灯片"（第八张），插入图片"背景2.jpg"，使图片置于底层，如图 4-2-3 所示。

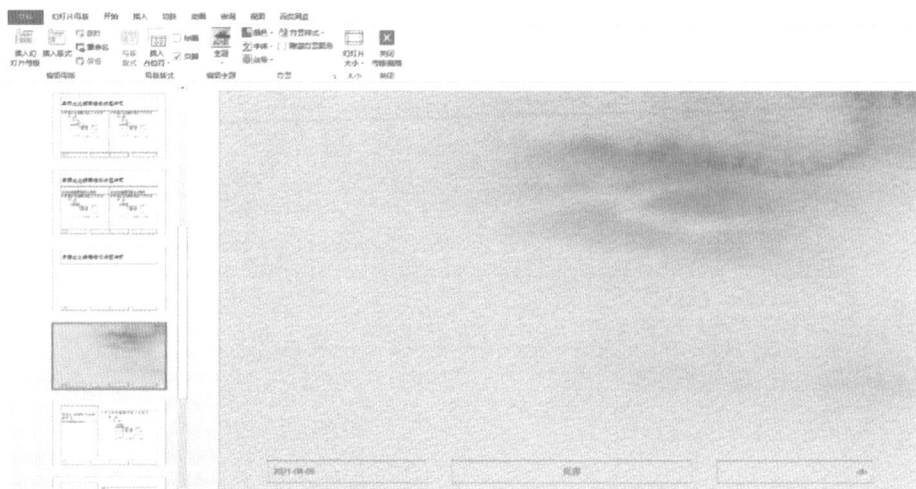

图 4-2-3　"空白页幻灯片"（第八张）

二、制作封面与封底

1. 制作封面

（1）在主标题中输入文字"我的家乡——南昌"，字体设置为"思源宋体""66 磅""黑色"；副标题中输入文字"幼儿园大班综合教育活动"，字体设置为"演示悠然小楷""32 磅""黑色"。调整两个标题的位置，使其放置在页面的左下角。

（2）插入图"老师带小朋友.png"，置于顶层，适当调整大小和位置，如图 4-2-4 所示。

图 4-2-4　制作封面

2. 制作封底

复制幻灯片，修改主标题内的文字为"喜欢你的家乡吗?"，如图 4-2-5 所示。

图 4-2-5　制作封底

三、制作目录页

（1）在首页幻灯片下新建幻灯片，将版式修改为"空白"，插入"文本框"，"无填充""无轮廓"，输入文字"目录"，字体设置为"思源宋体""54磅""黑色"，在目录文字下绘制两条直线，设备为"3磅""黑色"，如图4-2-6所示。

图4-2-6　目录文本框

（2）插入"文本框"，"无填充""无轮廓"，输入目录的内容文字，字体设置为"演示悠然小楷""40磅""黑色"，插入图片"南昌火车站.png""儿童.png"，适当裁剪，调整位置，如图4-2-7所示。

图4-2-7　目录页面效果

四、制作讲课内容

（1）复制首页，删除副标题，修改主标题文字内容为"南昌简介"，如图4-2-8所示。

图 4-2-8　南昌简介扉页

（2）新建"空白页"，插入"矩形"，填充"蓝色"，"无轮廓"将矩形旋转，放在页面左上角；输入文字"南昌简介"，字体设置为"思源黑体""18磅""白色"，并调整位置。插入"矩形"，填充"白色"，"无轮廓"，白色矩形放置在页面中间，如图 4-2-9 所示。

图 4-2-9　插入两个矩形

（3）插入"文本框"，"无填充""无轮廓"，输入如图 4-2-10 所示的文字内容，字体设置为"微软雅黑""16磅""黑色"，部分字体加粗，颜色设置为"红色"。

（4）依次插入图片"南昌府牌楼.jpg""教学.gif""听课.gip""返回.gif"，适当调整旋转、大小、位置，达到如图 4-2-11 所示的效果。

（5）复制首页，删除副标题，修改主标题文字内容为"南昌美景"，如图 4-2-12 所示。

南昌简介

- 南昌，简称"洪"、"昌"，古称豫章、洪都，是江西省省会。
- 南昌是国家历史文化名城，在《滕王阁序》中称为"物华天宝、人杰地灵"之地。
- 1927年南昌八一起义，诞生了中国共产党第一支人民军队，是著名的革命英雄城市，被誉为军旗升起的地方。
- 2006年《新闻周刊》评选为"世界十大最具经济活力城市"。

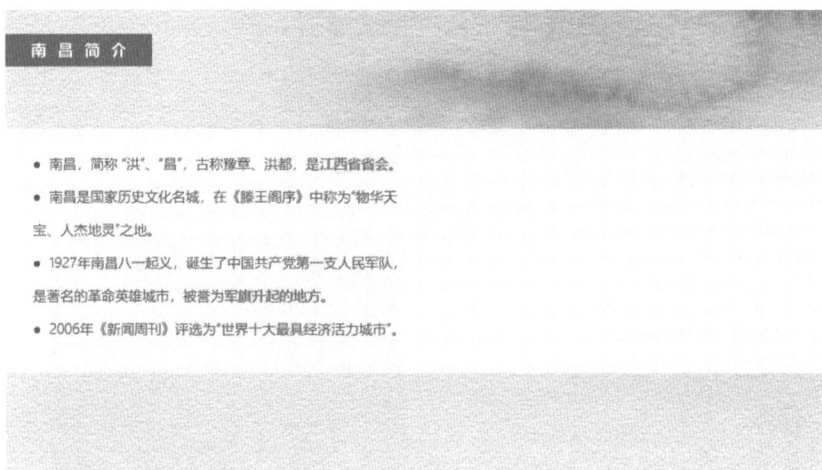

图 4-2-10 插入文本框

南昌简介

- 南昌，简称"洪"、"昌"，古称豫章、洪都，是江西省省会。
- 南昌是国家历史文化名城，在《滕王阁序》中称为"物华天宝、人杰地灵"之地。
- 1927年南昌八一起义，诞生了中国共产党第一支人民军队，是著名的革命英雄城市，被誉为军旗升起的地方。
- 2006年《新闻周刊》评选为"世界十大最具经济活力城市"。

图 4-2-11 插入图片

南昌美景

图 4-2-12 南昌美景扉页

（6）按照（2）～（4）的步骤，插入三个文本框，输入三段文字，插入图片"儿童.png""音乐喷泉.jpg"，制作秋水广场介绍页，如图4-2-13所示。

图4-2-13　秋水广场介绍页面

（7）插入视频"秋水广场.avi"，大小与图片"音乐喷泉"大小相等，并置于图片下方；打开"选择"窗格，暂时不显示"音乐喷泉"图片，单击"秋水广场"视频，单击"视频工具"→"播放"，设置开始为"单击时"，如图4-2-14所示。

图4-2-14　插入"秋水广场"视频

（8）插入图片"定位.gif"，将其放置在视频上方，音乐喷泉图片下方，定位显示的位置为视频暂停时秋水广场所示的位置。

（9）单击选中视频，设置触发器为"单击"→"秋水广场"，单击图片"定位"，设置动画效果为"出现"，设置开始为"与上一动画同时"，触发器为"单击"→"秋水广场"，延迟"21.00"；单击选中第二段文字，设置动画效果为"出现"，设置开始为"与上一动画同时"，触发器为"单击-秋水广场"，延迟"22.20"，单击图片"定位"，设置动画效果为"消失"，设置开始为"上一动画之后"，触发器为"单击-秋水广场"；单击选中第三段文字，设置动画效果为"出现"，设置开始为"与上一动画同时"，触发器为"单击-秋水广场"，延迟"1.60"，如图4－2－15所示。

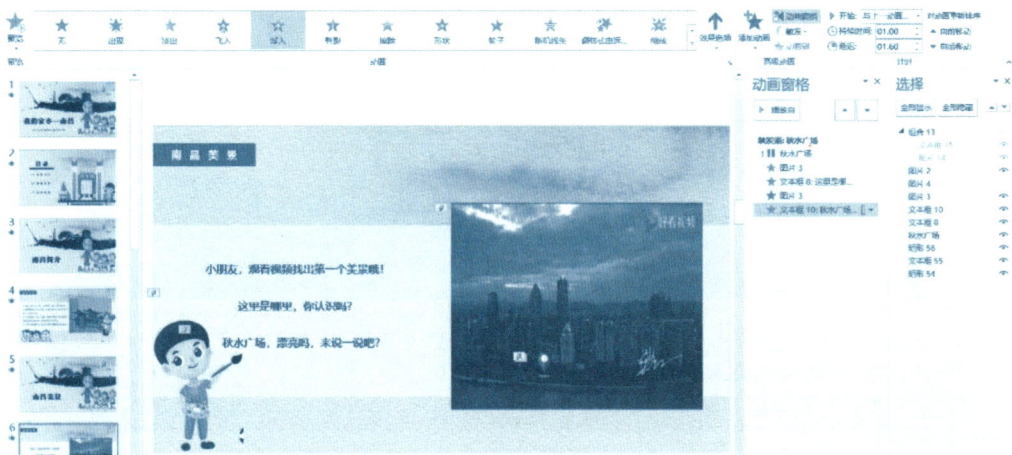

图4－2－15　插入秋水广场视频

（10）插入图片"启动按钮.png"，裁剪出插入按钮，插入"文本框"，"无填充""无轮廓"；输入文字"看广场夜景"，字体为"思源宋体""18磅""黑色"，选中文字，鼠标右键单击，在弹出的快捷菜单中选择"超链接"，在弹出对话框设置链接到"本文档中的位置"→"下一张幻灯片"，如图4－2－16所示。

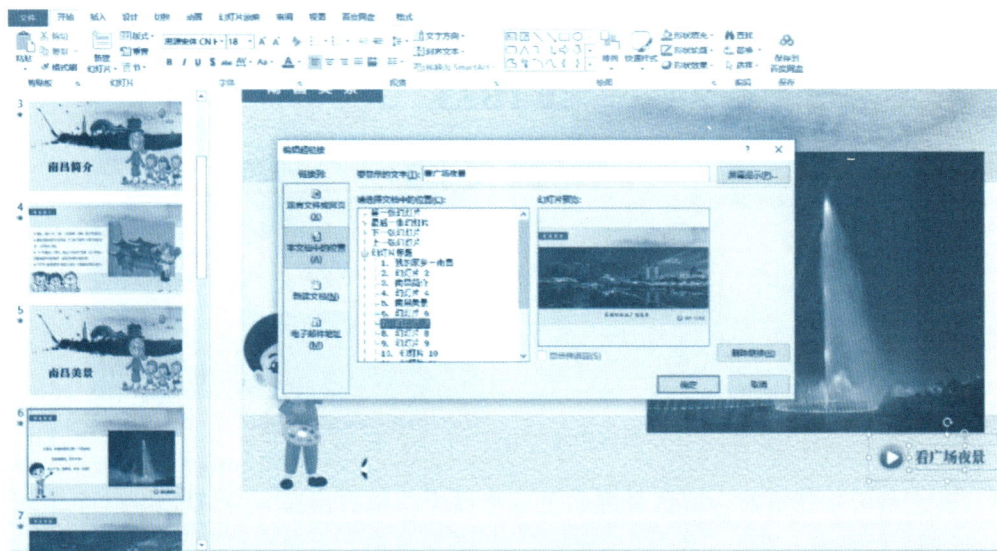

图4－2－16　设置超链接

（11）复制幻灯片，保留左上角的蓝色矩形和右下角的文字超链接，删除其他对象。修改右下角超链接文字内容为"看一下景点"，设置链接到"本文档中的位置"→"下一张幻灯片"。插入图片"秋水广场.jpg"，调整大小和位置，插入"文本框"，"无填充""无轮廓"，输入文字"美丽的秋水广场夜景"，字体为"演示悠然小楷""32磅""黑色"，如图4-2-17所示。

美丽的秋水广场夜景

看下一个景点

图4-2-17　夜景页面效果

（12）按照上述方法，制作南昌美景中的其他页面效果，如图4-2-18所示。

小朋友，观看视频找出第二个美景哦！

好看视频

看滕王阁近景

（a）页面效果一

（b）页面效果二

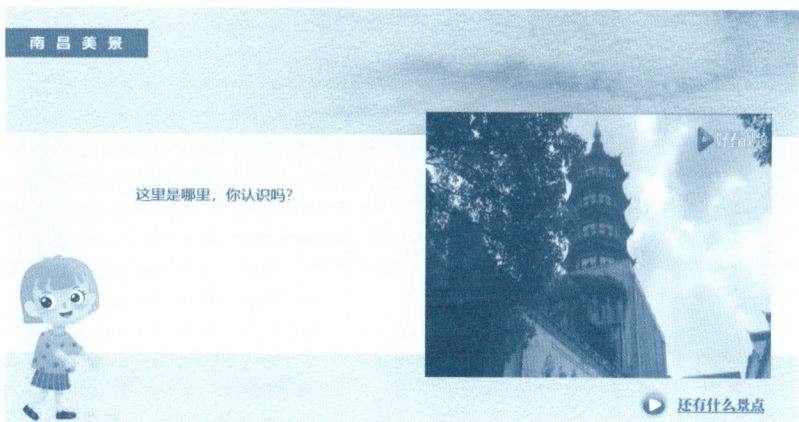

（c）页面效果三

图 4-2-18　其他页面效果

（13）复制幻灯片，保留左上角的蓝色矩形，删除其他对象。插入图片"纪念碑.jpg"，置于底层，调整大小为页面大小；插入图片"八一起义纪念碑.png"，置于顶层，适当调整大小，放置在页面右侧；插入文本框，填充"白色""无轮廓"，输入如图4-2-19所示的文字内容。

（14）插入图片"启动按钮.png"，裁剪出插入按钮，插入"文本框"，"无填充""无轮廓"，输入文字"看纪念馆"，字体为"思源宋体""18磅""黑色"；选中文字，鼠标右键单击，在弹出的快捷菜单中选择"超链接"，在弹出对话框设置链接到"现有文件或网页"，在地址文本框中输入网页地址"https：//tv.cctv.com/yfdj/20120713/115594.shtml"，如图4-2-20所示。

（15）复制幻灯片，保留左上角的蓝色矩形，删除其他对象。插入两个"文本框"，其中一个填充"白色"，输入文字"你知道南昌的哪些景点呢？分享一下吧！"，另一个"无填充""无轮廓"，输入如图4-2-21所示的文字内容。插入图片"八一起义纪念馆.jpg""听课.gif""教学.gif""返回.gif"，适当调整大小、方向、位置。

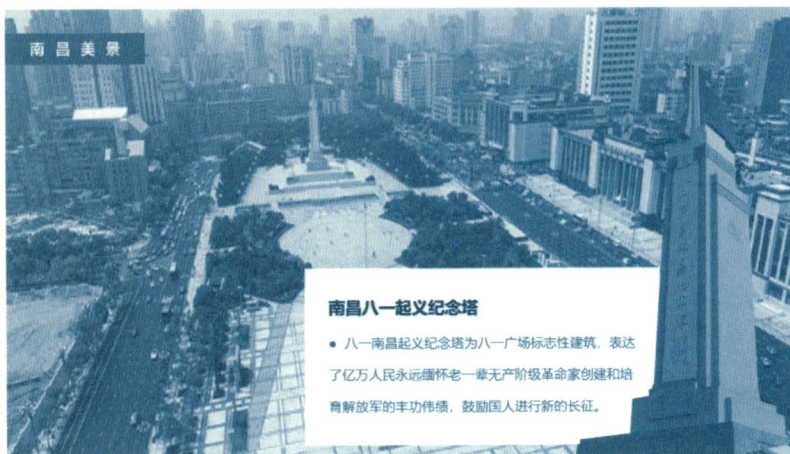

图 4-2-19　八一起义纪念塔介绍页面

图 4-2-20　链接到网页

图 4-2-21　南昌美景结束页效果

（16）按照以上方法，制作"南昌美食"其他部分的幻灯片效果，如图 4-2-22 所示。

（a）幻灯片一

（b）幻灯片二

（c）幻灯片三

图 4-2-22　"南昌美食"其他页幻灯片效果

五、制作交互超链接

（1）来到目录页，选中"南昌简介"文字内容，单击鼠标右键，在弹出的快捷菜单中单击"超链接",如图 4-2-23 所示。

图 4-2-23 单击"超链接"

（2）在弹出的对话框中选择"本文档中的位置"→"南昌简介"，选中"南昌美景"文字内容，链接到"本文档中的位置"→"南昌简介"，选中"南昌美食"文字内容，链接到"本文档中的位置"→"南昌美食"，如图 4-2-24 所示。

（3）来到南昌简介内容页，选中"返回"图片，单击鼠标右键，在弹出的快捷菜单中单击"超链接"，链接到"本文档中的位置"→"幻灯片 2"，如图 4-2-25 所示。

（4）按照以上方法，将南昌美景内容最后一页的"返回"图片也设置"超链接"，链接到"本文档中的位置"→"幻灯片 2"。

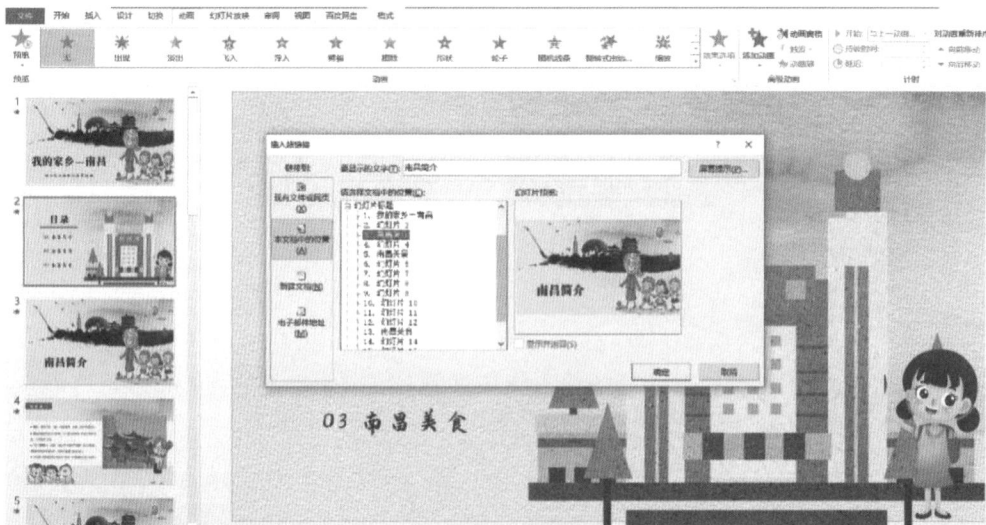

图 4-2-24 目录的超链接设置

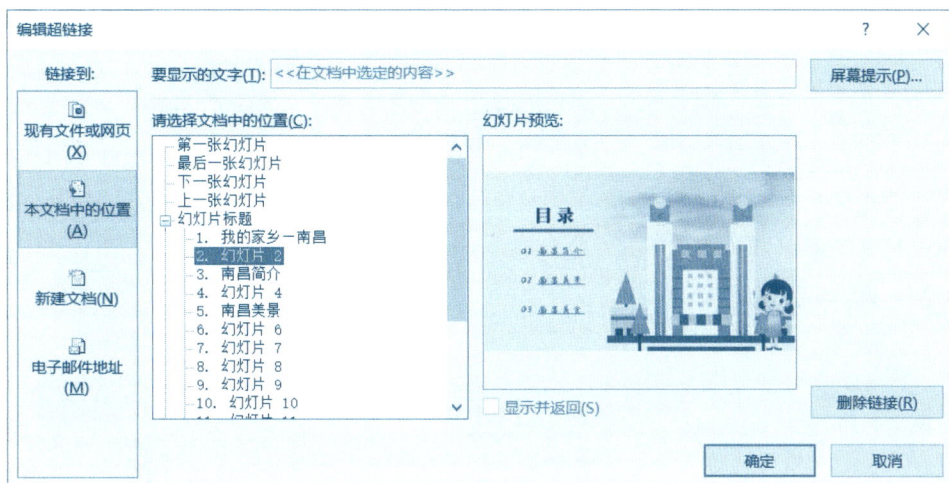

图 4-2-25　返回的超链接设置

六、保存课件

单击"文件"→"保存"，文件便保存好了。

知识总结

（1）根据动画效果的需求设置动画的延时时长。

（2）超链接的灵活应用可以给演示文稿带来更好的互动效果。

举一反三

（1）把每一个动画效果和它的设置都试试，看看它们有什么不同。

（2）打开文件夹"项目四"→"任务二"→"作业"，根据提供的素材，制作题目为"早睡早起身体好"的小班授课课件，以文件名为"作业 2　早睡早起身体好.pptx"，提交到课程平台。

自我评价

将本任务的自我学习评价与反馈填入表 4-2-1 中。

表 4-2-1　自我评价与反馈表

任务内容	掌握程度			
	了解	理解	掌握	熟练
设置动画的触发器				
在一个触发器下添加多个对象的动画				
在修改路径动画的运动轨迹				

（续表）

任务内容	掌握程度			
	了解	理解	掌握	熟练
制作课内的课件	会	大部分会	有些不明白	不会
完成课后的举一反三	完成		没有完成	
与同学讨论课件制作过程	是的		不是	
在学的过程中，帮助了其他同学	是的		不是	

素养能量

幼儿园教师如何正确地写出教学目标

一个学习目标应该包括三个基本要素。

（1）行为。说明幼儿通过学习后将能做什么，以便教师观察幼儿的表现，了解教学目标是否已经达到。

（2）条件。说明上述行为在什么条件下产生。

（3）标准。指出评定行为合格的最低标准。

项目五　幼儿园其他课件制作

　　幼儿园教师除了承担教学工作，还兼有一定的教学管理工作，每年需要完成专业提升任务。这些工作与任务中需要制作家长会、说课等其他课件，课件制作的主要软件是PowerPoint，可使用前面项目中的制作方法完成。本项目主要通过两个任务说明这些课件的基本组成及制作方法。

知识目标
- 了解幼儿园家长会课件制作步骤
- 了解幼儿园说课课件的设计与制作

能力目标
- 掌握幼儿园两种课件制作设计的主要原则，并在制作中应用
- 掌握幼儿园说课课件制作的一般流程与方法

情感目标
- 具备以教学为中心，进行课件设计的意识
- 具备主动探索互动的艺术性的意识

任务一　中班社会说课课件——《我想帮忙》课件制作

任务清单：5-1

任务情境

幼儿园开始了新学期的示范课活动，张园长安排你做一次中班社会课程的说课和讲课展示。你选择了中班社会课程"我想帮忙"作为示范展示，已经写好了说课稿，下面按照说课稿的内容制作说课课件吧。

任务目标

熟知说课内容并会使用 PowerPoint 软件制作。

任务要求

（1）课前熟悉说课以及相关比赛的评分标准等内容。

（2）课中学会使用 PowerPoint 软件制作说课课件。

（3）课后完成举一反三，巩固所学。

（4）学习本任务的线上课程。

配套线上课程

```
                    项目五　幼儿园其他课件制作
                              │
           任务一　中班社会说课课件——《我想帮忙》课件制作
                              │
      ┌───────────────────┼───────────────────┐
   课前学习          《我想帮忙》说课课件制作          思考与作业
```

课前学习

说课是教师在备课的基础上，系统地口头表述自己的教学设计及其理论依据，然后由同行评说，达到以相互交流、共同提高为目的的一种教学研究形式。说课的内容主要包括以下几个方面。

1. 说教材

说教材主要说明"教什么"的问题和"为什么要教这些"的道理。即在个人钻研教材的基础上，说清本节课的教学内容的主要特点，它在整个教材中的位置、作用和前后联系，并说出教者是如何根据大纲和教材内容的要求确定本节课的教学目的、目标、重点、难点和关键的。

幼儿园说课还需要分析授课对象的幼儿现状，包括幼儿的年龄特点、身心发展状况，幼儿原有知识和基础技能的掌握情况、智力的发展等情况。

2. 说教法

说教法主要是说明"怎样教"和"为什么这样教"的道理。在确定教学目的要求后，恰当地选择先进的教学方法是至关重要的。特别需要说明，在本次教学活动中将采用的教学方法和运用的教学手段，以及这样做的原因，要着重说明自己独创的做法，特别是培养幼儿创新精神和实践能力的具体做法。说教法要根据教材的特点、幼儿的实情、教师的特长以及教学设备情况等，来说明选择某种方法或手段的依据。

教师要说出教学目标、教学内容、具体方法、手段，以及如何指导、为什么要这么指导等。教学方法种类繁多，目前我们在进行教学活动中常运用的有：激情法、游戏法、创设情景法、提问法、演示法、直观法、表述法、交流法、讨论法、互动法、操作法等。

3. 说学法

说学法主要说明幼儿要"怎样学"的问题和"为什么这样学"的道理。教师要说出教给幼儿哪些学习方法，培养幼儿哪种能力。教师在说学法时要说出活动中幼儿怎样学习、依据及基本要求、自己在活动中如何激发幼儿学习兴趣、引导幼儿主动、积极的探索，还要讲出怎样根据班级特点和幼儿的年龄、心理特征，运用哪些教学方法指导幼儿进行学习。在现在的幼儿园教学活动中常用的说法有：情境体验法、多通道参与法、探索法、谈话讨论法、游戏练习法、操作法、小组竞赛法、观察法等。

4. 说教学准备

说教学准备包括活动前的准备（家长合作、社区协调、环境创设、资料收集、幼儿园活动等），活动中的准备（玩具、教具等，也包括幼儿图书、教学挂图等）。活动准备表现为幼儿通过与环境、材料的相互作用来获得发展，因此，活动准备必须与幼儿的能力、兴趣、需求相适应。

5. 说活动过程

说活动过程是说课的重点部分，它反映了教师的教学思想、教学个性风格，也只有通过对活动过程设计的阐述，才能发现其活动安排是否合理、科学，是否具有艺术性。说活动过程就是说明整个活动环节的实施过程。教师必须分解各层次活动目标、步骤及方式方法。如果教师设计的活动要进行延伸，教师也要说明怎样延伸活动、延伸的作用、为什么要延伸的依据。

6. 说教学反思

教学反思是教师授课后对自己教学活动的经常性反思，反思能更好地监控及改善自己的教学行为。一个教师只有客观地分析，认识自己或他人，认真反思自己，才能在差距中找到问题所在，寻找到解决问题的方案。

中班社会课程"我想帮忙"说课稿

1. 设计意图

根据中班幼儿与人交往能力较差，缺乏友爱、助人为乐意识的年龄特点，我选择了"我想帮忙"这节活动。本活动选用了幼儿熟悉的小兔、小鸡、小羊等动物形象为角色，以主角河马的思想、行为活动为主线展开情节讲述。在原有教材的基础上，我首先以谈话的形式导入，创设一个幼儿想说、敢说、愿意说、有机会说的语言环境，又抓住幼儿喜欢小动物的心理出示动物形象，激发幼儿学习兴趣。通过设置悬疑问题，教师引导幼儿积极动脑思考，充分发挥想象，进一步激发幼儿积极探索的欲望和兴趣。我又利用情境表演环节帮助幼儿感受和体验河马助人为乐的情感，同时培养幼儿的自信，进而学习帮助他人。

2. 说活动目标

《幼儿园教育指导纲要》（以下简称《纲要》）中提出："创造一个自由、宽松的语言交往环境，支持、鼓励、吸引幼儿与教师、同伴或其他人交谈，体验语言交流的乐趣。"根据这一要求，我从认知、能力、情感三方面提出了本次活动的目标。

（1）能看懂画面的主要内容，并尝试讲述画面中的故事。（体现在教学环节一）
（2）能用完整的话说出河马帮助了谁？怎么帮的？（体现在教学环节二）
（3）帮助幼儿感受与体验河马助人为乐的情感。（体现在教学环节三）

3. 说活动重、难点

现在的幼儿通常生活在成人的"保护圈"里，与人交往的能力较差，自我意识强，缺乏友爱、助人为乐的意识，

我把"帮助幼儿感受和体验河马助人为乐的情感"，定为本次活动的一个重点。为了培养幼儿养成说完整话的习惯，根据本次活动的目标，又把"能看懂画面的主要内容，并尝试用完整的话说出河马帮助了谁及所用的方法"，作为本次活动的重点也是难点。

4. 说活动准备

课件、动物头饰、字卡"帮忙"、创设河马生活的故事环境、一些音乐。

5. 说教法

说教法包括直观法、提问法、情境表演法等。其中，情境表演法能够帮助幼儿更好地理解和掌握故事的内容。幼儿在情节表演的过程中不仅能感受主角的快乐，又能充分展现自我，同时培养自信，学会帮助他人。

6. 说学法

说学法包括观察法、谈话法、游戏法等。其中，游戏法的运用是为了让幼儿在轻松愉快的游戏活动中，巩固对词语的认识和理解。

7. 说活动程序

本次活动设计了以下三个环节：

第一，展示《我想帮忙》课件，引导幼儿看图说话，并认读词语：帮忙。

第二，引导幼儿情境讲述，进一步理解画面内容。

第三，尝试表演，感受和体验河马助人为乐的情感。

（1）展示《我想帮忙》课件，引导幼儿看图说话，并认读词语：帮忙

① 谈话导入。（教师神秘地说）告诉大家一个秘密：老师发现了一群小动物们之间的故事，你们想知道吗？可是，小动物们说了要想知道它们的秘密必须靠小朋友自己，要用自己的眼睛认真观察，动脑筋思考，还要大胆回答出问题才行呢！大家能做到吗？就让我们一起来试试吧！

（出示幻灯一）引导幼儿说说画面中的小动物们都在干什么。

（出示幻灯二）猜猜"河马会怎么帮忙呢？"

这样的设计可以抓住幼儿喜欢小动物的心理，利用幼儿观察小动物们生活化的动作形态和解答悬疑问题的过程，激发幼儿的学习兴趣。

②（出示幻灯三～六）在展示画面的过程中，引导幼儿认真观察，鼓励幼儿大胆、清楚地表达自己的想法和感受，发展幼儿的语言表达能力和思维能力，并使幼儿养成注意倾听的好习惯。

③ 认读词语：帮忙。先利用字卡和情境画面帮助幼儿直观形象地去了解、认识词语，再通过游戏《帮字宝宝找朋友》进一步加深理解词语。

此环节不但培养了幼儿对生活中常见的简单标记和文字符号的兴趣，而且使幼儿能够在轻松、愉快的学习氛围中实现活动目标。

（2）引导幼儿情境讲述，进一步理解画面内容

为了进一步加深幼儿对画面内容的理解，我以启发、提问的方式引导幼儿讲述主要故事情节，如：河马帮助了谁？（河马帮助了小兔）河马是怎么帮忙的？（河马用嘴巴含住小兔，又把小兔送到草地上了）要求幼儿用完整的话说出自己听到的、看到的及想到的，告诉幼儿也可以用动作、肢体语言来表达。

（3）尝试表演、感受和体验河马助人为乐的情感

给所有幼儿安排角色，带上角色标志，老师带领大家一起表演故事内容，巩固所学。

8. 说教学反思

（1）教学效果：通过课程，所有幼儿能完成教学目标的重点，大部分幼儿能完成难点目标。课堂气氛活跃有度，幼儿参与发言积极，课件辅助恰当。

（2）课程游戏环节适合 8 位幼儿参与，还需要重新再设计游戏过程，让更多的幼儿参与游戏。

⚙ **设计思考**

你觉得说课还可以添加什么内容，PPT 制作的重点要放在哪些方面？

效果展示 ▶

效果展示详见图 5-1-1 所示。

图 5-1-1 效果展示

任务实施

一、制作母版

（1）打开 PowerPoint 2013，新建文件，保存文件名为"《我想帮忙》说课课件.pptx"。

（2）单击"设计"→"幻灯片大小"，选择"宽屏（16∶9）"，设置演示文稿大小。

（3）单击"视图"→"幻灯片母版"，进入幻灯片母版编辑页面。

（4）单击幻灯片母版编辑页面左侧中的"首页幻灯片"（第二张），插入图片"背景.jpg"，适当修改图片大小和位置，使图片与幻灯片大小一致，将图片置于底层，如图 5-1-2 所示。

（5）单击幻灯片母版编辑页面左侧中的"空白幻灯片"（第八张），插入图片"底纹.jpg"，适当修改图片大小和位置，使图片与幻灯片大小一致，将图片置于底层，如图 5-1-3 所示。

（6）单击"幻灯片母版"→"关闭母版视图"，回到幻灯片编辑窗口。

图 5-1-2　"首页幻灯片"（第二张）页面效果

图 5-1-3　"空白页幻灯片"（第八张）页面效果

二、制作封面与封底

1. 制作封面

单击幻灯片母版编辑页面左侧大纲视图的第一张幻灯片，在主标题文本框内，输入文字"我想帮忙"，字体设置为"微软雅黑""66 磅""居中"，RGB 设置为"221，162，135"，每个字之间放大间距。副标题输入文字"幼儿园中班社会说课"，字体设置为"微软雅黑""24 磅""居中"，字体颜色与主标题一致；副标题左右各插入一根直线，线条设置为"1磅""直线",RGB设置为"221,162,135"。调整两个标题的位置，使副标题放在主标题的上方，左右居中。在页面插入两个"燕尾形"图形和一个"矩形图形"，调整三个形状的大小和方向，使三个形状联合成一个图形，设置为"无轮廓"，填充RGB设置为"221,162,135"，放置在主标题下方，左右居中。页面效果如图5-1-4所示。

图5-1-4　封面页面效果

2. 制作封底

复制幻灯片，将主标题文字改为"敬请批评指正"，删除副标题和所有图形，如图5-1-5所示。

图5-1-5　封底页面效果

三、制作目录页

新建"幻灯片"，在空白版式中插入图片"边框.jpg"，调整大小为"页面大小"，置于底层，插入垂直文本框，输入文字"目录"，字体设置为"微软雅黑""60磅""加粗"，

RGB 设置为"157，129，112"；插入横排文本框，输入目录内容文字，字体设置为"微软雅黑""36 磅""加粗"，RGB 设置为"221，162，135"，如图 5-1-6 所示。

图 5-1-6　目录页面效果

四、制作内容页

（1）自制首页幻灯片，删除图形，修改副标题文字内容为"PART 01"，字体设置为"Bodomi MT""44 磅""加粗"，RGB 设置为"157，129，112"；修改主标题文字内容为"教学分析"，字体设置为"微软雅黑""60 磅""加粗"，RGB 设置为"221，162，135"，如图 5-1-7 所示。

图 5-1-7　分页页面效果

（2）新建"幻灯片"，在空白版式中复制首页的联合图形，放在边框图形上方，输入文字"教学分析"，字体设置为"微软雅黑""28 磅""加粗"，RGB 设置为"157，129，112"，插入图片"小熊.png"，适当调整大小和位置；插入"横排文本框"，输入文字

"设计意图"，字体设置为"微软雅黑""36 磅""加粗""黑色"；插入横排文本框，输入说课稿中的相应文字，字体设置为"思源黑体""18 磅""黑色"，如图 5-1-8 所示。

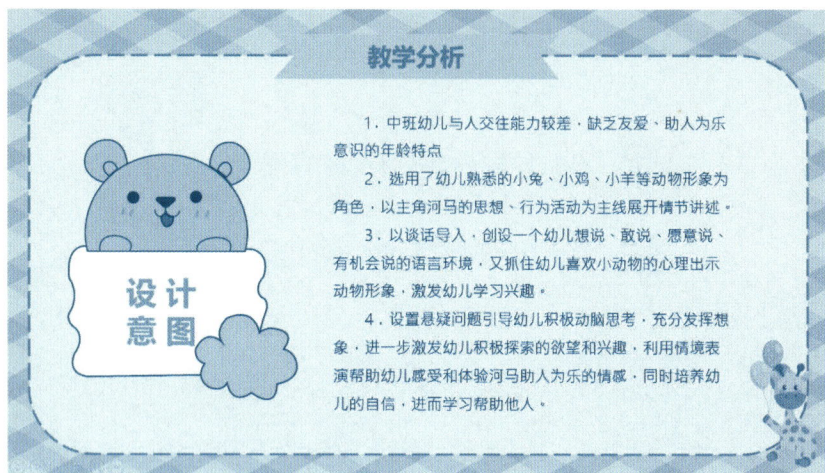

图 5-1-8　设计意图页面效果

（3）按照上述方法，插入文本框、图片等对象，制作其他页面。

（4）给所有的页面设置切换方式为"切出"，换片方式为"单击鼠标时"。

五、保存课件

单击"文件"→"保存"，文件便保存好了。

举一反三

打开文件夹"项目五"→"任务一"→"作业"，根据提供的素材，制作大班音乐题目为"《自然的声音》说课课件"，以文件名为"作业1　《自然的声音》说课课件 .pptx"，上交到课程平台作业中。

自我评价

将本任务的自我学习评价与反馈填入表 5-1-1。

表 5-1-1　自我评价与反馈表

任务内容	掌握程度			
	会	大部分会	有些不明白	不会
根据说课稿制作课件				
完成了课后的举一反三	完成		没有完成	
与同学讨论了课件制作过程	是的		不是	
在学的过程中，还教了其他同学	是的		不是	

素养能量

幼儿教师需要具备的信息素养

1. 信息意识和情感

信息意识和情感指的是具有一定的信息敏感，可以迅速捕捉信息分析信息。网络信息化社会中，要求幼儿教师主动了解不同学科知识，养成终身学习的习惯。教师自身信息素养程度和他们的信息意识与情感是分不开的。信息意识和情感的主要内容是：勇敢应对信息技术挑战，不害怕遇到挫折以及失败，能够积极学习运用信息工具，通过信息技术优化自己的教学。幼儿教师要拥有学习信息资源的热情，愿意使用信息工具提高教学效率；同时，还要迅速地捕捉不同信息，愿意使用信息技术开展教学；重视信息技术具有的价值和作用，能够主动提升自己的信息能力。作为新时代的幼儿教师，信息意识一定要强烈，这样可以更好地搜集、使用信息，从而提高教学效率。

2. 信息知识

信息知识指的是和信息技术相关的理论、知识。熟悉信息及信息相关的知识，是信息化社会幼儿教师的基本素养。幼儿教师要掌握信息的本质、存储方式和传播规律，在这个前提下才能更好地运用与学前教育相关的资源。

3. 信息能力

信息能力是构成信息素养的重要环节。信息能力是体现信息意识以及信息知识的整体反映。随着信息技术的快速发展，幼儿教师需要不断提升自身的信息技术应用能力。目前，学前教育广泛应用信息化资源，对幼儿认知和生活方式造成了深刻影响，同时也要求幼儿教师具备一定的信息应用能力。教师要不断更新自身知识和能力，这样才能更好地创新教学方法，掌握新的教学技能，应对新的教学形式。幼儿教师的信息应用能力包括：获取信息能力、对信息判断能力、选择处理信息能力、创造信息能力以及传递信息能力等。要满足这些信息能力，需要幼儿教师可以熟练运用教学系统和多媒体技术，在多媒体课堂上独立开展教学活动，解决一般软硬件问题；能够通过学校图书馆和数字图书馆及时获取信息，对教学信息进行搜索和下载；还能够熟练使用各种软件对下载的信息进行处理加工，在教学过程中巧妙地运用多媒体技术。

4. 信息伦理和道德

教师是人类文明的传播者，因此必须拥有很好的道德素养，开展信息化教学，就需要遵守信息道德。在获取、加工、传播信息的过程中，都要符合相应的道德准则。因为幼儿年龄比较小，不能分辨信息真假，这就要求教师做好恰当地引导工作。在教学过程中，教师要保护知识产权，不能泄露个人隐私，遵守各种法律法规，严格抵制不良信息，不进行虚假信息传播，勇敢承担幼儿教师的责任和义务。

任务二 小班新学期家长会《为了孩子齐用心》课件制作

任务清单：5-2

◤ 任务情境

秋季开学了，小班的小朋友们第一次进入幼儿园进行学习，很多家长也是第一次送孩子上学。张园长通知你尽快召开小班的家长会，和家长们做好开学的沟通工作。为了做好沟通、开好第一次家长会，你准备做一个幻灯片文件，这样能更好地展示家长会中要说明的事情。

✏ 任务目标

（1）熟悉 PowerPoint 软件的各项操作。
（2）具备使用演示文稿辅助演讲的意识。

◤ 任务要求

（1）课前熟悉班级管理、家长沟通等知识内容。
（2）课中综合使用 PowerPoint 软件制作家长会课件。
（3）课后完成练习，做到举一反三，巩固所学。
（4）学习本任务的线上课程。

配套线上课程

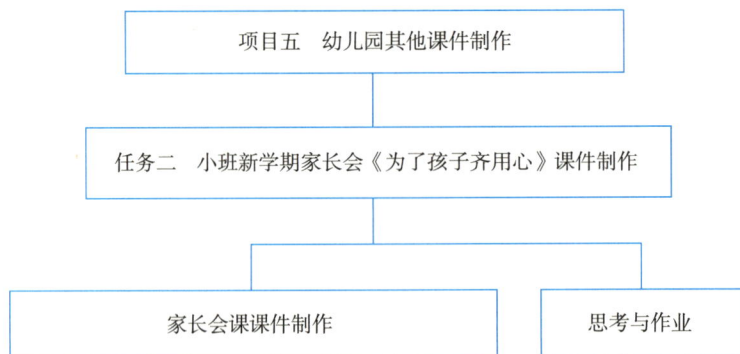

```
        ┌─────────────────────────┐
        │  项目五 幼儿园其他课件制作  │
        └─────────────────────────┘
                     │
        ┌──────────────────────────────────────────┐
        │ 任务二 小班新学期家长会《为了孩子齐用心》课件制作 │
        └──────────────────────────────────────────┘
                     │
        ┌────────────────┴────────────────┐
┌─────────────────────┐      ┌─────────────────┐
│    家长会课课件制作     │      │    思考与作业     │
└─────────────────────┘      └─────────────────┘
```

◐ 效 果 展 示 ▮▮▮▶

效果展示详见图 5-2-1 所示。

图 5-2-1　效果展示

任务实施

一、制作母版

（1）打开 PowerPoint 2013，新建文件，保存文件名为"为了孩子齐用心.pptx"。

（2）单击"设计"→"幻灯片大小"，选择"宽屏（16：9）"，设置演示文稿大小。

（3）单击"视图"→"幻灯片母版"，进入幻灯片母版编辑页面。

（4）单击幻灯片母版编辑页面左侧中的"首页幻灯片"（第二张），插入图片"背景.jpg"，将图片置于底层，如图 5-2-2 所示。

（5）单击幻灯片母版编辑页面左侧中的"空白幻灯片"（第八张），单击"背景样式"→"纯色填充"，选择"白色""背景 4""深色 10％"，如图 5-2-3 所示。

（6）单击"幻灯片母版"→"关闭母版视图"，回到幻灯片编辑窗口。

图 5-2-2　"首页幻灯片"（第二张）页面

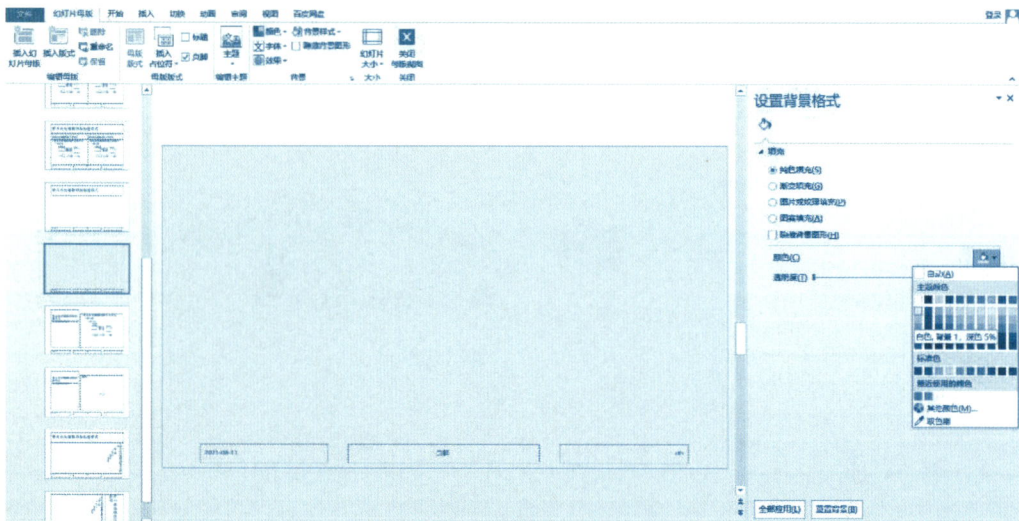

图 5-2-3　"空白页幻灯片"（第八张）页面

二、制作封面与封底

1. 制作封面

单击幻灯片母版编辑页面左侧大纲视图的第一张幻灯片，单击右侧编辑的标题，输入文字"为了孩子齐用心"，字体设置为"微软雅黑""居中"，其中三个字大小为"100磅"，其他字为"80磅"，RGB分别为"0，204，153""255，153，0"，文字设置为"右下斜偏移""黑色""距离2磅"，文本边框为"白色""2磅"；副标题输入文字"幼儿园小班新学期家长会"，字体设置为"微软雅黑""32磅""居中""黑色"，如图5-2-4所示。

图 5-2-4　封面页面效果

2. 制作封底

复制幻灯片，将主标题文字内容修改为"让我们共同努力"，修改字体大小为"88磅"，所有文字 RGB 修改为"255，153，0"，删除副标题，其他内容不修改，如图 5-2-5 所示。

图 5-2-5　封底页面效果

三、制作目录页面

复制幻灯片，放置在第二张，删除其他对象，保留主标题，修改主标题文字内容为"目录"，字体设置为"微软雅黑""54 磅""居中"，RGB 设置为"0，204，153"；插入"圆角矩形"，高为"1.5 厘米"，宽为"9 厘米"，"无填充"，轮廓 RGB 设置为"0，204，153"；插入"圆角矩形"，高为"1.5 厘米"，宽为"1.8 厘米"，"无轮廓"，填充 RGB 设置为"0，204，153"，两个矩形"顶端对齐""左对齐"；插入"文本框"，输入相关文字，如图 5-2-6 所示。

图 5-2-6　目录页面效果

四、制作内容页面

（1）复制幻灯片，删除其他对象，保留主标题，修改文字内容为"入园初期情况"，字体设置为"微软雅黑""66磅""加粗""居中"，RGB设置为"0，204，153"，阴影设置为"右下斜偏移""黑色""距离2磅"，如图5-2-7所示。

图 5-2-7　分页页面效果

（2）新建幻灯片，在空白版式中插入横排文本框，输入文字"入园初期情况"，文字设置为"微软雅黑""加粗""居中""24磅""黑色"，添加箭头项目符号，放置在页面左上角；插入"矩形"，高为"14.9厘米"，宽为"32.9厘米"，"无轮廓"，填充"白色"，放置在页面下方；插入图片"多个动物.png"，适当调整大小和方向，放置在"白色矩形"的左侧，插入"文本框"，输入相应文字内容，如图5-2-8所示。

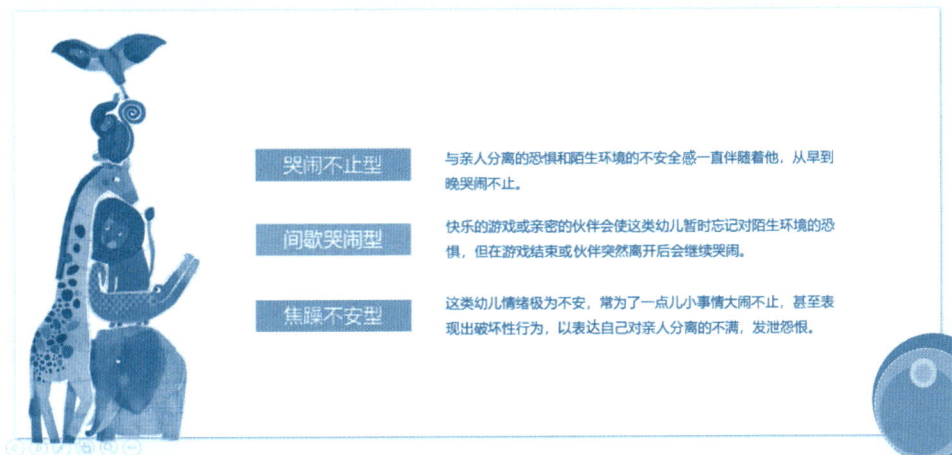

图 5－2－8　内容页面效果

（3）按照上述方法，插入文本框、图片等对象，制作其他页面。

（4）给所有的页面设置切换方式为"平移"，换片方式为"单击鼠标时"。

五、保存课件

单击"文件"→"保存"，文件便保存好了。

举一反三

打开文件夹"项目五"→"任务二"→"作业"，根据提供的素材，制作题目为"国庆活动家长沟通会"的课件，以文件名为"作业2　国庆活动家长沟通会.pptx"，上交到课程平台作业中。

自我评价

将本任务的自我学习评价与反馈填入表 5－2－1 中。

表 5－2－1　自我评价与反馈表

任务内容	掌握程度			
	会	大部分会	有些不明白	不会
会做演讲类的演示文稿				
完成了课后的举一反三	完成		没有完成	
与同学讨论了课件制作过程	是的		不是	
在学的过程中，还教了其他同学	是的		不是	

素养能量

幼儿园教师与家长沟通的技巧

1. 导入尊重感

在与家长交往的过程中，教师应做到文明礼貌、尊重对方。教师通常比家长更熟悉教育知识和教育手段，懂得教育规律，但不能以教训式口吻与家长谈话，特别是当其子女在学校"闯了祸"的时候，仍要在谈话时给对方以尊重；也不能当着学生的面训斥家长，这不仅使家长难堪、有损其在孩子心目中的威信，而且家长一旦将这种羞愤之情转嫁于孩子，极易形成孩子与教师的对立情绪。当与家长的看法有分歧时，教师应平心静气地讲清道理、说明利害关系，既要以礼待人，更要以理服人。

2. 流露真诚感

教师应用真诚的语言或行动与对方沟通，要求诚与情密切配合，要使人动情、唤起人的真情；以诚感人要做到诚与真结合，以诚感人还必须伴以虚心，否则难以取得对方的信任。

3. 注意谈话形式与方式

教师与家长应是平等的关系，切忌用教训式的语气与家长谈话，而应像对待朋友或客人那样用商量、平和的语气；态度要随和，语态要真诚，语调要亲切，语势要平稳，语境要清楚，语感要分明；使家长一听就明，能准确把握要旨，领悟应做些什么，并从与教师的谈话中受到启发。

4. 语言务求得体、有分寸

语言是心灵的窗户，是一个人综合修养的反映。身为人民教师，在与家长谈话时也应该为人师表。得体的称呼使人一听就有一种相知感，从而产生亲切感，缩短了双方心理距离，甚至可以建立起情感基础。教师得体的语言，可以赢得家长的尊敬，增强家长的信任，形成和谐的沟通氛围。所谓语言得体，最主要的是说与职业身份、场合、交流的对象、解决的问题相符的话，谦虚、中肯、客观，掌握好分寸、语气，不夸大、不缩小，不说过火的话、不说力所不能及的话等。

参 考 文 献

1. 邓添薪，李海滨，满丽芳，等 . 谈谈演示型多媒体课件制作的几点体会［J］. 大众科技，2016（18）：208.

2. 魏芝玲 . 幼儿园课件制作［M］. 武汉：武汉大学出版社，2020.

3. 庄虹，陈瑶 . 新编幼儿园教育活动设计与指导［M］. 北京：北京师范大学出版集团，2013.

4. 葛赞红 . 关于幼儿园教师专业素养的探讨［J］. 新课程：综合版，2018（3）：1.

5. 教育部基础教育司组织 .《幼儿园教育指导纲在（试行）》解读［M］. 南京：凤凰出版传媒集团江苏教育出版社，

6. 丁文敏，张子博，冯浪 . 幼儿园多媒体课件设计与制作［M］. 北京：中国工信出版社 人民邮电出版社，2021.

7. 徐华勇，刘巍 . 幼儿园多媒体应用与课件制作［M］. 北京：国家开放大学出版社，2018.

8. 张祖忻，章伟民，刘美凤，等 . 教学设计——原理与应用［M］. 北京：高等教育出版社，2011.

图书在版编目（CIP）数据

幼儿园课件制作教程/谢宏兰，张萌主编．—合肥：合肥工业大学出版社，2022.1
ISBN 978－7－5650－5484－6

Ⅰ.①幼…　Ⅱ.①谢…②张…　Ⅲ.①学前教育—多媒体课件—制作—幼儿师范
学校—教材　Ⅳ.①G434

中国版本图书馆 CIP 数据核字（2021）第 217732 号

幼儿园课件制作教程

谢宏兰　张　萌　主编　　　　　　　　　　　责任编辑　毛　羽

出　　版	合肥工业大学出版社		版　　次	2022 年 1 月第 1 版	
地　　址	合肥市屯溪路 193 号		印　　次	2022 年 1 月第 1 次印刷	
邮　　编	230009		开　　本	787 毫米×1092 毫米　1/16	
电　　话	基础与职业教育出版中心：0551－62903120		印　　张	16	
	营销与储运管理中心：0551－62903198		字　　数	370 千字	
网　　址	www.hfutpress.com.cn		印　　刷	安徽联众印刷有限公司	
E-mail	hfutpress@163.com		发　　行	全国新华书店	

ISBN 978－7－5650－5484－6　　　　　　　　　　　定价：48.00 元

如果有影响阅读的印装质量问题，请与出版社营销与储运管理中心联系调换。